책은 삶의 증명이다.
책이 없다면 나를 증명할 최고의 수단이 사라질 것이다.

프로듀서 **김민식**

책은 나에게 제일 가성비 높은 오락이다.

작가 **유시민**

책은 우정과 교감의 플랫폼이다.

작가 **고미숙**

책은 인생을 함께 건너는 수호천사다.

시인 **류근**

책은 도토리다.
도토리가 묻힌 자리에서
나의 마음과 세계는 참나무처럼 뻗어간다.

아나운서 **박혜진**

나에게 책은 또 하나의 밥이다.

시인 **나태주**

나에게 책은 훔쳐보기다.

배우 **양희경**

나에게 책은 지성의 폐활량이다.
지적 인내심은 많은 독서량에서 나온다.

교수 **유영만**

책은 돌아가신 선생님과의 만남이다.

작가 **탁현민**

책은 나를 빛나게 하는 또 하나의 학위다.

작가 **조기준**

책은 두 번째 부모다.
책을 쓰면서 세상에 비로소 태어난 느낌이다.

작가 **김동식**

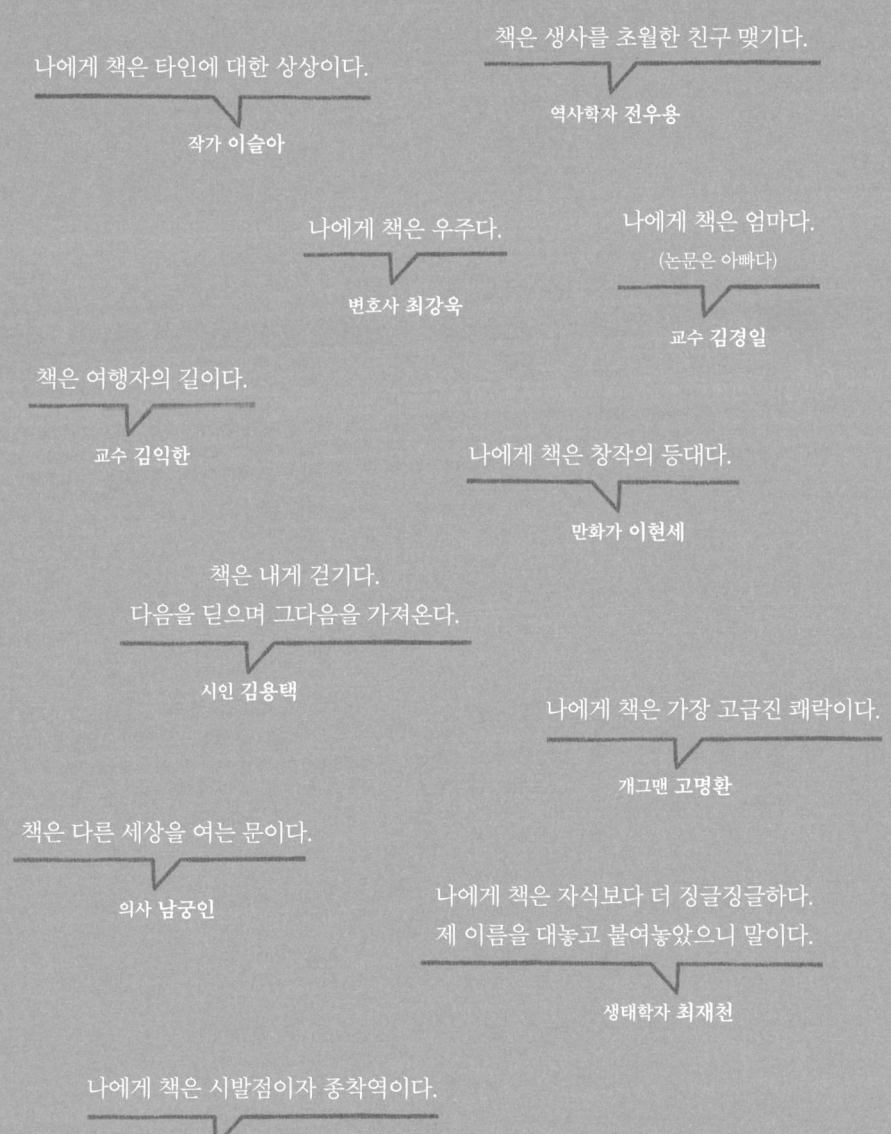

강원국의
**책쓰기
수업**

강원국의 책쓰기 수업

모든
인생은
한 권의
책이다

강원국 지음

KMAC

들어가는 글

나는 왜 지금 이 책을 쓰는가

책을 쓸 때는 두 가지를 묻곤 한다. 우선, 내가 쓰려는 이 책이 지금 필요한가. 굳이 안 써도 되는 책을 쓰겠다고 하는 건 아닌가. 그리고 그것을 내가 써야 하는 이유는 무엇인가. 다음은 이 책을 쓸 자격이 내게 있는가. 다시 말해 쓸 준비가 되어 있는가.

첫째, 이 책을 써야 할 이유는 분명하다. 그동안 글쓰기에 관한 책을 다섯 권 썼다. 글쓰기의 완결은 책 쓰기가 아닐까 싶다. 오래전부터 글쓰기 책의 마무리로 책 쓰기 책을 써야겠다고 마음먹었다. 그러던 차 근래 들어 책 쓰기와 관련한 강연 요청이 부쩍 많아졌다. 책을 쓰고 싶어 하는 사람이 늘어난 걸 직감한다. 오래 사는 시대가 됐기 때문이다. 그에 반해 은퇴 시기는 빨라져 제2의 인생을 책을 쓰는 것으로 준비하는 사람이 많다. 책 쓰기에 관한 책이 한층 더 필요해졌다.

두 번째 질문에 대해서도 자신 있게 답할 수 있다. 책 쓰기는 익히 내가 해본 일이고, 최근까지 하는 일이다. 오래전 경험이 아니라는 얘기다. 나는 책을 열두 권 썼다. 그것도 11년 동안 한 해 힌 권꼴로 열심히 썼다. 그동안 강의하고 방송도 했지만, 이 또한 책을 쓰기 위한 준비 과정이었고, 최종 목표는 책이었다.

부지런히 쓰기만 한 것도 아니다. 잘 팔았다. 책은 내는 게 끝이 아니고 파는 데까지가 저자의 책임이란 마음으로 임했다. 덕분에 책을 낼 때마다 출판사에 미안하지 않을 만큼의 판매 실적은 거둔 것 같다. 《대통령의 글쓰기》를 비롯해 지금도 꾸준히 팔리는 스테디셀러가 네댓 권은 된다.

뿐만 아니라 출판사에서 일도 해봤다. 2년 정도의 짧은 기간이지만 편집자 생활을 직접 경험했다. 책을 쓰는 저자와 책을 만드는 편집자는 역할이 다르다. 책을 써봤다고 해서 책 만드는 일을 잘 안다고 장담할 순 없다. 책도 일반 상품과 다르지 않아서 생산자(저자), 판매자(출판사), 소비자(독자)를 두루 겪어본 사람이 책 쓰기를 잘 안내할 수 있다고 생각한다.

　첫 책《대통령의 글쓰기》쓸 때를 돌이켜 보면, 써야 하는 이유와 목적과 필요가 뚜렷했다. 당시 나는 책을 써야 했다. 그래야만 먹고살아갈 수 있었다. 책이라는 돌파구가 없었다면 내 삶은 책 쓰기 전 그 시점 어디 쯤에 멈춰 있을 것이다.

　'노무현 대통령이 책을 쓰라고 했다.'라는 그럴싸한 구실도 있었다. 오로지 먹고살기 위해 책을 써야 한다면 좀스러워 보일 뿐 아니라 스스로 당당할 수 없을 텐데, 목적으로 포장할 수 있는 빌미가 있었다. 여기에, 당시 다니던 출판사 대표의 직접적인 권유까지 더해지니, 책을 써야 할 이유와 필요가 확실해졌다.

　책을 쓰고자 하는 분들이 이 책을 통해 무슨 비법을 터득하리라고 기대하지 말기 바란다. 그런 비결은 이 세상 어디에도 없다. 책 쓰기 책을 읽고, 혹은 강좌를 듣고 책을 쓸 수 있다면 책을 못 쓸 사람이 어디

있겠는가.

  이 책을 읽으면 책을 쓸 수 있다고 말씀드리지 않는다. 다만, 책을 쓰고 싶은 마음은 더 강렬해질 것이라고 믿는다. 책을 써야 할 이유도 다시금 확인할 수 있을 것이다. 나아가 쓸 수 있을 것 같은 자신감이 차오를 것이다. 그리고 쓰기 시작할 것이다. 이 책이 그런 자극제가 되고, 책 쓰기 대장정에 나서는 출발점이 되기를 바란다.

2025. 6.

과천 카페에서

차례

들어가는 글 008

1장 나를 찾아 떠나는 여정, 책 쓰기

나는 누구인가
진짜 인생이 시작됐다 … 021

왜 책을 써야 하나?
내가 책을 써서 얻은 것 … 029

내가 책을 못 쓰지, 말을 못 하나?
말하듯 쓰고, 쓰듯 말하라 … 035

누구나 쓸 수 있다
이야기를 쥐고도 침묵하는 당신에게 … 041

시대가 책을 쓰라고 요구한다
많이 읽고 들었다, 이젠 쓸 차례다 … 048

책은 의지가 아니라 환경이 쓴다
쓰고 싶지 않은 당신이 끝까지 쓰게 되는 조건들 … 056

2장   책 쓰기 기초체력 연마

책을 쓴다는 건, 버티는 일이다
지구력 … 069

반복되는 루틴이 만들어내는 기적
습관력 … 075

생각을 생각하라
사고력 … 080

한눈팔기에서 시작되는 책 쓰기 비밀
관찰력 … 090

묻지 않으면 쓸 수 없다
질문력 … 096

혼잣말로 출발하는 책 쓰기 마법
발화력 … 103

줄일 수 있으면 쓸 수 있다
요약력 … 114

암중모색에서 유레카까지, 글쓰기 여정
통찰력 … 123

책은 기억의 퍼즐이다
기억력 … 130

책 쓰기는 좋은 단어의 연금술
어휘력 … 136

나만의 문체를 갖자
문장력 … 143

책 쓰기 설계도 그리는 법
구성력 … 149

하수는 쓰고, 고수는 고치고 또 고친다
퇴고력 … 155

저자가 갖춰야 할 의외의 기본기
소통력 … 161

마음은 언제 움직이는가
설득력 … 167

3장   책 쓰기 실전연습

시작은 늘 기회를 준다
시작의 문을 여는 15가지 열쇠 … 177

그대 잡아 둔 물고기가 있는가
평소에 쓰자 … 184

책 쓰기는 먼저 산 사람의 책무다
경험으로 쓰자 … 190

10시간 말하면 한 권의 책이 된다
말로 쓰자 … 197

죽어라 생각하면 쓸 수 있다
생각으로 쓰자 … 204

책 읽기가 책 쓰기다
읽기로 쓰자 … 215

왜 잘 듣는 사람이 글도 잘 쓸까
듣기로 쓰자 … 226

글쓰기의 씨앗, 메모
메모로 쓰자 … 233

거인의 어깨에 올라타자
모방으로 쓰자 … 240

책은 시간을 먹고 자란다
시간으로 쓰자 … 247

내 안팎에서 쓸거리를 찾아라
자료로 쓰자 … 254

독자와 사랑에 빠져라
독자로 쓰자 … 260

잘 쓴 책은 없다. 잘 고쳐 쓴 책만 있다
퇴고로 쓰자 … 269

당신 곁에 글동무가 있는가
함께 쓰자 … 277

대충 써도 된다, 대신 자주 써라
마음으로 쓰자 … 285

4장   책 쓰기는 삶 쓰기

내 글이 독자에게 말을 건다
좋은 글의 여섯 가지 조건 … 295

나는 어떻게 욕심을 이겨 냈나
내려놓아야 쓸 수 있다 … 305

당신의 잘못이 아니에요
작가가 가야할 길, 용기 … 312

완벽하지 않아도 괜찮다
글쓰기에 중요한 단 한 가지, 자신감 … 319

서른다섯 계단 오르기
책 쓰기 프로세스 … 326

나이 들수록 글쓰기가 간절하다
투명인간에서 작가가 되기까지 … 340

인생은 한 권의 책이다
자서전 쓰기 … 347

삶은 어떻게 책이 되는가?
책과 삶이 순환하는 삶 … 356

나가는 글 … 367

1장

나를 찾아 떠나는 여정, 책 쓰기

나는 책을 써서 인생 2막을 열었다. 주변에 보면 책을 써야 할 분들은 쓰지 않는다. 책을 안 써도 되는 분들이 책을 쓴다. 이런 현실이 안타깝다. 쓸 말이 없어 책을 못 쓰겠다는 분, 글을 잘 쓰지 못해 못 쓰겠다는 분, 책을 쓴들 누가 읽어주겠느냐고 묻는 분들에게 알려드리고 싶다. 왜 책을 써야 하는지, 책을 쓰면 무엇이 좋은지, 책은 어떻게 쓰는지.

나는 누구인가
진짜 인생이 시작됐다

내 인생은 세 번의 변곡점이 있었다. 첫 번째는 초등학교 2학년 때 엄마가 돌아가신 일이고, 두 번째는 10년간 다니던 대우그룹이 문을 닫은 일이며, 세 번째는 50대 초반 위암 선고를 받은 일이다.

세 경우 모두 살면서 몇 번 경험하지 못할 일들이다. 언젠가는 부모와 이별해야 하지만 너무 이른 나이였고, 회사도 영속하는 건 아니지만 대우란 대기업이 그렇게 사라질 것이라고는 상상조차 하지 못했다. 요즘같이 오래 사는 시대에 50대 초반의 암 선고라니. 하나하나 모두 내게는 너무 가혹했다.

엄마의 부재는 나를 주변으로 내몰았다. 가정의 중심은 엄마다. 더욱이 어린아이가 기댈 언덕은 엄마뿐이다. 문제가 생기면 모든 걸 엄마에게 얘기하면 되는데 나는 그러지 못했다. 설사 그렇더라도 나대로, 나답게 살면 됐지만, 나는 그러지 못했고, 눈치를 심하게 봤다.

　주인으로 살려면 나를 인정하고 그렇게 받아주는 사람이 있어야 한다. 그런 존재가 있을 때 나를 마음껏 펼칠 수 있고, 내가 주인인 삶을 살 수 있다. 나는 주인이 아닌 객이었다. 남의 말을 귀담아듣고, 그들의 마음과 생각을 읽으려고 노력했다. 맞춰주려고 그리했다. 맞춰줘야 혼나지 않으니까. 칭찬받을 수 있으니까. 살아남을 수 있으니까.

주변인으로 살던 내게 찾아온 기회

　사회에 나와 보니 눈치가 최고의 경쟁력이었다. 학교이건 회사이건 공직이건 주인은 따로 있었다. 그저 객식구 역할을 잘하면 됐다. 나는 그 역할에 충실했다. 잘 읽고 잘 들었다. 늘 남의 마음에 들기 위해 노력했다. 좋은 평가를 갈구했다. 나 같은 사람이 공부를 열심히 한다. 인사고과도 잘 받는다. 나는 마침내 대통령의 글을 쓰는 연설비서관이 됐다. 대통령의 말을 잘 듣고 생각을 읽기만 하면 가능한 일이었다. 눈치는 엄마가 내게 남겨준 고마운 선물이었다.

　1990년 초 입사한 대우그룹이 1999년 말 문을 닫았다. 10년 공든 탑이 무너졌다. 그리고 2000년 8월에 청와대에 들어갔다. 대우에서의 10년이 없었다면, 김우중 회장의 연설문을 쓰지 않았더라면, 아니 대우가 부도나지 않았다면 청와대 입성은 불가능했다.

　2000년 6월 13일 김대중 대통령이 남북정상회담을 위해 평양으로 떠나던 날, "차가운 머리와 뜨거운 가슴으로 회담에 임하겠습니다."라는 출발 연설을 들으면서 생각했다. '나도 저런 글을 쓸 수 있는데.' 채 2개월이 지나지 않아 청와대에서 연락이 왔다. 대통령 경제 연설을 쓰는 행정관으로 들어올 의향이 있느냐고. 대우가 그리되지 않았더라면 나는 지금 대우에 다니고 있을 것이다. 아니 이미 퇴직했을 것이다. 대우는 역사의 뒤안길로 사라지면서 내게 새로운 기회를 줬다.

청와대에 들어가 그동안 갈고닦은 눈치로 대통령의 연설문을 썼다. 글쓰기뿐 아니라 조직에서 하는 모든 일은 늘리기 아니면 줄이기다. 상사의 말이나 자료에서 핵심을 찾아내 요약 정리하거나, 상사의 짧은 지시에서 그 의미와 배경, 맥락, 취지, 목적을 파악하는 일이 전부다. 줄이기와 늘리기 모두 눈치가 빨라야 한다. 다시 말해 읽기, 듣기를 잘해야 한다.

암 선고는 내 삶의 전환점이 됐다. 모든 것을 내려놓고 다시 시작하는 출발점이 됐다. 위암 선고를 받았을 당시 아무것도 가진 게 없었다. 더 이상 내려갈 데도, 잃을 것도 없었다. 이제부터는 하는 만큼 이익이란 생각으로 다시 시작했다.

이뿐만이 아니다. 돌아보면 위기의 연속이었다. 고등학교 입시에 떨어졌다. 후기 고등학교에 들어갔다. 여학생들의 시선을 느꼈다. 우리 학교 교복을 입은 남학생은 투명인간 취급했다. 적어도 내 느낌엔 그랬다. 그땐 어렸다.

대학 시절을 생각하면 술 마시던 기억밖에 없다. 매일 같이, 그것도 새벽까지 술을 과하게 마셨다. 술만 마시지 않았다. 토론하고 논쟁했다. 어느 날은 친구들과의 대화에 한마디도 끼어들지 못했다. 아는 게 없어서였다. 자괴감이 들었다. 도대체 나는 누군가. 그런 생각하며 집을 향해 가던 어둑한 밤길을 지금도 잊지 못한다. 인간이 느끼고 싶지 않은 가상 비참한 심정이었다.

칭와대를 나왔을 때, 오 프라인에서 나는 없었다. 어디를 다니는 사람이 아니었기에, 포털사이트에 내 이름을 쳐봐도 나는 없었다. 이유가 있다. 쉰 살이 되도록 읽고 듣기만 하면서 산 탓이다. 학교 다닐 적엔 선생님 말씀을 듣고 교과서, 참고서를 읽었다. 직장에 다닐 때도 상사의 생각과 조직 분위기, 흐름을 읽었다. 상사 말귀를 잘 알아듣는 사람으로 살았다. 맞춰주는 삶이었다. 남이 만들어놓은 과녁을 잘 맞히면 성공하는 삶이었다. 읽고 듣기만 하는 삶에는 내가 없다. 신영복 선생님 말씀대로 자기 정체성이 만들어지지 않는다. 말하고 쓸 때 자아가 만들어진다. 내 말과 글이 나 자신이기 때문이다.

나는 말하고 쓰면서 두 가지 기쁨을 알게 됐다. 그 하나는 나를 드러내는 즐거움이다. 말하고 쓰면서 존재를 드러내고 존재감을 느낀다. 나를 표현하고 인정받고 싶은 갈증을 해소한다. 가끔은 내 말과 글이 영향력을 가지면서 자아실현 욕구가 충족된다. 투명인간으로 살고 싶은 사람은 없다.

다른 하나는 남을 돕는 기쁨이다. 내 말을 듣거나 내 글을 읽고 도움이 됐다는 사람을 만나면 하늘을 날 것 같다. 내 존재의 의미, 존재 가치를 확인한다. 이를 통해 관계 욕구가 충족되고 연대와 협력의 즐거움을 알게 됐다.

나는 매일 설렌다. 날마다 가는 곳이 다르고, 만나는 사람이 다르다. 글쓰기 강의를 위해서다. 부른다고 다 가지 않는다. 내가 결정한다. 50년 동안 해야 하는 일을 하며 살았다. 즐겁지 않았다. 지금은 하고 싶은 일을 한다. 강의하기 싫으면 하지 않는다.

내가 하는 일의 결과가 모두 내 것이다. 직장에 다닐 적엔 남의 것을 만들어주고 돈을 받았다. 지금은 내 것을 만들면서 돈을 번다. 강의에 가는 일은 나를 홍보하는 일이기도 하다. 나를 알리면 책이 팔리고, 인세가 들어온다. 돈을 내야 할 수 있는 일이다. 그런데 강의료도 주면서 사람도 모아준다. 나를 홍보할 수 있는 자리를 마련해 준다.

읽고 듣기만 하던 삶에서 말하고 쓰는 삶으로

순탄하기만 한 것은 아니었다. 인생 후반전을 살겠다고 출판사에 갔다. 나름대로 모든 걸 내려놓고 갔다. 월급은 150만 원 정도였고, 직책은 없었다. 그저 사원이었다. 출판사에 다니던 어느 날, 대표가 나를 불렀다. "그러지 말고 책을 써보면 어때요? 두 달간 유급휴직을 줄

테니 집에 가서 책을 써보세요. 이제 강원국 씨는 오프라인에서 퇴출당했어요. 미련을 갖지 마세요. 어디서 불러주지 않습니다. 어딘가에 소속돼 살기는 글렀어요. 그런 기회는 오지 않아요." 누가 그걸 모르나? 왜 이렇게 독설을 내뱉는 거야 생각할 즈음, 대표가 솔깃한 말을 했다. "대신 살길이 있습니다. 온라인 세상에서 살면 됩니다. 온라인 공간에서 지식 농사를 지어보세요."

'지식 농사'란 말이 꽂혔다. 책을 쓰면 온라인 공간을 개간해 내 영토를 만들 수 있다니. 대표의 말이 이어졌다. "세상 모든 건 문자로 이뤄져 있잖아요. 글을 잘 쓰면, 글쓰기 능력만 있으면 어디 다니지 않아도 살 수 있는 세상이에요. 잘만 쓰면 원하는 걸 얻을 수 있습니다. 그러기 위해 필요한 게 있습니다. 바로 책입니다. 책은 온라인 전쟁터에 나가는 병사의 총과 같은 겁니다. 직장 다니는 사람의 명함 같은 것이고요. 책으로 어필하면 됩니다. 책을 쓰면 살길이 열립니다."

책을 쓰고 나니 강연을 해야 했다. 강연하지 않으면 책이 팔리지 않는다. 학교 선배인 대기업 최고경영자 한 분이 나를 불러줬다. "너 글쓰기 책 냈다며…. 임원들 모아줄 테니 강의를 한번 해봐." 고마웠다. 그런데 결과는 비참했다. "너는 글은 좀 쓰나 본데 말은 영 아니다."

이후 그곳에서는 지금까지 강의가 들어오지 않는다. 얼마나 형편없었으면 그랬을까. 실제로 나는 말하지 않는 사람이었다. 말수가 적은 것으로, '진국'이라고 인정받았다. '저 친구는 자신을 드러내지 않고 묵묵히 자기 할 일만 한다.'라고. 실제로 나는 내가 말을 못 하는 사람인 줄 알았다. 그래서 말하지 않고 사는 일을 했다. 회장이나 대통령의 연설문을 쓰는 스피치 라이터는 그런 자리였다. 스피치 라이터는 고스트 라이터여야 한다. 자기가 없어야 한다. 내 생각을 쓰는 일이 아니기 때문이다. 스피커의 생각을 스피커의 어투와 문체로 써야 한다.

강연으로 어느 정도 이름이 났다. 해보니까 나는 말을 못 하는 사람이 아니었다. 그것을 쉰 살 넘어 알았다. 누구나 그렇다고 생각한다. 해보면 잘할 수 있다. 누구에게나 기회는 찾아온다. 내게도 JTBC 〈말하는 대로〉가 그런 프로그램이었다. 그 프로그램의 출연을 계기로 예기치 않게, 운 좋게도, 나도 몰랐던 나의 재능을 발견했다.

나는 지금도 벽에 부딪칠 때마다 그분을 생각한다. '책을 읽을 수도 글을 쓸 수도 없다.' 노무현 대통령이 마지막 남긴 글의 한 문장이다. 그에게 글쓰기가 어떤 의미인지 나는 안다. 그는 글을 쓰기 위해 책을 읽었다. 책 읽고 글 쓰는 것을 좋아하셨다. 가장 의미 있는 일로 생각했다. 대통령 5년 임기를 마치는 것보다 그사이 보고 배우고 깨달은 것을 책으로 써서 남기는 일이 더 가치 있다고 했다. 그런 일을 할 수 없는 상황이 됐다. 내가 책을 쓴들 누가 읽어주겠는가. 책을 읽고 글을 쓰지 못한다면 남은 삶은 무슨 의미가 있겠는가.

앞으로 20년 안에 평균수명이 100세 가까이 된다고 한다. 그렇다면 나는 이제 겨우 절반을 살았다. 책을 읽고 쓸 수 있는 지금의 상황에 감사한다. 진짜 인생은 지금부터다.

왜 책을 써야 하나?
내가 책을 써서 얻은 것

누구나 책에 대한 환상이 있다. 나도 어렸을 적부터 막연히 책을 쓰고 싶었다. 하지만 책은 이런 희망만으로 써지지 않는다. 명분과 실리가 있어야 한다. 명분은 책을 쓰는 이유다. 그 이유가 분명해야 한다. 실리는 책을 써서 얻는 이익이다. 먹고살기 위해 출판사에 갔고, 출판사에 간 덕분에 어쩌다 책을 썼다. 누가 그랬다더라. 책을 안 쓴 사람은 있어도 한 권만 쓴 사람은 없다고. 맞다. 한 권 쓰기가 어렵지, 한 권 쓰고 나면 두 권, 세 권 연이어 써지는 게 책이다.

내가 책을 쓰게 된 명분을 제공해 준 사람도 노무현 대통령이었다. 노 대통령의 지시가 책을 쓰는 이유가 됐다. 대통령 임기 4년 차를 시작할 무렵, 노 대통령은 내게 "청와대에 그렇게 오래 있었으면, 그런 특별한 경험을 책으로 써서 다른 사람들과 공유해야 한다."라고 했다.

"소수만 누리던 걸 다수가 누리게 되는 게 역사의 진보"라면서, "청와대 경험을 책으로 쓰지 않으면 자네는 특권만 누린 것"이라는 얘기까지 덧붙였다.

이후로도 책을 쓰고 있는지 한두 번 더 확인했다. 아직 못 쓰고 있다 하니, "이건 대통령의 명령"이라면서 "왜 쓰지 않느냐?"라고 질책했다. 어쩔 수 없이 십여 장 정도 되는 글을 써서 보여드렸더니, "책을 쓰랬지 누가 보고서를 쓰라고 했느냐?"라며 재차 당부했다.

나는 뒤늦게 대통령의 지시를 받들었다. 그렇게 쓴 책이 《대통령의 글쓰기》이다. 2014년 2월에 세상에 나왔으니 이제 12년이 다 됐다. 그 사이 나는 책 쓰기 전도사가 됐다. 만나는 사람마다 책을 써보라고 권유한다.

책은 가장 두꺼운 명함이요, 장대한 자기소개서

책을 쓰고자 하는 이에게 왜 책을 쓰려고 하는지 물어보면 대답은 각양각색이다. 베스트셀러 작가가 되고 싶어서, 돈을 벌고 싶어서, 홍보 마케팅에 필요해서, 유명해지고 싶어서, 강의하고 싶어서 등 다양하다. 특히 스피치, 창업 컨설팅, 재무 설계, 기획력 향상, 진로학습, 자기 계발, 마케팅 등의 강사로 활동하고 싶다는 분들이 많다.

내 경우 강사가 목표는 아니었다. 하지만 쓰고 보니 얻은 게 한둘이 아니다. 먼저, 돈을 벌었다. 내 책 12권을 모두 합하면 대략 70만 부 정도 팔렸다. 책의 정가를 평균 1만 6,000원으로 계산한다면 그 10%

를 인세로 받으니, 70만 부×1만 6,000원×10%가 내가 책으로 번 돈이다.

아내가 나를 대하는 태도도 바뀌었다. 처음 책을 쓰기 시작할 무렵부터 대접이 달라졌다. 매일 술만 마시고 다니던 사람이 글을 쓰고 있으니 좀 그럴싸해 보였나 보다. 거기다 책이 잘 팔리면서 나는 집에서 무시할 수 없는 존재가 되었다.

'작가'라는 호칭도 얻었다. 누구나 책을 쓰면 작가로 불린다. 포털 사이트에 내 이름을 검색하면 저서가 자랑스럽게 뜬다. 내가 하는 일의 마케팅 효과가 있다. 내 이름이 브랜딩이 되는 것이다. 직장 다닐 적 직함, 그러니까 '비서관', '상무'보다 자랑스럽다. 누구 할 것 없이 언젠가 직장을 그만둔다. 백수(白壽)를 누리는 시대에 백수(白手)는 피할 수 없다. 소속이 없는 때를 맞는 이에게 '작가'라는 호칭은, 책이 주는 가장 좋은 선물이다.

책은 호칭만 주는 것은 아니다. 책은 그것을 쓴 사람의 전문성을 인증하는 보증수표가 된다. 책을 한 권 쓰려면 그 분야나 해당 주제 관련 책을 수십 권은 읽어야 한다. 책을 읽지 않고는 책을 쓸 수 없다. 책을 읽는 과정에서 자기 계발이 이뤄지고 전문성을 강화하게 된다. 책을 읽지 않더라도, 그 분야 관련 경험이 대개 10년 이상은 된다. 따라서 책을 쓴 사람은 그 내용에 관해 적어도 10시간은 할 말이 있다. 전문가 대접을 받을 수 있는 것이다.

전문가 대우를 받으면 남에게 말할 기회가 주어진다. 강의와 코칭,

컨설팅, 방송 출연 등이 가능해진다. 강사나 코치를 찾는 곳은 포털사이트에서 저자를 검색한다. 내가 진행했던 인터뷰 프로에서도 출연자를 찾을 때 가장 먼저 신간을 낸 저자를 섭외했다. 책은 세상에서 가장 두꺼운 명함이요, 장대한 자기소개서다.

책은 이처럼 브랜드를 만들어준다. 내가 책을 내기 전 내 이름을 포털사이트에서 검색하면 기본 프로필 외에 뜨는 게 없었다. 하지만 지금은 다르다. 지난 10여 년 사이 검색 사이트 이곳저곳이 가득 채워졌다. 덕분에 강의와 방송 출연 요청이 들어온다. 책의 인세보다 더 많은 수입이 강의 등으로 채워진다. 책을 쓰지 않았으면 불가능했을 일이다.

자영업을 하거나 전문 직종에 있는 사람은 자신이 하는 일이나 사업을 마케팅하는 효과도 있다. 내가 추천사를 쓴 《작은 가게에서 진심을 배우다》라는 책을 쓴 김윤정 작가는 경기도 용인에서 막국수 식당을 운영하는데, 연간 매출이 30억 원을 웃돈다. 이 책을 읽은 요식업자들이 성공 비결을 배우기 위해 식당을 방문하고, 협업 제안도 많이 들어온다고 한다. 김 작가는 책으로 얻은 결실에 고마움을 표하기 위해 인세를 저소득층 아동의 장학금으로 기부하고 있다.

내가 책 쓰기 전도사가 된 이유

이밖에도 책을 써서 얻는 효용은 한두 가지가 아니다. 우선 책을 쓰는 과정에서 글쓰기가 익숙해진다. 책 쓰기처럼 좋은 글쓰기 연습이 없다. 글을 잘 쓰고 싶으면 책을 백 권 읽는 것보다 책 한 권을 쓰는 게 더 낫다. 물론 한 권을 쓰기 위해 백 권을 읽어야 하겠지만 말이다.

책 쓰는 과정에서 자기 관리하는 법을 배운다. 누가 강요하거나 통제하지 않아도 '내 책 쓰기', '저자 되기'라는 비전이 자신을 안내하고 인도한다. 절로 자신의 시간을 관리하고, 건강을 관리하고, 만나는 사람 등 주변을 관리하게 된다. 삶이 건전하고 견실해진다고 할까?

책을 쓰면서 한 분야에 정통해지는 경험도 하게 된다. 책을 한 권 쓰려면 적어도 100시간 이상 공부해야 한다. 책을 쓰는 기간은 전문가가 되어가는 과정이고, 자기 계발이 이루어지는 시간이다. 책 쓰기는 자신의 진짜 강점을 찾아주고 경쟁력을 키워준다.

책은 나의 자취와 흔적도 남긴다. 써놓지 않으면 잊힌다. 이 세상에 와서 자원을 쓰고 자연을 훼손하며 살았으면, 그에 대한 보답으로 책 한 권은 남겨 놓고 떠나야 하지 않겠는가.

책을 쓰는 과정은 고통스럽다. 책을 쓰려면 글 쓰는 고통과 마주해야 한다. 하지만 다른 한편으로 나는 네 가지 즐거움을 맛보았다. 첫째는 과거로의 여행이다. 쓰다 보면 기억이 새록새록 살아난다. 기억을 더듬어 그때 만났던 사람, 일어났던 사건들을 떠올린다. 이미 타계하신 김대중 대통령과 노무현 대통령을 다시 만나는 시간을 가졌다. 과거는 모두 아름답다.

둘째, 치유 효과도 봤다. 지난 일 중에는 내 안에 똬리 틀고 나를 괴롭혀온 것들이 있고, 거기에 맺힌 감정들이 있다. 그것을 토해내고 배설하는 계기가 된다. 책을 쓰면서 맺히고 쌓였던 감정이 풀리고 어느

새 후련해진다.

미국 텍사스대의 사회심리학자인 제임스 페니베이커(James W. Pennebaker) 교수는 "자신이 겪은 역경이나 트라우마 등 심리적 외상 경험에 관해 글을 쓰면 면역 기능이 향상되고, 고통은 감소하는 등 정신건강에 긍정적인 영향을 미칠 수 있다."라고 했다.

셋째, 삶을 정리하는 기회가 된다. 책을 쓰다 보면 지난 자취를 반추하며 이를 객관적으로 평가하고, 나름의 의미를 부여하게 된다. 또 목차를 짜다 보면 살아온 인생의 빈자리를 찾을 수 있다. 남은 삶에서 부족하고 미흡한 그곳을 채우겠다는 다짐도 하게 된다.

넷째, 책 쓰기는 노년을 풍요롭게 한다. 적어도 매너리즘에 빠지지 않도록 돕는다. 책 쓰기의 본질은 변화와 도전이다. 젊은이들은 구태의연함에 빠진 사람을 '꼰대'라고 한다. 꼰대의 특징은 이렇다. 쓸데없는 말을 많이 하고, 같은 말을 되풀이한다. 자기 말이 무조건 옳다고 생각한다. 재미가 없다. 자신의 경험을 과신한다. 가르치려 들고 이기려 든다. 시대에 뒤떨어져 있다. 이런 꼰대 소리를 듣지 않으려면 책을 써야 한다. 책을 쓰기 위해 공부해야 한다.

시인이며 문학평론가인 장석주 선생은 《나를 살리는 글쓰기》에서 이렇게 말했다. '나는 왜 쓰는가. 나로 온전하게 살기 위함이다. 글쓰기는 쓸쓸하고 치욕스러운 이 삶에서 저 너머 피안의 불빛을 향해 나아가기다.' 맞는 말이다. 책을 쓰면서 자신을 알게 된다. 성장할 수 있다. 결국, 나다운 삶을 살 수 있다. 이것이 책을 써야 하는 이유다.

내가 책을 못 쓰지, 말을 못하나?

말하듯 쓰고, 쓰듯 말하라

책을 써보라고 하면 손사래 치는 분들이 많다. 그런데 말은 곧잘 한다. 그런 분을 보면 이해하기 어렵다. 왜 말을 저리 잘하는데 책은 못 쓰겠다고 하는가. 원인은 하나다. 말하기와 글쓰기를 연결하지 못했기 때문이다. 말과 글은 하나인데, 이를 별개로 사용하고 있어서 그렇다.

사람은 누구나 말하기, 듣기, 읽기, 쓰기를 하며 산다. 직장에 가면 상사에게 보고하고, 회의하고, 발표한다. 모두 말하기다. 또한, 보고받고, 민원인이나 고객의 말을 듣고, 문서를 읽고 쓴다. 말하고 듣고 읽고 쓰는 것이다. 이는 가정에서도 마찬가지다. 말하기, 듣기, 읽기, 쓰기를 잘하는 사람이 유능한 사람이다. 말하기, 듣기, 읽기, 쓰기는 별개로 작동하지 않는다. 특히 말하고 글 쓰는 일은 직접적으로 연결돼 있다.

말과 글은 하나다

우리 뇌에는 읽기, 듣기, 말하기, 쓰기와 관련된 영역이 있다. 베르니케 영역과 브로카 영역이다. 베르니케 영역은 왼쪽 뇌에 위치하고, 글을 읽거나 말을 들어 이해하는 영역이다. 독일의 신경정신과 의사인 카를 베르니케(Carl Wernicke)가 발견했다. 브로카 영역은 말하기와 글쓰기 등 표현을 담당하는 영역으로서 베르니케 영역 앞쪽에 있다. 프랑스 외과 의사 폴 피에르 브로카(Paul Pierre Broca)에 의해 밝혀졌다. 말하기와 글쓰기는 같은 구역이다. 이를 보더라도 말 잘하는 사람이 글도 잘 쓰는 게 맞다.

그런데 말은 잘하는데 글쓰기를 힘들어하는 사람이 있다. 반대로 글은 좀 쓰겠는데, 말하기가 어렵다는 사람도 있다. 성격과 습관 탓이다. 사람 만나는 것을 좋아하는 성격은 말하기가 쉽다. 그렇지 않으면 글쓰기가 편하다. 성격보다 중요한 것은 무엇을 더 많이 해봤느냐다.

말하기를 많이 해본 사람은 말하기가 용이하다. 평소 글과 가깝게 지낸 사람은 글쓰기가 편하다. 성격은 고정불변이 아니다. 의도적으로라도 사람들과 만나 대화하는 시간을 늘리면 성격도 변하고 습관도 만들어진다. 물론 차이점도 있다. 순발력 있는 사람은 글보다 말에 능숙하고, 깊이 사고하는 사람은 말하기보다 글쓰기를 잘한다. 하지만 나는 이런 차이점보다는 말과 글의 본질과 공통점에 주목하고, 이를 상호 유기적으로 발전시켜 나가는 것이 더 유익하다고 생각한다.

글이 말보다 쓰기 수월한 측면이 없는 것은 아니다. 글은 말과 달리 고쳐 쓸 수 있고, 남의 의견을 들어 수정할 수도 있으며, 무엇을 쓸지 생각할 시간도 주어진다. 이런 점은 글쓰기가 말하기보다 쉬운 점이다.

나도 한때는 쓰기가 쉬웠다. 글 뒤에 숨을 수 있고, 얼굴을 안 보여줘도 됐기 때문이다. 나는 얼굴을 보일 자신이 없었다. 내 실력을 내가 안다. 그런데 말은 즉시해야 한다. 시간이 주어지지 않는다. 순발력이 필요하다. 나를 있는 그대로 보여 줘야 한다. 그에 반해, 쓰기는 생각하고 꾸밀 시간이 있다. 나는 쓰기가 쉬워 숨어서 남의 글을 썼다. 그래서 밥 먹고살았다.

하지만 대부분은 글쓰기가 더 어렵다. 이유는 세 가지다.

첫째, 말은 듣는 사람이 있다. 듣는 사람의 반응을 확인하며 말할 수 있다. 글쓰기는 벽에 대고 말하는 것과 같다. 말은 듣는 사람이 앞에 있다. 상대 반응을 살펴 가며 말할 수 있다. 상대가 내 말을 잘 알아듣는지, 지루해하진 않는지 반응을 즉각적으로 알 수 있다. 그에 따라 말의 내용과 방향을 바꿀 수 있다. 글쓰기는 그렇지 않다. 독자가 눈에 보이지 않는다. 독자의 반응을 알 수 없다. 반응을 상상하며 써야 한다. 당연히 말하기보다 글쓰기가 어렵다.

둘째, 말은 어투, 표정, 손짓의 도움을 받는 데 반해, 글에는 표정이 없다. 글은 온전히 문자 그 자체만으로 의사를 전달해야 한다. 미국 심리학자 앨버트 메라비언(Albert Mehrabian)에 따르면, 메시지 전달에서 말의 내용이 차지하는 비중은 7%에 불과하다고 한다. 나머지는 말소리 크기, 빠르기, 억양 등 청각 정보가 38%, 눈빛, 태도 등 시각 정보가 55%를 담당한다. 언어보다 비언어적 요소가 더 큰 영향을 미치는 것이다. 다시 말해 말은 내용이 정교하지 않아도 표정과 손짓, 억양으로 의미 전달이 가능하다. 그런데 글은 그렇지 못하다. 그래서 말보다 어렵다.

셋째, 말은 욕심낼 시간이 없다. 즉흥적으로 해야 한다. 그래서 오히려 쉽다. 물에 빠지면 "사람 살려!", 불이 나면 "불이야!"라고 친다. 그에 반해 글은 시간이 주어진다. 마감 시간이란 게 있다. 욕심이 생기고 군더더기가 붙는다. 그래서 쓰기 어렵다. 말과 달리 핵심에서 벗어나기 쉽다.

말하기에서 글쓰기로 가는 길

이렇게 말하기보다 글쓰기가 어렵다. 그렇다면 말하기처럼 좀 더 수월하게 글을 쓸 방법은 없을까. 말이 글보다 쉬운 이유 안에 그 답이 있다. 우선, 독자의 반응을 염두에 두고, 독자를 철저히 연구해서 써야 한다. 독자가 내 앞에 앉아 있다고 생각하고 그에게 말하듯 글을 쓰면 대화 상대를 앞에 두고 말하는 것 같은 효과를 누릴 수 있다.

또한, 글에도 표정을 만들면 된다. 글의 표정은 콘텍스트, 즉 배경과 맥락이다. 글을 쓸 때 전하고자 하는 메시지만 쓰지 않고 내가 왜 그렇게 말하는지 이유와 배경을 친절하게 써주는 것이다. 말의 내용인 텍스트(Text)만이 아니라 음색, 억양, 표정, 손짓에 해당하는 콘텍스트

(Context)까지 충분히 설명해 주면 표정, 손짓 같은 효과를 낼 수 있다. 방법은 예시, 사례, 비유, 비교, 대조 등을 동원하는 것이다. 문자 메시지에서 'ㅎㅎ', 'ㅠㅠ'를 쓰는 것도 글의 한계를 벗어나 말과 같이 표현하기 위한 노력 중 하나다. 나의 상태를 알려줌으로써 소통을 좀 더 원활하게 하려는 시도이다.

끝으로, 욕심을 버리는 것이다. 그러면 에둘러 표현하지 않는다. 말과 같이 정곡을 찌를 수 있다. 핵심에 곧바로 간다. 말을 한 후에 쓰면 알아먹기도 좋다. 친근하고 생생하다. 구어체로 쓰기 때문이다. 대신, 구어체는 정제되지 않고 투박하다는 단점이 있다. 그러므로 말하듯 쓰고, 쓰듯 말하는 훈련이 필요하다. 말할 때는 글을 쓰듯 말하고, 쓸 때는 말하듯 쓰는 것이다. 누군가와 대화하듯 쓴다. 누군가에게 이야기하듯 쓰려면 재밌게 쓰려고 할 것이고, 누군가에게 설명하자면 쉽게 쓰려고 할 것이다. 어쨌든, 누군가에게 말한다고 생각하고 마음 편하게 써보자. 말하는 것을 두려워하지만 않는다면 누구나 쓸 수 있지 않겠는가.

무엇보다 말을 잘하고 싶으면, 하고 싶은 말이 있어야 한다. 간절하게 하고 싶은 말이 있으면 말하는 시간이 기다려지고 열정적으로 말하게 된다. 말하는 것이 스스로 재미있다. 그러면 듣는 사람도 빠져든다. 하고 싶은 말을 만들기 위해서 많이 읽고 듣고 써보게 된다. 또한, 말은 관심사가 생겼을 때, 말을 많이 해야 하는 상황이나 지위에 놓였을 때, 사랑에 빠졌을 때 실력이 일취월장한다.

 말을 많이, 잘해보겠다고 마음먹자. 많은 사람이 그런 마음을 먹지 않는다. 우리 사회는 말에 관한 폄훼가 있다. 말 잘하는 사람이 대접받지 못한다. 말 잘하면 '주둥아리만 살았다.', '빈 수레가 요란하다.'라는 소리를 듣는다. 그러면서 말의 주도권을 소수만 갖는다. 말하는 사람만 말하고, 다수는 듣는 대상에 머문다. 그런 결과로 말하는 소수가 책도 낸다. 듣던 다수는 여전히 읽는 역할에 그칠 뿐이다.

 말 잘하는 길은 여럿이다. 이 가운데 어느 것도 해당 안 되는 사람은 없다. 자신이 잘하는 분야를 찾아서 그에 맞는 글을 쓰면 된다. 첫째, 논리적인 말을 잘하는 사람이 있다. 이런 사람은 설득, 주장하고 논증하는 글을 쓰면 된다. 둘째, 감성적으로 말을 잘하는 사람이다. 같은 얘기를 해도 사람의 정서를 건드리는 사람이 있다. 연애할 때 잘 통하는 말재주다. 이런 사람은 정서를 자극하고 감동을 주는 글을 쓸 여지가 많다. 셋째, 비판적으로 말을 잘하는 사람이다. 남들이 보지 못하는 이면과 저의를 보고 파헤친다. 까칠한 느낌이 있지만, 이런 사람의 말을 들으면 후련하다. 이런 사람은 역시 촌철살인 화법으로 문제를 찾아내는 글쓰기에 적합하다. 넷째, 말을 재밌게 하는 사람이다. 유머와 재치가 있는 사람이다. 농담을 잘하는 것과는 다르다. 재치가 있어야 한다. 이런 사람은 유쾌 발랄하고 해학적인 글을 잘 쓸 확률이 높다.

누구나 쓸 수 있다
이야기를 쥐고도 침묵하는 당신에게

사람들은 "책을 쓰면 좋은 건 알겠는데, 아무나 쓸 수 있냐."라고 묻는다. 나는 책이야말로 아무나 쓸 수 있고, 써야 한다고 대답한다. 문제는 책을 안 써도 되는 사람은 열심히 쓰고, 책을 써야 할 사람은 죽어라 안 쓴다는 데 있다. 책을 쓰지 않아도 이미 유명하고 전문가 대접을 받는 사람은 책을 쓰고, 책을 써서 이름을 알리고 전문가로 자리매김해야 할 사람은 안 쓴다는 말이다.

이런 사람들은 책을 안 쓰는 이유로 세 가지를 든다. 첫째, 나는 글을 못 쓴다. 이 첫 번째 핑계에 대해 나는 이렇게 답한다. 그래서 책을 쓰라는 것이라고. 처음부터 글을 잘 쓰는 사람은 없다. 하지만 책을 쓰면 글쓰기 실력이 몰라보게 는다. 글은 써야 느는 법이니까. 무엇보다 자기 이야기는 자신이 가장 잘 쓸 수 있다. 과거에 원고지에 글을 쓰던 시절이 있었다. 그때는 단번에 써야 했다. 그렇지 않으면 처음부터 다시 쓰기를 되풀이해야 했으니까.

지금은 어떤가. 노트북이나 컴퓨터에 쓴다. 빼고 넣고 고치기가 자유자재로 된다. 그뿐 아니라 키보드로 치다 보니 글이 생각 속도를 따라갈 수 있어, 말이 글이 되는 경험을 하게 된다. 다시 말해 말하듯이 쓸 수 있게 됐다. 또 못 쓰면 어떤가. 얼마든지 다시 쓸 수 있는데 무엇이 문제인가.

둘째, "내가 책을 쓴들 누가 읽어주겠느냐."라는 물음이다. 이에 대한 대답은 더 간명하다. 그걸 왜 당신이 걱정하는가. 그건 출판사가 할 일이다. 출판사에 맡겨두면 된다. 출판사에서 내주지 않는다고? 그것도 걱정할 필요 없다. 책을 출간할 수 있는 길은 많다. 독립출판이나 전자책 출간도 있고, 오디오북으로도 낼 수 있으며 독자나 투자자들이 출판비용을 대는 북 펀딩을 할 수도 있다.

세 번째 이유는 쓸 말이 없다는 것이다. 이 또한 변명에 불과하다. 쓸 말이 없는 사람은 없다. 쓸거리는 지천에 널려 있다. 오히려 이미 책을 쓴 사람들은 쓸 말이 바닥났다. 책을 쓰지 않은 당신이야말로 쓸거리 천지다.

쓸거리는 살아온 세월만큼 있다

무엇에 관해 쓸지 고민하는 분에게 나는 자신 있게 권한다. '자신에 관해 쓰세요.' 자기에 관한 쓸거리는 자기의 생각, 느낌, 경험이다. 이

가운데 가장 쓰기 쉬운 게 자기의 경험이다.

생각과 느낌을 쓰기는 어렵다. 하지만 경험을 쓰는 건 어렵지 않다. 레프 톨스토이(Lev Tolstoy)는 《어떻게 살 것인가》라는 책에서 세 가지 방법으로 지혜를 얻을 수 있다고 했다. 명상과 모방과 경험이 그것이다. 톨스토이는 이 가운데 경험이 가장 어렵다고 했다. 하지만 나는 그렇게 생각하지 않는다. 적어도 글을 쓰는 데는 명상이나 모방이 더 어렵다. 있는 그대로를 서술하는 경험이 훨씬 쉽다. 인생은 경험의 모음이다. 산다는 건 경험하는 것이다. 경험이 모여 삶을 이룬다.

첫째, 기억을 떠올려보자. 어린 시절, 학창 시절 경험을 회상해 보라. 떠오르는 기억이 없으면 그 시절 유행하던 노래도 들어보고, 빛바랜 사진첩과 일기장도 들춰보자. 당시 기사를 찾아보는 것도 좋다.

둘째, 스스로 질문해본다. 가장 기뻤던 순간, 슬펐던 순간은 언제인가? 살면서 가장 후회스러운 일은 무엇인가? 그 당시로 돌아가면 어떻게 했을 것 같은가? 반대로 가장 보람 있던 일은 무엇인가? 만났던 사람 중에 가장 큰 영향을 미친 사람은 누구며, 그 이유는? 내 인생의 변곡점이 되었던 사건이 있다면? 등등.

셋째, 탐문한다. 자신의 기억에만 의존하지 말고 사람들을 만나 자기의 이야기를 수집해 보는 것이다. 부모님이 살아계시면 그분들에게 여쭤보고, 형제자매, 과거 직장 동료, 어렸을 적 친구들을 만나 그 시절 아련한 추억에 잠겨도 보자. 스스로 까마득히 잊고 지냈던, 혹은 자신도 모르고 있던 내용을 건져 올릴 수 있을 것이다.

넷째, 새로운 경험을 한다. 과거 기억만 쓰면 소재의 한계에 부딪친다. 밑천이 금세 드러날 수밖에 없다. 현재를 써야 한다. 현재를 쓰기 위해선 시도하고 도전해야 한다. 나는 매일 한 일을 기록한다. 기록이 빼곡한 날은 혼자서 흐뭇하다. 마치 어부가 만선을 이룬 기분이랄까. 그래서 나는 오늘도 경험하면서 살아있음을 실감한다. 경험이 내 삶을 앞으로 나아가게 한다.

다섯째, 미래도 괜찮다. 앞으로 일어날 것으로 예상하는 일, 바라고 소망하는 일도 훌륭한 글감이다. 10년 후 20년 후 자신의 모습을 상상해 보고, 꿈과 목표를 이뤘을 때의 상황을 그려보자. 미래는 상상의 결과물이고, 간절하면 이루어진다고 하니까 말이다.

여섯째, 하지 못한 경험도 글의 재료가 된다. 나는 할 수는 있었으나 하지 않은 일이 있다. 정치인의 일이다. 아마 했으면 잘하지 못했을 것이다. 반대로, 하고 싶었으나 못한 일이 있다. 언론인이 되는 것이다. 아마 했으면 잘했을 것이다. 이렇게 생각하는 데는 나름의 이유가 있다. 그런 내용을 글로 쓰면 된다. 이처럼 하지 못한 일, 하고 싶었던 일, 하지 않은 일 모두 경험이다. 미련의 경험, 희망의 경험이다.

일곱째, 독서이다. 경험에는 직접 경험과 간접 경험이 있다. 내 몸으로 한 경험이 직접 경험이요, 다른 사람의 경험은 간접 경험이다. 간접 경험은 책에 널려 있다. 그리고 이런 간접 경험을 글에서는 '사례'라고 한다. 사례가 풍부할수록 글은 더 풍요로워진다. 책을 읽고 사례를 찾아보자.

경험은 누구에게나 있다. 경험을 써라!

이렇게 쓸거리가 마련되면 '무엇'이라는 걸림돌은 치워졌다. 다음은 '어떻게' 쓸 것인지 하는 문제에 봉착한다. 먼저, 솔직하게 써라. 사람의 마음을 움직일 수 있는지를 결정하는 첫 관문은 솔직함이다. 부끄럽고 감추고 싶은 경험을 말하는 용기로 그 문을 활짝 열어젖혀야 한다. 그리고 구체적으로 써야 한다. 오감을 모두 동원하고 육하원칙을 다 집어넣어 써라. 이야기는 도입부가 뜻밖이고 전개가 예상 밖이면 좋다. 갈등은 첨예할수록 결말은 후련할수록 재미있다. 이야기를 들은 사람이 얻어가는 게 있어야 한다. 다른 말로 결론이 있어야 한다.

이야기 순서와 비중도 중요하다. 과거, 현재, 미래를 평면적으로 나열하기보다는 과거에서 미래로 비약하다 다시 현재로 돌아오고, 지금 이야기를 하다가 과거를 회상하는 식으로 어제와 오늘, 내일을 넘나들면 좋다. 시간뿐 아니라 좋은 일과 궂은일, 친구와 천적이 번갈아 등장해야 한다. 또 어떤 이야기는 비중 있게 다루고, 어떤 이야기는 살짝 맛만 보여주는 식으로 무게를 달리해야 글에서 입체감이 느껴진다.

경험을 얘기한 후에는 그걸 겪으면서 느끼고 깨달은 바를 써야 한다. 독자들은 글을 재미있게 읽고도, 그것에서 얻는 게 없으면 실망한다.

다행히 모든 경험에는 시사점이 있다. 자신이 겪은 일에 관해 충분히 숙고해서 숙성시키면 깨달음과 깨우침을 얻을 수 있다. 바로 그 경험의 의미를 담아주면 된다. 같은 경험도 그것을 어떻게 해석하는지에 따라 의미는 전혀 달라진다.

다음으로, 경험의 배경과 맥락을 추가해 준다. 그 경험이 어떤 배경에서 왜 일어났는지. 무엇이 그런 경험을 가능하게 했는지. 경험이 일어난 사회적, 경제적 맥락과 상황은 무엇이었는지 설명해 준다.

끝으로, 경험을 일반화해줘야 한다. 미국 소설가 프랜신 프로즈(Francine Prose)는 《소설 어떻게 쓸 것인가》에서 '글쓰기는 가장 개인적인 생각을 가장 보편적인 언어로 표현하는 기술'이라고 했다. 자기 경험만 쓰고 말면 독자들이 '왜 당신 얘기를 내게 하는 거야?'라고 물을 수 있다. 그때 일반화를 통해 '이건 나만의 얘기가 아니고, 당신에게도 해당하는 우리 모두의 이야기야.'라고 말할 수 있어야 한다. 일반화하는 방법은 간단하다. 유사한 경험을 한 유명한 사람의 일화를 소개하는 것이다. 그러면 그 경험이 자신만의 것이 아닌, 모든 사람의 것으로 보편화한다.

경험은 우리에게 여러 가지를 선사한다. 그 하나는 자신을 발견하게 한다는 것이다. 나는 쉰 살 전까지 말하는 게 가장 두려웠다. 그런데 직장을 그만두고 말해야 하는 상황을 맞았고, 말을 해보니 내가 말을 못하는 사람이 아니란 걸 알았다. 아니, 말하는 게 즐거운 사람이었다. 만약 쉰 넘어서도 직장에 계속 다녔으면 죽을 때까지 내가 말할 줄 아는 사람이란 사실을 몰랐을 것이다.

경험은 또한 보다 넓은 시야를 갖게 해준다. 나의 마지막 직장은 출판사였다. 오래 일하진 않았지만, 그때의 경험으로 나는 출판업계를 알게 됐고, 내 책을 쓰게 됐다. 당시 나는 새로운 우주를 발견한 느낌이었다. 이 세상에는 얼마나 많은 우주가 있을까. 우리가 눈으로 보는 것들 하나하나가 그 안에 우주를 품고 있다. 그 세계에 들어가 경험해 보면 밖에서는 도저히 알 수 없는 신천지가 펼쳐진다.

경험은 치유의 메시지도 준다. 지난 기억을 곱씹어 보면 '지나간 것은 지나간 대로 다 그런 의미가 있다.'라는 사실을 깨닫게 된다 서럽고, 안다깝고, 후회스러운 기억을 더듬다 보면 아픈 상처가 아물고 치유된다.

경험은 다음 세대에게 본보기도 된다. 이 땅에 와서 살았으면 뭐라도 남기고 가야 할 것 아닌가. 경험이 개인에 머물면 기억에 불과하지만, 이걸 글로 쓰면 다른 이에게 영감을 주고, 누군가의 멘토가 될 수 있으며, 다음 세대에까지 전승된다.

모든 사람의 인생은 이미 한 권의 책이다. 그것도 이 세상에 단 한 권뿐인 책이다. 나만의 경험을 기록하자. 기자같이 오늘의 나를 쓰고, 사관처럼 자신의 역사를 써 내려가자.

시대가 책을 쓰라고 요구한다
많이 읽고 들었다, 이젠 쓸 차례다

나는 70년대에 중고등학교를 다녔다. 초등학생 이후 글 쓸 일이 없었다. 고등학교 때는 일주일에 한 시간 '작문' 수업이 있었지만, 그 시간조차 쓰지 않고 읽었다. 우리 세대는 읽기와 듣기에 능하다. 8교시, 9교시 수업을 하며 선생님 말씀을 들었다. 그것도 모자라 야간자습까지 하며 읽었다. 참으로 많이 읽고 많이 들었다.

많이 읽고 들으면 여섯 가지 특성을 지닌 사람으로 성장한다. 당시 우리 사회는 이런 특질을 지닌 사람을 필요로 했으며, 이런 사람에게는 '공부 잘한'이란 수식어가 붙었다. 읽기 듣기를 열심히 하면 공부를 잘할 수 있었다. 따라서 공부를 잘했다는 건 읽기 듣기를 많이 하고 잘했다는 의미이다.

읽고 듣던 시대를 지나, 이제 쓰는 시대로

많이 읽고 들은 사람은 첫째, 아는 게 많다는 특징을 띤다. 선생님 말씀과 책에 있는 글을 많이 듣고 읽으면 아는 게 많아진다. 나는 1990년부터 직장생활을 했는데 10년 가까이 인터넷은 물론 컴퓨터도 없는 세상을 살았다. 자기가 모르면 알 수 없었다. 그야말로 아는 게 힘이었다. 각자의 머릿속에 얼마나 많은 걸 가지고 있느냐가 중요했다. 많이 읽고 들은 사람이 아는 게 많았고, 그렇다 보니 사회는 그들을 대우해 줄 수밖에 없었으리라.

지금은 어떤가. 읽기 듣기를 많이 하지 않은 사람도 인터넷이나 유튜브, 심지어 인공 지능의 힘을 빌리면 얼마든지 잘 알 수 있다. 물론 많이 아는 사람이 인터넷이나 인공 지능 활용도 더 잘하긴 하지만, 적어도 읽기 듣기를 하지 않았다고 무지 상태에 처할 수밖에 없는 시대는 아니다. 학창 시절 읽기 듣기를 게을리했다고 평생 모르는 사람 취급받으며 살지 않아도 되는 것이다.

둘째, 많이 읽고 들으면 요약력, 분석력, 암기력 등이 키워진다. 읽고 듣는다는 건 요약하고 정리해서 암기하는 과정이기 때문이다. 이런 역량을 갖춘 학생은 선생님 말씀을 들으며 노트 필기를 잘할 수 있다. 교과서나 참고서의 요점 정리도 잘한다. 무엇이 더 중요하고 덜한지 잘 가려낸다. 뿐만 아니라 요약하고 정리한 것을 잘 기억한다.

내가 직장생활할 때까지만 해도 이런 능력이 중요했다. 그런데 지금은 어떤가. 이런 일은 인공 지능이 인간보다 수십만 배 잘한다. 더 이상 이런 능력만으로 우대받지 못하게 됐다.

셋째, 많이 읽고 들은 사람은 모방능력이 우수하다. 읽고 듣는 것의 본질은 이미 있는 걸 닮아가고 흉내 내는 데 있다. 읽고 듣는 행위는 새로운 걸 만드는 일이 아니다. 있는 걸 이해하고 분석하는 일이고, 그 끝은 기존에 있는 것과 비슷하거나 그보다 더 나은 걸 만드는 일이다. 예를 들어 선생님 말씀을 듣거나 교과서를 읽고, 선생님과 교과서 수준에 근접해 가는 게 읽고 듣는 공부이다.

우리 시대는 모방능력이 필요했다. 전쟁의 폐허 위에서 우리는 만들 줄 아는 게 없었다. 자동차나 TV는 물론, 라디오조차 만들 기술이 없었다. 베껴야 했다. 읽기 듣기를 많이 한 사람들이 잘 베꼈다. 급기야 애초에 그걸 처음 개발한 나라의 제품을 능가하기에 이르렀다. 세계 최빈국에서 10위 권의 경제 강국으로 발돋움한 것이다. 이 모두가 읽기 듣기를 많이 시킨 학교와 부모의 교육열, 읽기 듣기를 전 세계에서 가장 열심히 한 덕분이다.

문제는 앞으로다. 더 이상 베낄 데가 없다. 우리 기업은 이미 세계 최선두가 됐다. 뒤에서는 중국이 추격해오고 있다. 지금 우리가 잘하고 있는 건 중국이 금세 베낄 수 있다. 중국의 추격을 뿌리치고 살아남으려면 끊임없이 이 세상에 없는, 새로운 걸 만들어내야 한다. 새로운 걸 만들려면 각자가 자기만의 그 무언가를 가지고, 그걸 글이나 말로 표현할 수 있어야 한다. 그래야 개개인의 서로 다른 것들이 밖으로 나와 연결되고 결합하여 새로운 게 만들어진다. 남의 것을 읽고 듣는 데 그치지 않고, 자기 것을 말하고 쓸 수 있는 사람이 필요해진 것이다.

넷째, 많이 읽고 들은 사람은 그걸 열심히 하는 과정에서 참을성, 끈기, 집중력 등을 키웠다. 읽고 듣는 것 자체를 즐기는 사람은 드물다. 그런 사람도 없는 건 아니지만 대부분은 읽고 듣는 것보다 노는 걸 좋아한다. 좋아하는 것, 하고 싶은 걸 참고, 남들이 하라고 하고 해야 하는 읽기 듣기를 잘했다는 건 태어날 때부터 그런 기질을 갖고 있었거나, 자신의 의지로 마음 근력을 키운 결과이다.

그런 마음 근력을 가진 사람은 시키는 일을 잘한다. 한마디로 근면 성실하다. 이린 특성은 사람을 부리는 조직에서 매우 긴요한 것들이다. 회사 조직이건 공무원 조직이건 말이다. 일을 시키면 군말이나 불만 없이 잘한다.

근면 성실은 여전히 중요한 덕목이지만 이보다 더 필요로 하는 게 창의성이다. 우리 세대는 열심히 하면 됐다. 이제는 그렇지 않다. 세상을 이끌어 가는 기업들은 근면 성실성으로 승부하지 말라고 한다. 오히려 휴식과 놀이를 권장한다.

읽기와 듣기는 과정이고, 말하기 쓰기는 결과다. 읽고 들은 결과로 말하고 쓴다. 읽기 듣기만 하면 과정만 있고 결과는 없는 셈이다. 우리 세대는 읽고 듣는 과정을 참고 집중해서 끈기 있게 해내면 됐지만, 이젠 참고 집중하지 않아도 좋으니 결과로 보여 달라고 한다. 기발한 아이디어를 낸 한 사람이 열심히 일하는 수백 수천 명 몫을 하는 시대이다. 자기 시간을 최대한 때려 박아 그것으로 자신의 희생정신과 애사심을 보여주면서, 근면 성실로 승부하는 사람은 설 자리가 점점 좁아지고 있다.

다섯째, 많이 읽고 들은 사람은 승부욕이 있고 경쟁심이 강하다. 학교 다닐 적을 생각해 보라. 앞서 말했듯이 공부를 잘했다는 건 많이 읽고 들었다는 것이고, 많이 읽고 들은 결과로 석차가 높았다는 것이다. 학교 공부는 자기 반 친구를 이기기 위해, 등수를 높이기 위해 했다고 해도 과언이 아니다. 승부욕과 경쟁심이 전혀 없는 학생이 공부를 잘하긴 쉽지 않다. 승부욕은 또한 인정욕구의 다른 이름이다 승부욕이 센 사람은 인정받고 싶은 욕구도 강하다.

이런 사람은 직장에 가서도 열성적으로 잘한다. 남들이 어려워하는 일도 자기가 한번 해보겠다고 나서, 기필코 해낸다. 그럼으로써 인정받고자 한다. 성적이 안 나오는 과목을 열심히 해서 올려본 경험, 반에서 1등을 해본 경험과 그때 느껴본 성취감을 아는 사람은 어려운 과제를 줘도 그 희열을 다시 맛보기 위해 시도하고 도전한다. 지고는 못 배기는 성질이 강해서 조금이라도 뒤처지면 밤잠을 설치고, 다른 조직, 다른 회사보다 앞서가려고 안달한다. 어떻게든 남보다 잘한다는 소리를 들어야 직성이 풀린다. 회사나 상사 입장에서 어찌 기특하지 않겠는가.

지금도 이런 승부욕과 경쟁심이 필요할까. 그렇다. 여전히 유효하다. 하지만 이제 그것만으로는 안 된다. 때로는 남과 겨뤄 이기거나 앞서려는 욕심이 독이 될 수도 있다. 지금은 개방과 공유, 융합의 시대이기 때문이다. 서로가 가진 것을 내어놓고, 그것들을 섞고 융합해야 한다. 경쟁을 잘해야 경쟁에서 이길 수 있는 게 아니라, 협력하고 연대해야 이길 수 있는 시대이다. 남을 이기려면 남과 경쟁을 잘해야 하는 게 아니라 협력을 잘해야 한다.

끝으로, 많이 읽고 들은 사람은 어디 출신이라는 특징을 지닌다. 그리고 사회는 그 간판을 중시했다. 실제로 그 간판을 가진 사람은 아는 게 많았고, 모방능력도 있었고, 근면 성실했으며, 경쟁심과 승부욕도 강했다. 그래서 그 간판이 통했다. 거기에 그치지 않고 그 간판을 가진 사람끼리 끌어주고 밀어주면서 간판의 효험을 극대화했다. 역량이 부족한 사람도 간판이 좋으면 상부 조직과 선을 대는 데 쓸모가 있기에 조직은 그런 사람을 마다하지 않았다. 또한, 특정 간판을 가진 사람은 일을 잘할 것이라는 선입견을 가지고 해볼 수 있는 기회를 많이 주게 되고, 그런 일을 하면서 실제로 일을 잘하게 돼, 특정 간판을 가진 사람은 유능하다는 일반화와 과대 해석의 오류를 범해왔다. 일은 하면 할수록 요령을 터득해 잘하게 되는 건데 말이다.

이제 우리 사회는 어디 나왔느냐고 묻지 않는다. 내가 직장 다닐 적만 해도 '어디'가 중요했다. 좀 더 나은 어디, 좀 더 높은 어디에 이르고자 아등바등했다. 하지만 온라인 세상이 활짝 열린 지금, 이제는 굳이 어딜 나오지 않아도 되고, 어디에 다니지 않아도 된다. 젊은이들은 어디까지 올라가는 걸 중요하게 생각하지 않는다. 어디를 언제 그만둘지 고민한다. 대신 무엇을 하며 살아갈지 궁리한다. '어디'에 기대 살아가지 않고 '무엇'으로 살고자 한다.

글쓰기로 패자부활과 역전의 기회를 잡자

이제는 오래 산다. 나 같은 1960년대 생도 살날이 많이 남아 있다. 60세에 은퇴해 85세까지 산다면 은퇴 후 갖게 되는 여유시간이 9만여 시간에 이른다. 하루 24시간 중 먹고 자고 쉬는 시간을 뺀 10시간 × 365일 × 25년=9만 1,250시간이다.

나는 쉰 살까지 반사체로 살았다. 나에게 일을 시킨 사람의 말과 글을 읽고 들어서 그 사람이 원하는 말과 글을 만들어주는 일을 했다. 말과 글을 받아서 말과 글로 되쏴 주는 일로 월급을 받았다. 나뿐 아니라 직장에 다니는 사람은 대부분 이와 유사하게 살고 있다. 하지만 누구나 언젠가는 직장을 그만둔다. 더 이상 반사체로 살 수 없는 때가 온다. 그땐 스스로 빛을 내는 발광체로 살아야 한다.

읽기 듣기 삶에서 뒤지고 낙오했다는 사람, 이미 늦었다고 생각하는 사람에게 패자부활과 역전의 기회가 있다. 바로 글쓰기이다. 글쓰기를 돌파구로, 읽는 소비자에서 쓰는 생산자로 거듭나야 한다. 미국의 정치가인 벤저민 프랭클린(Benjamin Franklin)이 그랬다. "죽어서 육신이 썩자마자 사람들에게 잊히고 싶지 않다면 읽을 만한 가치가 있는 글을 쓰든지 글로 남길만한 가치 있는 일을 하라."

　이제 퍼스널 미디어의 시대이다. 퍼스널 미디어의 반대편에 있는 것이 매스 미디어니까, 이제 매스 미디어의 시대가 저물고 있다. 실제로, "그거 신문에 났어."라는 한마디면 모든 논쟁을 잠재울 수 있었던 시절에 비하면 매스 미디어의 영향력은 현저히 줄었다. 그에 반해, 블로그, 페이스북 같은 퍼스널 미디어의 힘이 강해지고 있다. 그리고 그것은 다른 말로 기자나 작가, 교수, 정치인만이 아니라 누구나 글을 쓰는 시대가 되었다는 것을 의미한다.

　늦게 피는 꽃은 있어도 피지 않는 꽃은 없다. 매일 조금씩 쓰면 된다. 한 문장으로 시작하면 된다. 포기하지 않고 쓰면 언젠가 책이 된다. 글쓰기와 책 쓰기를 통해 내가 무엇에 관심이 있고, 무엇을 좋아하고, 무엇을 잘하는지 찾아내자. 글을 쓰고 책을 써서 내가 가진 그 '무엇'을 세상에 보여주자. 그 무엇으로 세상에 보탬이 되자.

책은 의지가 아니라 환경이 쓴다
쓰고 싶지 않은 당신이 끝까지 쓰게 되는 조건들

일본의 경영 컨설턴트 오마에 겐이치는 《난문쾌답》이란 책에서 '인간을 바꿀 방법은 시간을 달리 쓰는 것, 사는 곳을 바꾸는 것, 새로운 사람을 만나는 것뿐'이라고 했다. 이 세 가지 모두 환경을 바꾸는 것이다. 환경을 바꾸면 우리 인생을 바꿀 수 있다.

책 쓰기는 마라톤 경주와 같다. 도중에 많은 고비를 만난다. 이런 고비를 자신의 의지만으로 넘긴 힘들다. 우리의 의식은 글 쓰는 일을 귀찮아하고 싫어하기 때문이다. 글은 쓰기 싫은 게 기본값이다. 그런데 불행하게도 글은 써야 잘 쓸 수 있다. 책은 계속 글을 써야 써진다.

글쓰기 환경에 당신을 내던져라

책은 아무리 빨리 써도 반년 이상은 족히 걸린다. 쓰는 동안 더 이상 진도가 나가지 않고, 과연 쓸 수 있을지 의문이 드는 순간이 반드시 찾아온다. 파국을 맞지 않으려면 이 시간을 견뎌내야 한다. 의지와 끈기만으로는 이겨낼 수 없다. 주기적으로 일정 분량을 꾸준히 쓰려면 내 무의식을 책 쓰기 최적 조건으로 세팅해 놓아야 하고, 책을 쓸 수 있는 환경을 구축해야 한다. 그 방법은 다음과 같다.

첫째, 내 글을 읽어줄 사람을 곁에 둬라. 힘들여 써본들 그걸 보여줄 사람이 없으면 과연 쓰고 싶을까. 학교 다닐 적 시험 보는 게 싫었다. 그럼에도 시험을 잘 보기 위해 밤을 꼬박 새우며 이런 생각을 했다. '시험 결과를 보여줄 사람이 없으면 내가 이렇게 할까?' 스스로 실력만 확인하기 위해서 시험공부를 했다면 나는 아마 밤을 새우지 못했을 것이다. 시험 성적을 보여줄 아버님과 선생님, 친구들이 있었기에 싫어도 공부했다.

나는 주말마다 시험 보듯 글을 써서 아내에게 보여준다. 아내가 내 글의 처음이자 마지막 독자다. 그것도 대단히 우호적인 독자다. 나는 기고하는 매체의 독자를 염두에 두고 글을 쓰지 않는다. 오직 아내를 상대로 쓴다. 내가 모르는 불특정 다수의 독자를 상대하는 일은 버겁다. 하지만 아내가 독자라면 부담스럽지 않다. 나는 아내에게 보여주겠다는 일념으로 쓴다. 그러면 아내는 여지없이 좋다고 말해준다. "잘 썼다.", "좋다."라는 아내의 말을 믿고 나는 글을 세상에 내놓을 수 있다.

2020년 코로나 사태로 강의가 끊겼다. 대우그룹이 문을 닫고, 청와대에서 나왔을 때 이후 세 번째로 맞은 생계의 위기. 책 쓰기가 피난처였다. 코로나 기간 동안 2권의 책을 썼다. 이것을 가능하게 한 것도 아내였다. 아내라는 글동무는 나의 책 쓰기 대장정에 천군만마 같은 존재다. 책을 쓰려는 사람에게는 이처럼 책 쓰는 기간 동안 함께할 동반자가 필요하고, 그런 사람이 있으면 외롭지 않게, 힘을 낼 수 있다.

둘째, 나만의 관심사를 갖는다. 그 순간부터 보고 듣고 읽고 느끼는 모든 것이 관심사나 테마와 연결된다. 매일같이 호기심이 발동한다. 그에 관해 글을 쓰게 된다. 책 쓰기는 쓸거리가 항시적으로 있어야 지속해서 쓸 수 있다. 활을 쏘려면 과녁이 있어야 한다. 나의 과녁은 '글쓰기', '말하기', '소통', '관계' 등이다.

자기만의 관심사가 있는 사람은 그것에 관해 알고 싶다. 생각하려고 한 게 아닌데, 불현듯 생각난다. 그것이 첫 단계다. 그다음은 수다 떨듯, 랩 하듯 생각이 흘러가게 내버려 둔다. 끝으로, 연상된 것들의 의미를 곰곰이 따져본다. 왜 이런 생각이 떠올랐을까. 그러면 생각이 정리된다. 모든 생각은 나름의 결론이 있기 마련이고, 그것이 글감이 된다.

셋째, 글 쓰는 장소를 정해 둬라. 글 쓰는 방이 있는 사람과 그렇지 않은 사람의 차이는 크다. 그곳에만 가면 글을 쓰고 싶은 공간이 있어야 한다. 그곳이 반드시 자기만의 작업실일 필요는 없다. 카페여도 좋고, 도서관이어도 상관없다. 작가마다 글이 잘 써지는 공간이 있다. 누구는 새벽 침대 위에서, 또 누군가는 골방 앉은뱅이책상에서 잘 써진다. 독일의 작가 타니아 슐리(Tania Schlie)의 책《글 쓰는 여자의 공간》에서도 많은 여성 작가가 자기만의 방이 없었지만, 어떻게든 글 쓸 공간을 만들었다고 한다. 제인 오스틴, 샬럿 브론테 같은 위대한 작가는 주방의 식탁 위에서 명작을 썼고, 어떤 작가는 화장실에서, 누구는 욕조 안에서 썼다.

나는 주로 동네 카페에서 글을 쓴다. 카페에 가면 내 몸과 마음이 글 쓰는 모드로 전환한다. 카페만이 아니라 사람이 모여 있는, 다소 시끄러운 장소만 가면 글이 잘 써진다. 한동안은 종점에서 종점까지 타고 가며 좌석버스와 지하철에서 글을 썼다. 불편할 것 같지만 의외로 잘 써진다. 이렇듯 자신에게 맞는 곳이라면 어디든 상관없다. 거기에 가면 글이 잘 써질 것 같은 자기만의 장소를 갖는 것이 중요하다.

넷째, 자신에게 익숙한 글을 쓰는 것도 지속적으로 쓸 수 있는 조건이다. 누구에게나 쓰기 편한 글의 장르가 있다. 독서를 좋아하는 사람은 독후감이나 서평이 쓰기 좋을 것이다. 여행을 좋아하는 사람은 기행문을 쓰면 될 것이고, 기록을 즐기는 사람은 블로그나 일기를 쓰면 된다. 누구나 좋아하는 것을 지속할 수 있고, 좋아하는 걸 통해 가장 잘 배울 수 있다.

다섯째, 자신의 글을 공유할 거점이 있어야 한다. 거점이 있어야 글을 쓸 수 있고, 그렇게 글이 모여야 책이 된다. 글 쓰는 거점은 또한 글을 쓰게 만들기도 한다. 글쓰기라는 장기 레이스에서 자신의 홈구장을 갖추는 건 필수적이다. '어포던스(affordance)'란 용어가 있다. 우리말로 '행동 유도성'이라고 번역할 수 있다. 사물이나 환경이 사용자에게 특정 행동을 유도하는 것을 뜻한다. 우리는 색연필을 보면 그림을 그리고 싶고, 가위나 칼을 보면 무언가를 자르거나 썰고 싶다. 마찬가지로 페이스북이나 블로그 같은 공간은 우리에게 글 쓰고 싶은 마음을 유발한다.

나는 게릴라가 아지트를 옮겨 다니듯 페이스북, 블로그, 카카오스토리, 트위터(엑스), 카카오톡 채널, 인스타그램, 스레드, 티스토리, 워드프레스 순으로 거점을 옮겨 가며 글을 써왔다. 페이스북에 글을 쓰다가 지루해질 만하면 블로그로 옮기고, 또 지겨우면 트위터로 진지를 바꿨다. 그러면 각오를 새롭게 다질 수 있고, 새로운 사람도 만날 수 있다. 나를 아는, 내가 아는 사람의 폭이 넓어지고, 그런 사람이 내 책의 독자가 되어준다.

자기만의 채널을 확보할 필요도 있다. 이제는 스스로 매체를 갖고 있어야 하는 시대다. 자기 이름의 홈페이지와 유튜브를 개설하는 건 어려운 일이 아니다. 돈도 들지 않는다. 나는 꽤 오래전에 홈페이지와 유튜브를 개설했다. 방문객이 많지는 않지만 개의치 않는다. 내 채널이 있다는 것만으로도 충분하다. 홈페이지는 내가 만든 신문사이고, 유튜브는 방송국이다. 언젠가 빛을 발할 날이 있을 것이라고 나는 믿는다.

여섯째, 매일 하나씩 스스로 질문하고 답하자. 작가는 답해주는 사람이다. 때론 그런 책임이 두렵고 버겁기도 하다. 대답을 잘하는 게 말처럼 쉽지 않기 때문이다. 따라서 항상 준비하고 있어야 한다. 주변 사안과 닥칠 문제에 신경을 곤두세우고, 자기 답변을 마련해 둬야 한다. '저것에 대한 내 의견, 해법, 관점, 해석, 아이디어는 뭐지?'라고 생각해봐야 한다. 작가의 자격은 그런 답변을 해야 하는 중압감에서 나온다. 그 무게를 견디는 게 작가의 숙명이다. 물론 물어볼 수 있지만, 최종 답변은 작가의 몫이다. 작가는 일어날 문제에 관해 대비책을 말하고, 진행되고 있는 문제에 대해서는 개선책을 내놓으며, 일어난 문제에 관한 해법을 말하는 사람이기 때문이다.

일곱쌔, 글 쓰는 양과 반응을 측정하고 기록한다. 힘든 다이어트를 지속할 수 있는 배경에는 체중계가 있다. 다이어트하는 사람은 하루하루 체중이 줄어드는 걸 확인하는 기쁨으로 배고픔을 참고 러닝머신을 달린다.

다이어트를 해본 사람은 안다. 먹는 것을 줄이고 운동도 열심히 하지만 여간해서 체중이 줄지 않는다. 다이어트에 대한 회의가 고개를 든다. 이 고비를 넘어 흔들림 없이 다이어트를 지속하면 어느 순간 체중이 한꺼번에 확 준다. 다이어트뿐 아니다. 세상일이 대부분 이런 궤적을 밟는다. 전혀 반응이 없다가 일시에 보답한다. 우상향의 완만한 그래프가 아니라 계단식으로 상승한다. 이런 상승은 조급증과 답답함을 이겨 낸 사람에게만 주어지는 선물이다.

책 쓰기도 글이 쌓여가는 걸 수치로 확인할 수 있어야 조급증과 답답증을 이겨 낼 수 있다. 책이 되어가는 과정을, 글쓰기 실력이 향상되는 단계를 피부로 느낄 수 없기 때문이다. 노력에 상응하는 발전된 모습을 그때그때 보여 주면 좋으련만 글쓰기는 인내심을 시험한다. 열심히 쓰는 데도 실력이 늘지 않으면 글 쓰는 일에 대한 회의가 고개를 들게 마련이다. 이 고비를 넘어 흔들림 없이 책을 쓰려면 글이 축적되고 있는 걸 수치로 확인해야 한다.

나는 지난 11년여 동안 블로그 등에 2만 8,000개의 글을 썼다. 글의 개수가 늘어나는 재미로 써왔다. 한때는 하루 3개씩이란 목표를 두고 쓰기도 했고, 페이스북이나 블로그에 달리는 '좋아요'와 공감 개수를 늘리는 재미로 썼다. 그렇게 쓰다 보니 어느 날부터 글이 잘 써졌다. 그리고 책이 나왔다.

여덟째, 글을 읽는다. 먹지 않고 배설할 수 없듯이 읽지 않고 쓸 수 없다. 그것이 책이건, 칼럼이건, 뉴스이건 상관없다. 지속적으로 쓰려면 무언가를 꾸준히 읽어야 한다. 읽으면 쓸거리가 생기고 쓰고 싶어진다. 길건 짧건 아무것도 읽지 않고 넘어가는 날은 없어야 한다.

아홉째, 공부가 일상이 되어야 한다. 알고 있는 것, 기억나는 것을 쓰는 것만이 글쓰기는 아니다. 그것만으로는 한계가 있다. 쓰기 위해 학습하는 것도 글쓰기의 하나다. 내가 모신 김대중, 노무현 두 대통령의 글쓰기 힘은 공부에서 나왔다. 공부하는 시간을 가장 즐거워했다. 책을 읽는 공부는 일부에 지나지 않았다. 그분들에게는 하루 24시간이 모두 공부하는 시간이었다. 보고서를 읽을 때도, 보고 받거나 회의

할 때도, 밥을 먹을 때도 끊임없이 배우려고 했다.

공부는 한자로 공부(工夫)이다. 이때 공(工)은 '만든다.'라는 뜻이고, 부(夫)는 '스승'이란 의미다. 스승을 만드는 게 공부인 것이다. 공부는 본시 공부(功扶)라는 한자로도 쓰였다고 한다. 공(功)은 '이룬다.'라는 뜻이고, 부(扶)는 '돕다.'라는 의미가 있다고 한다. 다시 말해 공부(功扶)는 서로 도와 이룬다는 의미를 내포하고 있다. 그렇다면 공부를 하는 목적은 자명하다. 스승이 되거나 서로를 돕는 것이다. 그런데 책을 쓰는 일이야말로 스승이 되어 남을 돕는 일이다. 공부하는 목적에 가장 부합하는 게 책을 쓰는 것이고, 책을 쓰기 위해 반드시 해야 할 일이 공부인 셈이다.

열 번째, 자료를 모은다. 자료 모으기를 즐겨야 책 쓰는 데 유리하다. 자료는 컴퓨터에 모을 수도 있고, 종이 형태로 모을 수도 있다. 나는 종이로 모으길 권한다. 자료를 모으면 모은 자료를 써먹고 싶고, 자료에 관한 글을 쓰게 된다. 아울러 예쁜 노트나 멋진 필기구 같은 문구용품을 장만하는 것도 자료 모으는 일과 함께 글 쓰는 환경을 만드는 일이다.

열한 번째, 누군가를 만난다. 우리는 세 유형의 만남을 가진다. 가족이나 직장 동료처럼 늘 만나는 사람을 만난다. 누군가를 약속해서 만난다. 이런 만남은 의도적인 노력이 필요하다. 새로운 사람과의 만남도 있다. 이 모든 만남은 책 쓰기 재료를 제공한다.

나는 사람을 만나고 나면 그 만남에서 쓸거리를 반드시 찾는다. 라디오 인터뷰 프로그램을 진행하며 만난 사람 모두 예외가 없었다. 생각과 느낌 없이 사는 사람은 없다. 그들을 만나 배우면 된다.

글 쓰는 사람은 경험하고 만나며 산다. 쓸거리가 만들어지지 않는 경험과 만남은 없다. 이렇게 삶과 씀이 하나가 되면 저절로 써지는 게 글이다. 그런 점에서 삶과 씀은 하나이다. 누구에게나 저마다의 삶이 있듯, 자기만의 글이 있다. 모든 사람의 삶은 한 편의 작품이다.

글 쓰는 모임에 나가는 것도 방법이다. 그곳에 내 글을 읽어줄 사람이 있다. 그들에게 자극도 받고 위로도 받는다. 그들의 품평을 받고 글쓰기 실력이 향상될 수 있고, 그들과 함께 책을 낼 수도 있다.

열두 번째, 생활을 최대한 단순화한다. 집필기간 동안 꼭 필요하지 않은 생활의 곁가지들은 모두 제거하고 산다. 자신을 책 쓰기 감옥에 가둬 놓는다는 각오로 말이다. 가족이나 주변에 비상사태를 선포하고, 책 쓰는 동안에는 모든 일에서 자신을 열외해 달라고 협조를 구해야 한다. 책을 읽고 사람을 만나는 데 시간을 쓰는 것도 독서와 만남을 즐기기 위함이 아니라 책을 쓰려는 방편으로 삼아야 한다.

끝으로, 본받고 싶고 따를 만한 롤 모델이나 멘토가 있으면 금상첨화다. 그 사람이 자신의 글쓰기 북극성이 된다면 우리는 길을 잃거나 헤매지 않고 목표를 향해 전진할 수 있다.

대나무는 씨를 뿌리고 한 해, 두 해 기다려도 싹조차 보이지 않는다. 죽은 게 아닌지 의심이 드는 셋째 해, 죽순이 고개를 내민다. 희망을 버리지 않고 물과 거름을 준 결과다. 그러나 넷째 해에도 또다시 그대로다. 그러다 다섯째 해에 하루 1m씩 자라 불과 달포 만에 15m 가 넘는다. 글쓰기도 그렇다. 당신의 눈에는 자라지 않는 것처럼 보이지만, 매일매일 자라고 있다. 보이지 않는 곳에서 더 깊이 뿌리를 내리며 도약을 준비하고 있다. 그때까지는 책 쓰는 환경을 단단히 구축하고 하루하루 환경의 포로가 되어 꾸준히 쓰자. 내 의지로 쓰는 건 어렵지만, 환경에 의지해서 쓰는 건 누구나 가능한 일이다.

2장

책 쓰기 기초체력 연마

글쓰기에 필요한 역량은 무엇일까. 흔히 어휘력, 문장력, 구성력을 떠올린다. 논리적 사고력, 창의적 상상력을 말하기도 한다. 맞다. 이런 능력이 필요하다. 하지만 이는 기본이다. 글을 써보니 이런 것 외에 의외로 중요한 역량이 있다.

책을 쓴다는 건, 버티는 일이다

지구력

책을 쓰는 데 필요한 조건을 말하라면 나는 첫손에 은근과 끈기를 꼽는다. 책 쓰기는 인내를 요구한다. 한 권의 책을 쓰려면 적어도 6개월 정도 인고의 시간을 감내해야 한다. 일사천리로 써지는 책은 없다. 반드시 벽에 부딪친다. 그 벽은 여러 종류다. 신상에 문제가 생길 수도 있고, 더 이상 쓸 말이 없을 수도 있으며, 쓰기 싫을 수도 있다. 특히 누군가에게 혹평을 받거나 글의 반응이 좋지 않을 때 위기를 맞는다. 이 벽을 넘지 못하면 상당 기간 책 쓰기를 멈추게 된다. 책 쓰는 일과 영영 멀어질 수도 있다.

미국의 심리학자 엔젤라 더크워스 박사가 말한 '그릿(GRIT)'. 그러니까 성장(Growth), 회복력(Resilience), 내재적 동기(Intrinsic Motivation), 끈기(Tenacity) 네 가지 가운데 책을 쓰는 데 가장 필요한 역량을 고르라면 나는 단연코 끈기를 꼽을 수밖에 없다. 그런 불굴의 투지가 책을 쓰게 한다.

책 쓰기의 본질은 '끈기'다

누군가 물을 수 있다. 책을 쓰는 데 필요한 순발력과 지구력 가운데 더 중요한 걸 고르라면 무엇을 선택하시는가. 보통 순발력이 있는 사람 보고 글을 잘 쓴다고 말한다. 그렇지만 책을 잘 쓰는 사람은 지구력이 있는 사람이다. 토끼와 거북이 우화를 들자면, 거북이가 이기는 싸움이 바로 책 쓰기이다.

책 쓰는 과정은 슬럼프의 연속이다. 책 쓰기는 슬럼프를 얼마나 잘 극복하고 꾸준히 쓸 수 있느냐에 달렸다. 나는 이렇게 슬럼프와 싸운다.

첫째, 슬럼프를 인정하고 받아들인다. 슬럼프는 누구에게나 있는 것이고, 언제나 오는 것이다. 나는 슬럼프가 왔을 때 어떤 상황이 그것을 불러왔는지 가만히 들여다본다. 어쩔 수 없이 받아들이되 기간을 조금만 줄여보자고 마음먹는다.

둘째, 반드시 극복할 것으로 믿는다. 지금 겪고 있는 건 순간일 뿐, 나는 분명히 예정한 분량을 다 쓰게 될 것이라고 굳게 믿는다. 내 인생에서 가장 힘들었던 순간을 떠올리고, 그때마다 포기하지 않고 지나온 걸 되새긴다.

셋째, 작은 변화와 국면 전환을 시도한다. 같은 환경에서는 그

환경에서 만들어진 슬럼프가 지속된다. 글 쓰는 장소를 바꿔보고, 시간대도 변경해 본다.

넷째, 일상의 고마움에 관해 생각한다. 고3 시절 가출해서 고생하다 돌아왔을 때, 회사를 그만두고 방황하다 다시 직장에 돌아왔을 때, 공부가 가장 편한 일이고, 매일 출근할 데가 있는 것이 얼마나 감사한 일인지 깨달은 적이 있다. 아무 일 없이 쓸 수 있다는 것만으로도 감사하고 행복한 일이다.

다섯째, 책을 잘 쓰고 못 쓰고, 그 기준은 내가 정한다. 누군가의 기내와 평가는 참고사항일 뿐 내 책은 내가 평가한다. 나는 책 쓰기에 관해 나만의 가치관과 신념이 있다. 그것은 누구도 건드리지 못한다. 뭐 이런 생각으로 버틴다.

여섯째, 쓰면서 배운다. 책을 쓰려면 공부해야 하고, 쓰면서 또 배운다. 책 쓰기는 공부이고, 나를 살찌우는 일이라고 되뇐다.

일곱째, 슬럼프는 언제든지 극복할 수 있다고 생각하고 쓴다. 결국은 극복한다. 내일 당장 극복할 수도 있다. 극복하고 나면 모든 게 아름다운 추억이다.

여덟째, 슬럼프에서 벗어나는 체험을 축적한다. 글을 쓰다 보면 반드시 벽에 부딪친다. 이때 굴복하면 자신감을 잃을 수밖에 없다. 길을 잃었을 때는 멈춰서 원인과 이유를 찾아보거나 오던 길을 되돌아 초심을 되살려야 한다. 특히 위기를 당했을 때 그것이 주는 의미는 무엇이고, 위기를 전화위복의 기회로 만들 순 없는지 살펴보고, 위기가 끝났을 때 후회하는 일이 없도록, 위기가 더 큰 위험을 초래하지 않도록 깊이 생각한다. 그리고 위기국면이 끝난 후에는 위기에서 교훈을 얻어 같은 위기가 되풀이되지 않도록 한다.

<mark>아홉째, 슬럼프가 온 원인을 생각한다.</mark> 가지고 있는 게 바닥났을 때다. 이때는 공부해서 충전해야 한다. 에너지가 소진돼 번아웃이 될 때도 있다. 이때는 다른 일을 하면서 쉰다.

글은 엉덩이로 쓴다는 말이 있다. 두세 시간은 자리에 지긋이 앉아 있을 수 있어야 한다. 나도 예순이 넘으니 책을 쓰기 위해 시니 시간 앉아 있기가 힘들다. 체력 문제이기도 하지만 더 중요한 건 집중력이다. 책 쓰기는 다른 일을 하면서 동시에 할 수 없는 대표적인 일이다. 책은 참을성 있게 진드근히 앉아 있는 시간이 쌓여야 써진다.

나는 어쩌면 엉덩이를 붙이고 앉아 있는 지구력 하나로 글을 써왔는지 모른다. 앉아 있다 보면 언젠가 써질 것이라는 희망을 가지고, 글이 써졌을 때의 기쁨을 미리 맛보면서 자리에 앉아 있다.

정체기 타파할 필살기를 찾아라

쓰다 보면 지루하기도 하고 책 쓰는 일에 대해 회의가 찾아오기도 한다. 이때가 바로 정체기다. 나는 정체기라는 느낌이 오면 몇 가지 방식으로 심기일전한다. 리셋해서 다시 시작하거나, 작심삼일을 반복하자고 마음먹기도 한다. 작고 짧게 계획을 세워 그것을 이루고, 그 성과에서 자신을 얻어 또 작고 짧은 계획을 세운다. 그래야 포기하지 않고 지속할 수 있다. 곰처럼 우직하게, 버티기 위해 나만이 가진 방법이 있다.

일단, 오감을 자극하는 것이다. 글이 안 써질 때는 절대 붙들고 있지 않는다. 그런다고 써지지 않는다는 걸 알기 때문이다. 대신 산책하거나, 누군가와 얘기하거나, 써야 할 글과 관련된 책이나 칼럼을 읽는다. 자극이 필요해서다. 이런 자극을 받으면 머릿속 저 아래에 잠겨 있던 생각이 떠오르고 나 스스로 길을 찾는다. 그때 다시 쓰기 시작한다.

시간과 공간을 달리 하는 것도 방법이다. 오전에 안 써지던 글이 오후에는 술술 써진다. 집에서는 꽉 막혔던 글이 집 앞 카페에 가서 쓰면 뻥 뚫린다. 장소와 시간을 바꿔가며 돌파구를 모색해 보라.

몰입하는 것도 좋다. 몰입을 일으키려면 공포감이 필요하다. 사람은 위기감을 느끼거나 두려울 때 집중한다. 공포감은 어떻게 불러오는가. 글을 못 썼을 때 내가 짊어져야 할 부담과 나쁜 상황을 떠올린다. 두려움이 밀려온다. 그런 생각을 하면 내게 글 쓸 시간이 남아 있다는 것이 다행스럽다. 뇌에서는 세로토닌과 도파민이 나온다. 안정감을 주고 의욕을 불러일으키는 호르몬이다. 그때 집중해서 쓴다.

또 다른 방법은 보상이다. 글쓰기는 힘든 작업이다. 당연히 싫다. 동기부여가 필요하다. 나는 동기부여 방법으로 보상을 한다.《대통령의 글쓰기》를 쓸 때는 매일 막걸리를 한 통씩 마셨다. 오전에는 막걸리를 마실 수 있다는 기대로 글을 썼다. 점심에 막걸리를 마시고 오후에는 알딸딸한 느낌으로 썼다. 고된 일을 하는 농부들이 틈틈이 새참을 먹는 것과 같다. 술이 아니더라도 보상할 방법은 많다. 글 쓰고 나서 자신이 좋아하는 일을 하면 된다. 담배를 좋아하고 커피를 즐기는 사람은 그 좋아하는 것을 글 쓴 후로 잠시 미뤄 두면 된다.

미국 스탠포드 대학 심리학자 미셸 박사의 마시멜로 실험 이야기를 알 것이다. 네 살배기 아이들에게 마시멜로를 하나씩 주면서 선생님이 돌아올 때까지 먹지 않으면 두 개를 주겠다고 한다. 15년 후, 마시멜로를 먹지 않고 오래 참은 아이일수록 참지 못한 아이들보다 대학입학시험(SAT)에서 높은 성취도를 보였다. 글 쓰는 사람도 보상을 통해 '만족 지연 능력'을 키울 필요가 있다.

마지막으로 꿈을 갖는 것이다. 1년 전, 작가가 되겠다는 꿈을 가졌다고 해보자. 그러면 지금 당신이 글을 대하는 느낌과 자세는 1년 전의 그것과 사뭇 다를 것이다. 우리 뇌는 상상과 현실을 구분하지 못한다고 한다. 즐거운 상상을 지속적으로 하면 뇌는 그것을 현실화시키는 쪽으로 움직인다. 작가가 되겠다는 꿈을 가진 사람의 뇌는 그것을 이루도록 돕는다. 글을 쓰고 싶어 하게 뇌를 작동시킨다. 굳이 작가가 아니더라도 자신의 꿈과 글쓰기를 연관 지어 생각해 보라. 그 순간부터 글쓰기가 설렘이 될 수도 있다.

반복되는 루틴이 만들어내는 기적

습관력

 작가는 오늘 쓴 사람이다. 매일 글을 쓰는 사람이 작가다. 책을 쓰려면 일정 기간 매일 글을 써야 한다. 나 역시 책을 쓸 때는 한 가지 원칙을 지킨다. 집필 기간 동안 한 줄도 쓰지 않고 하루를 보내는 날은 없도록 하는 것이다. 얼마가 됐건 하루 일정 시간은 통째로 비워 글만 쓴다. 온전히 책 쓰기에 몰입한다.

 작가는 쉬거나 건너뛰지 않는다. 불가피하게 건너뛰면 그다음 날부터 다시 글쓰기 모드로 복귀한다. 초심을 유지한다. 집필 기간이 얼마이건 상관없다. 책을 쓰기로 마음먹은 다음 날부터 다 쓸 때까지는 쉬는 날 없이, 개점휴업 없이 쓴다. 어떤 날은 글이 잘 써져 수지맞는 날도 있고 그렇지 않은 날도 있지만, 적어도 공치는 날은 없다.

 책 한 권을 쓰려면 50~60꼭지의 글을 써야 하고, 한 달에 10꼭지 정도를 써도 반년이 걸린다. 한 달에 10꼭지를 채우려면 한 주에 2~3꼭지를 써야 한다. 초인적인 노력이 필요하다. 분량을 채우는 방법은 다를 수 있다. 나 같이 조금씩이라도 매일 쓰자고 작정하는 사람이 있는가 하면, 일주일에 한 꼭지씩 쓰겠다고 마음먹을 수도 있고, 한 달에 원고지 100매씩 쓰겠다고 계획할 수도 있다. 어느 경우건 일정하게 써야 한다는 긴 같다.

습관이 글을 쓴다

일정하게 쓰기 위해 필요한 것은 습관이다. 습관이 들고 몸에 배야 일정하게 쓸 수 있다. 나의 결심으로는 일정하게 쓰는 일을 감당하지 못한다. 매일 변명하고 미루게 된다. '오늘은 피곤하니 내일부터 쓰자.', '너무 조급하게 생각하지 말자. 오늘만 있는 게 아니지 않은가.'

첫 책《대통령의 글쓰기》를 쓸 때 집에 들어앉아 글을 쓰기 시작했는데, 20여 일간 글을 쓰지 못했다. 그러다 어느 날부터 주체할 수 없게 글이 써졌다. 알고 보니 습관의 힘이었다. 매일 의지를 다지며 글쓰기를 시도했지만 써지지 않았다. 뇌가 글쓰기를 거부했다. 뇌의 저항으로 글을 쓰진 못했어도 그 기간 동안 매일 세 가지 일을 반복했다. 산책하고, 커피를 테이크아웃하고, 샤워했다. 그것이 나의 루틴이었다.

그렇게 20여 일이 지나가던 어느 날, 여느 때처럼 산책을 마치고 카페에 들러 커피를 주문한 후 집에 돌아와 글을 쓰려던 참이었다. 하지만 그날은 조금 달랐다. 주문한 커피를 받아 들자마자 빨리 집에 가서 글을 쓰고 싶었다. 집에 와서 샤워를 하니 쓸거리가 막 떠올랐다. 그것을 잊을까 봐 샤워를 하는 둥 마는 둥 서둘러 나와 책을 쓰기 시작했다.

바로 그날부터 봇물 터지듯, 봉인이 해제되듯, 산책을 나가면 내 뇌는 책을 쓰기 시작했다. 걸으면서 쓸거리가 떠올랐다. 그렇게 글을 쓴 후에는 술을 마시거나, 영화 한 편을 보는 등 내가 좋아하는 일을 한 가지씩 하며 나 자신을 칭찬했다. 이런 소소한 보상은 상승효과를 가져와 내 뇌는 술 마시고, 영화 보고 싶은 마음에 쓰기를 재촉했다.

뇌는 생각하기를 싫어한다. 인지적 구두쇠다. 당연히 글쓰기를 반기지 않는다. 그럼에도 지속적으로 시도하면 '내가 언제까지 이래야 되나.'라고 생각한다. 거부하는 것도 힘들기 때문이다. 이쯤 되면 '차라리 도와주고 끝내자.'라고 마음먹는다. 저항하는 뇌가 도와주는 뇌가 된다. 산책을 나가면 '또 글을 쓰려나보다.'라고 생각한다. 커피를 사면 '진짜로 쓰는 구나.' 하고 체념한다. 집에 와 샤워를 하면 생각을 마구 던져준다. 빨리 끝내고 싶어서다.

돌이켜 보면 회사 다닐 때도, 청와대에서 일할 때도 매일 일정한 시간에 글을 썼다. 청와대에서는 하루 일과가 끝나고 인근 식당에서 저녁 식사를 한 후 사무실로 돌아와 글을 썼다. 저녁 먹을 때는 반주로 소주를 반 병씩 마셨다. 이 루틴을 반복했다. 나는 소주를 마시면서 이제 글을 쓸 것이라는 신호를 뇌에 보내준 것이다. 뇌가 글 쓸 준비를 하게 만든 셈이다.

책을 쓰려는 자, 습관부터 들여라

지금도 내겐 책 쓰기 전에 소소하지만 반드시 하는 일이 있다. 글을 써야 하는 날에는 카페에서 커피를 시켜 놓고 안경을 닦는다. 글이 쓰고 싶어질 때까지 닦는다. 그동안은 노트북을 열지 않는다. 오직 안경만 닦는다. 그러다 뇌가 글을 쓰자고, 써도 되겠다고, 쓸 수 있다고 신호를 보내오면 비로소 노트북을 연다. 그때부턴 백지 두할한 뇌가 사동 기술하듯 알아서 쓴다.

습관은 만들 수 있다. 루틴을 만들면 된다. 매일매일 책을 쓰겠다는 의욕을 불태우기가 어디 쉬운가. 이런 의지와 의욕은 오래가기 어렵다. 우리 뇌는 이런 일에 쉬 지친다. 아니, 자기를 옭아매려는 이런 시도 자체를 싫어한다. 글쓰기를 루틴화해야 한다. 나는 하고 싶은 일 사이에 글쓰기를 끼워 넣는다. 하고 싶은 일을 한 후 글을 쓰고, 하고 싶은 일로 보상하는 것이다.

습관이 몸에 배면 일석삼조 효과를 누린다. 첫째, 글을 쓰기 싫은 마음을 이겨낸다. 습관을 들이면 해야 하나 말아야 하나 갈등하지 않는다. 응당 해야 할 일인 줄 알고 하게 된다. 둘째, 글쓰기를 거부하는 문턱이 낮아진다. 달리 말하면 두려움이 줄어든다. 습관적으로 하는 일을 무서워하는 사람은 없다. 늘 하는 일은 두렵지 않다. 셋째, 글이 잘 써진다. 우리는 습관 들인 일을 더 잘한다. 많이 해봐서 익숙하기 때문이다. 이른바 달인이란 사람은 모두 신들린 듯 습관 들인 사람들이다. 많이 해본 것이 쉽다. 익숙하기 때문이다.

미국의 사상가 랄프 왈도 에머슨(Ralph Waldo Emerson)은 "습관은 삶의 최고의 종업원이다."라고 했다. 그렇다. 글쓰기는 습관이다. 습관은 글쓰기의 가장 효율적인 제조라인이다. 정해진 루틴 위에 나를 올려놓으면 뇌는 써야 할 시간임을 인지하고 쓴다. 나만의 얘기가 아니다. 〈강원국의 지금 이 사람〉이란 KBS1 라디오 프로그램을 진행하며 만난 시인, 소설가 모두 글쓰기 전후에 루틴을 갖고 있었다. 글을 쓰기 전에 커피를 마시건, 음악을 듣건, 손을 씻건, 연필을 깎건, 옷을 갈아입건 자기만의 루틴이 있다. 글을 쓰기 위한 나름의 의식을 치르는 것이다. 그들의 글은 루틴의 산물이었다. 루틴은 글쓰기 재단에 자신을 바치는 성스러운 의식이다.

책을 쓰려는 사람, 습관부터 만들어라. 글을 쓰기 전에 일정하게 행하는 루틴을 만들자. 처음부터 습관이 만들어지지 않는다. 적어도 한 달 정도 같은 루틴을 매일 반복해야 한다. 글이 써지건 안 써지건 상관하지 말고 오늘 루틴을 행사한 후 글을 쓰고, 다음 날 또 루틴을 행한 후 글을 쓰고, 하는 일을 한 달 이상 되풀이해 보라. 어느덧 습관이 생기고 글이 써질 것이다.

생각을 생각하라

사고력

로마시대 정치인 세네카가 그랬다. "문장은 생각의 옷이다." 글은 생각의 겉치레일 뿐이다. 생각이 있어야 쓸 수 있다. 책 쓰기는 생각 쓰기다. 그리고 생각은 틀이다. 생각하기 위해서는 나름의 틀이 있어야 한다. 틀이 없으면 막연하다. 글이건 말이건 책이건 무언가를 하려고 할 때, 머릿속이 하얗게 되는 것은 틀이 없어서다.

내가 모신 분들이 갖고 있는 생각 틀은 이런 것이다. 쟁점에 대해 나는 찬성과 반대 어느 쪽인가. 장점과 단점, 긍정과 부정, 낙관과 비관이란 측면에서 생각하면 어느 쪽에 가까울까. 이 문제를 한쪽 면만 보지 않고 좀 더 다각도로 볼 수는 없을까. 이 문제를 일으키게 한 원인을 다단계의 인과관계로 따져볼 수는 없을까. 이 사안을 보수와 진보의 입장 차이로 정리하면 어떨까. 이상과 현실, 이론과 실제, 원칙과 실행이란 견지에서 보면 어떻게 될까. 이것을 했을 때 명분과 실리는 무엇인가. 위협요인과 기회요인, 거시와 미시라는 관점에서 생각해 볼 수는 없을까. 통념이나 고정관념을 뒤집어 생각해보면 어떤 결론이 나올까. 부분과 전체, 보편성과 특수성이란 관점에서 볼 수는 없을까. 더 깊이 보면 본질을 파악할 수 있지 않을까. 좀 더 멀리 봐야 예측하고 전망할 수 있지 않을까. 더 폭넓게 보면 새로운 아이디어를 얻을 수 있지 않을까. 이 생각 저 생각을 한다. 이런 생각을 연결하고 결합하고 융합해서 책을 쓴다.

책을 쓰는 데는 분석적, 논리적, 통합적, 창의적 사고력이 필요하다. 나는 요즘도 이 네 가지 사고의 체에 생각을 거른다. 다각도로 생각해봤는가, 놓친 것은 없나, 인과관계를 따져봤는가, 종합적으로 고찰해봤는가, 남과 다른 나만의 생각인가. 이 네 가지만 갖추면 어떤 글도 자신 있게 써낼 수 있다.

생각 틀을 가지면 글쓰기가 달라진다

내가 모신 분들은 모두 자신만의 생각법이 있었다. 대우 그룹의 김우중 회장은 구조적 사고를 강조했다. 큰 틀에서 숲의 모양을 보려고 했다. 모든 것은 서로가 서로에게 영향을 미치고 상호보완적이라며 통합적 사고를 주문했다. 나는 회장의 눈높이에서 보려고 노력했다. 그의 발끝에도 미치지 못했지만 말이다. KG그룹의 곽재선 회장은 창의적 사고를 힘주어 말했다. 독창적인 아이디어에 목말라했다. 진부하고 식상하거나, 누구나 할 수 있는 생각은 모두 제거하라고 했다. 그런 후 남은 생각을 가지고 글을 쓰기를 바랐다.

  노무현 대통령은 크게 두 가지 방향으로 생각했다. 그 하나는 통념, 상식, 선입견을 뒤집어 생각하는 것이다. 기존의 것에 의문을 갖는다. 그것이 정답이 맞는지 의심한다. '왜 그러해야 하느냐.', '반드시 그럴 필요 있느냐.'라고. 반문하지 않으면 고정관념에 갇히고 기득권에 포섭될 수밖에 없다고 했다. 이미 있는 것은 새로운 미래를 열어주지 못한다. 기존 것과 다른 돌연변이가 창조다. 다른 하나는 양방향으로 인과관계를 따져보는 것이다. 어떤 사안이 벌어지면 그것이 일어난 원인과 이유를 파고들어간다. 원인의 원인, 또 그 원인의 원인, 그래서 근본 원인을 찾으려 했고, 다른 한편으로는 어떤 일에 대해 꼬리를 물고 들어가 그 영향과 파장을 생각해봄으로써 궁극적인 종착점을 찾고, 멀리 내다보고자 했다.

  김대중 대통령도 두 가지 생각법이 있다. 우선, 세상을 여러 방면에서 보려고 했다. 모든 일은 여러 측면이 있다. 다른 관점, 시각이 있을 수 있다. 세 개, 다섯 개 등 숫자를 정해 놓고 다각도로 찾는다. 정치적 측면, 경제적 측면, 문화적 측면, 외교적 측면 등등. 글감을 찾으려면 다방면, 다각도로 생각해봐야 한다. 다각도와 다방면은 다르다. 다각도는 하나의 사건, 하나의 사물을 여러 각도에서 조명해보는 것이다. 치밀함과 주의집중이 필요하다. 다방면은 여러 방향, 여러 갈래로 펼쳐 생각해보는 것이다. 창의와 상상력이 필요하다. 다각도는 현미경, 다방면은 망원경이 필요하다. 김 대통령이 생각한 다른 하나는, 역지사지하는 것이다. 상대의 입장, 처지, 사정을 생각해보는 것이다. 내가 보수이면 진보, 현실주의자이면 이상주의자, 명분론자이면 실리론자의 입장에서 생각해보는 것이다.

누구나 자신만의 생각 방식을 가질 필요가 있다. 그러기 위해 생각하는 방법에 관한 책 읽기를 권한다. 《생각의 탄생》이란 책을 한번쯤 들어봤을 것이다. 내 친구 박송성 KBS PD가 번역한 책이나. 미국의 학자 로버트 루트 번스타인(Robert Root Bernstein) 부부가 공동 저술한 이 책은 창조성을 발휘하는 발상법 12가지를 소개한다.

첫 번째는 형상화다. 글을 쓰기 전에 머리에 떠오르는 이미지는 글감이나 실마리를 제공한다. 이미지가 떠오르지 않으면 오감을 자극할 필요가 있다. 무언가를 보고 듣고 만져봄으로써 이미지를 떠올릴 수 있다.

두 번째는 추상화다. 여러 가지 글쓰기 소재 중 중요한 것을 추려내는 것, 불필요한 부분을 걷어내고 간결하게 요약하는 것, 구체적인 사항은 생략하고 핵심을 잡아내는 것, 사물의 특성이나 속성을 추출하는 것, 사안이나 관계의 본질을 파악하는 것, 이 모두가 추상화 과정이고 글쓰기에 필수적이다.

세 번째는 패턴인식이다. 글에도 패턴이 있다. 시작하는 패턴이 있고 전개하는 패턴이 있으며 마무리 짓는 패턴이 있다. 글의 구성 패턴이다. 그래서 우리는 글을 읽을 때, 패턴인식을 통해 다음에 무슨 내용이 나올지 짐작할 수 있다. 글을 잘 쓰려면 자기만의 글쓰기 패턴을 가지고 있어야 한다.

네 번째는 패턴형성이다. 구성 패턴뿐 아니라 문장 패턴도 중요하다. 결국 글쓰기는 얼마나 다양한 문장 패턴을 구사할 수 있느냐의 승부이기도 하다. 가장 기본적인 주어+서술어 형식에서 출발하여, 여기에 목적어, 보어가 추가되고, 수식어가 붙으면서 문장이 복잡해진다. 단문이 여러 종류의 결합 과정을 통해 복문, 중문, 포유문으로 발전한다. 많이 읽고 많이 쓰다 보면 자신도 모르게 다양한 문장 패턴을 익히고 구사할 수 있게 된다.

다섯 번째는 유추이다. 떨어지는 사과를 보고 중력의 법칙을 발견한 뉴턴. 사과를 끌어당기는 힘이 있다면 달도 끌어당길 수 있을 것이라고 생각하는 것이 유추다. 유사성에 기초해서 새로운 것을 발견해 내는 것이다. 글쓰기에서 자주 쓰이는 은유법이 바로 유추다. '내 마음은 호수다.' 원관념 '마음'을 이와 유사한 보조관념 '호수'에 비유해 '잔잔한 마음' 상태를 나타냈다.

여섯 번째, 몸으로 생각하기이다. 쓰는 것 자체가 몸으로 생각하는 과정이다. 글쓰기를 손으로 사유하는 행위라고 말하는 이유다. 손을 움직이면 생각이 난다.

일곱 번째, 감정이입이다. 대상이 되어 대상의 목소리를 들으면서 쓴다. 책을 쓰려면 독자가 되어 독자의 목소리를 들으며 쓴다. '결론이 뭐야?', '왜 그러는데?', '근거는 있어?' '사냥에 성공하려면 사냥감처럼 생각해야 한다.'라는 말은 맞다.

여덟 번째, 차원적 사고이다. 미국의 여류화가 조지아 오키프(Georgia O'Keeffe)는 꽃을 크게 확대, 차원을 달리함으로써 여성 성기처럼 그렸다. 글에서도 시제나 시점을 달리해 쓸 수 있다. 미래를 예측하거나, 과거를 회상하며 쓴다. 책을 쓸 때 이 책을 팔아야 하는 출판사는 어떤 말로 독자를 설득할 것인지 생각해 보는 것도 차원을 달리해 보는 일이다.

아홉 번째, 모형 만들기다. 글의 개요 짜기가 여기에 해당한다. 글을 쓸 때 순서를 잡아놓고 시작하라는 것이다. 쓰다가 바뀔지라도 대충은 어떤 순서로 쓸지를 잡아봐야 글이 오락가락하지 않는다. 바둑이나 장기 둘 때 포석을 하고 진용을 짜는 작업 같은 것이다.

열 번째, 놀이다. 글쓰기는 퍼즐 맞추기 게임이다. 빈칸에 맞는 단어나 문장을 찾아 넣는 놀이다. 하지만 실제 글쓰기는 놀이가 아니라 행군에 가깝다. 고난의 행군이다. 나는 글을 쓸 때 커피를 옆에 두고 한 문단 쓰고 나서 한 모금씩 마신다. 한 모금을 마시기 위해 얼른 한 문단을 쓰고 싶다. 고통스러운 글쓰기를 즐거운 놀이로 만드는, 자기만의 방법이 필요하다.

열한 번째, 변형이다. 모든 글은 이미 있는 글의 변형이다. 언젠가 본 적이 있는 글을 바꿔 쓰는 모방으로부터 글쓰기는 출발한다.

열두 번째는 통합이다. 글쓰기는 연결이다. 이것과 저것을 연결해서 새롭게 보이는 것을 만드는 과정이다. 통합, 통섭, 융합, 창조는 모두 연결에서 나온다.

나의 사고방식은 어떤가. 나는 주로 병렬식과 직렬식으로 사고한다. 대부분의 글에 첫째, 둘째, 셋째가 등장한다. 몇 가지로 정리해 병렬식으로 쓴다. 직렬식도 힘께 사용한다. 주장-이유-근거-사례 등으로 일렬로 세운다. 결국 내가 쓰는 모든 글은 이런 직렬과 병렬이 씨줄과 날줄처럼 서로 엉켜있다. 무언가를 주장했다면 그 이유나 근거를 서너 개 정도 드는 식이다. 나뿐 아니라 누구나 즐겨 사용하는 생각법이 있을 것이다. 바로 그 사고법으로 쓰면 된다.

생각은 비틀고 뒤집어보는, 훈련의 산물

그렇다면 어떻게 사고력을 키울 것인가. 생각해보는 수밖에 없다. 나는 이리저리 생각해본다. 첫 번째는 달리 보기다. 이면을 들추거나, 까칠하게, 낯설게, 비틀어보는 것이다. 관점을 달리 해서 본다. '아프리카 원주민은 맨발로 다니므로 그들에게 신발을 팔 수 없다'와 '평소 신발을 잘 신지 않으므로 얼마든지 팔 수 있다'라는 말은 같지만 다르다. 옆에서 보는 것과 위에서 보는 것, 아래에서 보는 것은 다르다. 같은 사안을 놓고도 보수와 진보의 관점은 확연히 다르다. 다르게 보는 훈련이 필요하다.

고정관념에서 벗어난다. 당연하게 여긴, 상식적인 생각에서 탈피

하는 것이다. 예를 들어 '공부를 잘해야 성공한다.', '시간은 과거에서 현재, 미래로 흐른다.'라는 말이 있지만, 공부 못한 사람이 성공하는 이야기, 타임머신 타고 과거로 가는 이야기가 재밌다. 선입견도 대표적인 고정관념이다.

가정과 전제를 바꿔본다. '개미와 베짱이', '토끼와 거북이' 이야기 모두 부지런한 것이 바람직한 것이라는 전제 위에 서 있다. 이런 전제와 가정을 부정하고, '부지런한 인생은 불행하다.'라고 주장할 수 있다. 이때는 부지런하면 여유가 없다는 전제를 깔고 있다.

두 번째는 뒤집기다. 전복적 사고를 하는 것이다. 가장 쉬운 뒤집기 대상은 통념이다. 사회적 통념이 많다. '명문대 나온 사람은 머리가 좋다.', '고등학교만 졸업한 사람은 가정형편이 좋지 않을 것이다.' 등. 통념을 제시하고 그것을 뒤집는 방식으로 쓰는 글이 많다. 누군가 그랬다. 통념을 뒤집으면 통찰이 나온다고.

입장 바꿔 생각하기다. 역지사지하라는 뜻은 아니다. 시인들이 많이 활용한다. 스스로 연탄재가 되어 보고, 꽃이 돼 보는 것이다. 만약 내가 새라면, 내가 물이라면 하는 식이다.

역발상이다. '새벽 시간에 다니는 사람이 없으므로 가게 문을 열 필요가 없다.'도 '24시간 가게 문을 열어 두면 사람들이 새벽에도 돌아다닐 것이다.'로 뒤집을 수 있다. 남들이 강점에 주목하면 약점을 파고들고, 장점을 강조하면 단점을 찾아본다. 위기에서 기회를 찾고, 불황 때 더 투자하는 식이다.

세 번째는 <mark>구체화하기</mark>다. 거시적으로 접근하지 않고 미시적으로 보는 것이다. 기업-중소기업-인형을 만드는 중소기업-동물 인형을 만드는 중소기업으로 본다. 숲을 보면 다 비슷하지만, 그 안에 있는 나무 하나하나는 모두 다르다.

구름에 떠다니지 말고 땅을 짚고 선다. 이론 말고 실제, 의도 말고 실행, 원칙 말고 실천, 명분이 아니라 실리, 이상이 아니라 현실을 생각해본다. 이론, 의도, 원칙, 명분, 이상은 모두 고상하다. 그러나 구태의연할 수 있다. 실제, 실행, 실천, 실리, 현실은 늘 새롭다. 머리보다는 손발에 구체성이 있다. 신영복 선생이 그랬다. 세상에서 가장 먼 여행은 머리에서 가슴으로, 그리고 가슴에서 손발로의 여행이라고.

개별적인 것이 신선하다. 객관보다는 주관, 현상 말고 해석, 일반이 아니라 내가 개입해야 비로소 특별해진다. 미국 작가 화이트(E. B. White)는 '인류에 관해 쓰지 말고 한 인간에 대해 써라.'라고 했다. 한 인간도 막연하다. 나에 관해 써야 한다. 내 생각을 써야 한다. 그것은 나만의 것이니 독창적일 수밖에 없다.

현상을 확대하거나 축소하고, 공통점보다는 차이점을 찾고, 종합하기보다는 분석해서 보는 방법도 있다. 현상이나 공통점, 종합은 두루뭉술하다. 그러나 현상을 확대·축소하거나, 차이점을 찾고 분석하면 뾰족해진다.

생각은 거저 생각나지 않는다. 생각을 만드는 장치가 필요하다.
◆문제가 있고 목표가 분명해야 한다. 어떤 답을 얻어야 하는지 알아

야 한다. ◆자기 문제로 여겨야 한다. 내 일이 아니라고 생각하면 내 생각은 없다. ◆나의 안팎에 내가 찾는 생각이 반드시 있다고 확신해야 한다. ◆자신에게 맞는 시간과 공간을 찾아야 한다. 누구에게나 생각이 잘 나는 시간과 장소가 있다. ◆내가 알고 있는 것이 답이 아닐 수 있다고 인정해야 한다. 그래야 편견에 빠지지 않는다. ◆내가 찾은 정보가 틀릴 수도 있다고 의심해야 한다. 의심하지 않고 극단적으로 믿으면 큰 낭패를 본다. ◆인내해야 한다. 생각은 체력이 필요하다. ◆여유가 있어야 한다. 정신없이 바쁘면 생각도 없다. 휴식, 놀이, 수면은 생각의 보약이다.

'나는 생각한다. 고로 존재한다.' 그렇다. 나는 생각으로 존재한다. 내 생각이 나 자신이다. 내 밥벌이는 책 쓰기와 말하기다. 책은 무엇으로 쓰고, 말은 어떻게 하는가. 생각으로 한다. 생각이 없으면 둘 다 가능하지 않다. 책 쓰기와 말하기는 생각을 만들어내는 과정이기도 하다. 아무튼 나는 생각으로 먹고산다.

한눈팔기에서 시작되는 책 쓰기 비밀
관찰력

책을 쓰는 것과 관찰력은 대단히 밀접하다. 관계가 관심을 만들고, 관심이 관찰하게 하며, 관찰하다 보면 통찰이 일어나 그것이 글이 되고 책이 된다. 출발은 관계와 관심이지만, 책을 쓰게 만드는 출발점은 관찰이다. 단언하건대, 관찰하지 않는 사람은 책을 쓸 수 없다.

나는 여러 통로로 세상을 본다. 먼저, 휴대전화와 컴퓨터로 본다. 정보를 검색하고 찾는다. 유튜브로도 본다. 동영상 강의 등을 통해 정보를 얻는다. 책이나 칼럼 등으로 보기도 한다. 글을 읽는 것으로 정보를 파악한다. 직접 가서 보고 경험하면서도 본다. 가장 확실한 정보다. 본 것을 내 나름의 필터로 재해석해서 보기도 한다.

글은 관심을 갖고 관찰하는 사람만이 쓸 수 있다. 대상이 사람이건 사물이건 사건이건 말이다. 그러려면 한눈을 팔아야 한다. 그러나 우리 사회는 보라는 데만 보는 사람이 성공한다. 학교 다닐 적에는 선생님께 '주목' 잘하는 학생, 사회에 나와서는 목표만 보고 돌진하는 사람이 출세한다. 경주마처럼 곁눈질하지 못하도록 눈가리개를 하고 앞만 보고 질주해야 한다. 그렇지 않은 사람은 '주의가 산만한 사람', '집중력과 목표의식이 부족한 사람'이다. 계절이 바뀌면 수업시간에 창밖을 내다볼 수 있다. 그럴 때마다 선생님이 분필을 던지셨다. 그런 세월을 잘 견뎌낸 사람이 작가가 됐다.

경험하지 않은 세계를 알 수 있는, 관찰

글을 쓰려면 쓸 대상이 있어야 한다. 쓸 사람, 쓸 사건이 필요하다. 관찰하지 않으면 아무것도 보이지 않는다. 존재하지 않는다. 없는 세상이다. 보는 것만 실재하는 세계이고, 글쓰기의 대상이 된다. 고유의 느낌과 독창적인 생각을 만드는 출발점은 관찰이다.

관찰하는 사람의 특징은 이렇다. ◆호기심이 많아 두리번거린다. 이것저것에 관심이 많고 오지랖이 넓다. 언뜻 보면 집중력이 없고 주의가 산만해 보인다. ◆관심 있는 것을 찾으면 무섭게 몰입한다. ◆그러나 쉬 흥미를 잃고 또다시 새로운 것을 찾아 눈길을 돌린다. 새로운 흐름이나 트렌드, 변화에 민감하다. ◆미래에 관해 예상, 전망, 추측, 상상하는 것을 좋아한다.

보는 대상과 방식은 다양하다. 시장이나 관광지에 가서 하는 구경, 우연히 보게 되는 사건이나 사실의 목격, 의도를 가지고 집중해서 보는 관찰, 목적의식을 갖고 가서 보는 답사나 탐사 등. 본 것은 생각을 불러일으킨다. 꼼꼼히 보면 판단과 분별력을, 멀리 내다보면 혜안을, 깊이 들여다보면 영감을, 폭넓게 보면 안목을, 낯설게 보면 통찰을, 보이지 않는 것을 보면 상상력을 얻게 된다.

'보는 만큼 안다.'라는 말이 있다. 사람이 얻는 정보 중에 눈을 통한 것이 80%다. 사람이 정보를 취득하고 쓸거리를 만드는 데 관찰만큼 중요한 것은 없다. 사람의 눈은 무려 2,000가지 가까운 색을 구분하고, 1km 떨어진 거리에서 촛불의 1,000분의 1밖에 되지 않는 빛을 감지할 수 있다고 한다.

이 세상에는 도대체 몇 개의 세계가 있을까. 나는 쉰 초반까지 홍보, 연설, 출판의 세계를 경험했다. 몸담고 있던 조직을 기준으로는 증권사, 청와대, 대기업 비서실 등을 다녀봤다. 고작 열 개 미만의 세계를 경험한 것이다. 그러나 세상에는 수천, 수만 개의 세계가 존재한다. 택시 운전사, 편의점 점주, 화가, 은행원, 호텔리어 등 갖은 직업에서부터 낚시, 등산, 그림 등 취미의 세계에 이르기까지. 무수히 많은 세계는 각각이 하나의 우주다. 그 안에 들어가 보지 않으면 모르는 어마어마한 세계가 있다. 우리는 세상에 살면서 몇 안 되는 세계를 체험한다. 나머지는 자신이 경험한 세계로 유추하거나, 독서 등을 통해 체험 할 뿐이다. 그러다 보니 구체적이지 않다. 관념적이고 추상적이다. 편견과 오해, 선입견, 고정관념이 만들어지기도 한다.

경험하지 않은 세계를 아는 길은 관찰뿐이다. 관심을 가지고 들여다봐야 한다. 들여다보면 거기에 오묘한 세계가 있다. 알면 알수록 더 궁금해지고 파면 팔수록 더 깊이가 느껴지는 또 다른 세상이 있다.

호기심 갖고 삐딱하게 봐야 관찰이 글이 된다

초등학교 때 유독 별명을 잘 짓는 친구가 있었다. 그가 지은 별명과 그 사람의 생김새가 기막히게 어울린다. 별명만 들어도 그 친구 모습이 떠오를 정도다. 특징을 잡아내는 능력이 뛰어난 것이다. 그림이나 글이나 모든 것을 다 표현할 수는 없다. 가장 특징적인 장면이나 성격을 그려내야 한다. 특징을 잡아내는 과정은 관찰-요약-해석의 세 단계를 거친다. 유심히 보고, 불필요한 부분을 최대한 덜어내고, 남은 부분을 나름대로 해석해 표현하는 것이다.

관찰과 글쓰기에도 단계가 있다. 1단계는 눈에 보이는 것을 있는 그대로 보고, 글로 옮겨보는 것이다. 이것은 누구나 할 수 있다. 순간적으로 포착한 것을 카메라가 그 형체를 담아내듯 글로 표현하는 것이다. 이를 '묘사'라고 한다.

'민중을 이끄는 자유의 여신상'을 그린 프랑스 화가 외젠 들라크루아(E. Delacroix)가 한 유명한 말이 있다. 걸작을 남기려면 5층에서 뛰어내린 남자가 땅바닥에 닿기 전 그 모습을 스케치할 수 있어야 한다는 것이다. 글쓰기도 묘사하는 훈련이 필요하다. 본 것뿐 아니라 들은 것, 맛본 것, 느낀 것을 글로 써봐야 한다.

2단계는 느낌을 말하는 단계로 감상을 쓰는 것이다. 우리는 초등학교 때부터 감상을 강요받아 왔다. 각종 기념일 글짓기 대회 때마다 느낀 점을 쓰라고 했다. 일기나 독후감 역시 마무리는 감상이었다. 관찰의 깊이가 중요하다. 어떤 일이건 관심을 두지 않으면 그 일에 관한 내 느낌은 없다. 관심을 가지고 유심히 봐야 느낌이 생긴다.

글은 지식과 정보로만 쓰는 것은 아니다. 불쌍한 사람을 보면 불쌍하다고 느끼고, 어려운 사람을 보면 도와주고 싶고, 타인의 아픔을 내 아픔으로 여기는 사람, 불의에 분노하고, 불합리와 부조리를 보면 개선의 욕구가 끓어오르는 사람. 그런 사람은 지식과 정보가 없어도 좋은 글을 쓸 수 있다.

3단계는 분석적으로 관찰하는 단계다. 나름의 시각과 관점, 해석, 그리고 해법을 쓴다. 회사에서 쓰는 보고서, 각종 칼럼이 여기에 해당한다.

보다 나은 생각을 유발하기 위해서는 세 가지를 유념하며 봐야 한다. 그 하나는 의문이다. 그냥 보지 않고 왜 그런지 따져가며 봐야 한다. 응당 그런 것이라고 생각하면서 보면 봐도 보이는 게 없다. 호기심과 탐구욕을 가지고 비판적으로 봐야 한다. 두 번째는 한 면만 보지 말고, 보이는 것만 보지 말고, 반드시 다른 측면이 있다는 생각으로 다른 부분, 다른 방법은 없는지 궁리해야 한다. 세 번째는, 내 생각과 배치되는 생각은 무엇인지 알아봐야 한다. 세상은 서로 대립하거나 모순되는 의견, 사정, 가치 등이 짝을 이루고 있다. 찬성과 반대, 긍정과 부정, 낙관과 비관이 그렇다. 이렇게 상반된 생각을 조정하고 절충해서 타협하는 과정이 좋은 생각을 만들어 낸다.

4단계는 내 주관과 기준으로 시시비비를 가리고 비판하는 단계다. 삐딱하게 관찰한다. 통념에 휘둘리지 않는다. 비평, 논증 등을 쓸 때 활용한다. 마지막 단계는 없던 세계를 창조하는 단계다. 보이는 것 그 너머를 보는 것이다. 시나 소설 같은 문학이다.

시인 장석주는 대추를 보고
시집《대추 한 알》에 이렇게 썼다.

저게 저절로 붉어질 리는 없다.
저 안에 태풍 몇 개
저 안에 천둥 몇 개
저 안에 벼락 몇 개

묻지 않으면 쓸 수 없다
질문력

 쓰고자 하는 주제에 관해 독자들이 알고 싶어 하는 질문을 100개 정도 뽑아낼 수 있으면 책을 쓸 수 있다. 질문을 만들면 그에 대한 답을 쓰는 것은 어렵지 않다.

 질문을 떠올리기 어렵다면 비슷한 주제로 이미 써 놓은 책의 목차를 보면 된다. 목차를 보다 보면 독자들이 궁금해할 만한 내용을 파악하거나 떠올릴 수 있다. 그렇게 해서 찾아낸 100개의 질문 중에 기존 책에서 많이 다룬 내용은 빼고 40~50개를 추리면 괜찮은 목차를 짤 수 있다. 이렇게 하다 보면 결국 독자들이 궁금해하고 알고 싶은 내용에 답해주는 책, 나아가 독자로 하여금 스스로 질문하게 하는 책을 쓸 수 있다. 나는 이런 책이 좋은 책이라고 믿는다.

좋은 글은 좋은 질문에서 나온다

책 쓰기는 물음에 답하는 행위이다. 좋은 글은 질문이 좋다. 질문하려면 3심이 필요하다. 관심, 호기심, 의심이다. 관심이 있어야 궁금해지고, 궁금해지면 의문을 품게 돼 질문한다. 애정과 열정도 있어야 한다. 사랑하면 궁금하다. 연애할 때를 떠올려보라. 상대에 대해 알고 싶다. 끊임없이 질문한다. 잘하고 싶은 열정이 있어도 질문한다. 어떻게 하면 좀 더 잘할 수 있는지, 문제는 없는지.

용기도 필요하다. 모르는 걸 모른다고 말하는 용기, 관계가 어색해지는 걸 감수하며 반문하는 용기. 관심, 호기심, 애정, 열정, 모두 용기의 산물이 질문이다. 그래서 질문은 쉽지 않다. 그럼에도 질문이 살아있어야 좋은 글을 쓸 수 있다.

모든 저자는 질문하는 사람이다. 매사에 의심과 의문을 갖고 반문하는 사람이다. 누군가 내게 '무엇'에 관해 어떻게 생각하느냐고 물으면 대답하는 사람이다. '어떻게 할까요?'라는 질문에 답하는 사람이다. 책은 작가의 의견을 묻는 질문지 같은 것이다. 이에 대해 작가는 가타부타 답변해야 한다.

저자는 다음과 같은 질문을 통해 우리 사회에 영감을 불어넣는다. ◆모르는 것을 묻는다. 그것이 지식이건 정보건 간에 알고 싶고, 알려고 노력한다. ◆매사에 의문을 갖는다. 그냥 넘어가지 않고, 대충 지레짐작하지 않는다. '저게 왜 저러지?'라며 묻는다. ◆반문한다. 누군가 '이렇다.'라고 말하면 '이럴 수도 있지 않나요? 나는 그렇게 생각하지 않는데요?' 하며 되묻는다. ◆자문자답한다. '이것에 관한 내 의견은 뭐지?' 하며 자기만의 관점, 시각, 해석을 가지려고 한다. ◆성찰한다. '나는 누구인가.', '나는 잘 살고 있나?' 묻는다.

똑똑하고 공부를 잘했다는 기자들, 질문하는 것이 본업인 기자들이 질문하지 않았다. 2010년 G20 정상회의가 끝나고 오바마 미국 대통령이 개최국인 한국 기자들에게만 질문할 기회를 줬다. 하지만 어느 누구도 끝까지 질문하지 않았다. 영어 대신 한국말도 질문해도 된다고 했지만, 끝까지 버텼다. 기자 탓할 게 못 된다. 대기업에 가도 공무원 조직에 가도 질문하는 사람은 드물다. 학습이 잘된 결과다. 우리 사회는 궁금해지면 위험하다. 상사의 생각에 의문을 품거나 의심하는 사람, 충성심이 부족한 사람이 된다. 받아 적는 게 장땡이다. 밑줄 쫙쫙 긋고 번호 매기고 '야마(주제)' 잘 잡고 상사 의중 잘 파악하는 게 중요하다. 시키는 것 잘하면 출세한다. 묻는 건 하수다. 생각을 파악해서, 행간을 읽어서 실행해야 한다. 시키지 않은 짓도 잘해야 성공한다.

책을 쓰려면 질문력을 키워야 한다. 질문 잘하는 사람은 호기심이 왕성하여 반드시 알고 넘어가려고 하고, 남의 말을 곧이곧대로 듣지 않고 자기 관점과 입장에서 평가하려고 하며, 기본적으로 사람과 사물, 사건에 관심이 많다.

질문으로 글을 쓰는 방법은 간단하다. ◆글의 주제를 정한다. ◆그 주제에 대해 잘 알고 있는 사람을 찾는다. ◆그 사람에게 물을 질문지를 작성한다. 질문지를 잘 만들기 위해서는 질문받는 사람에 대해 충분히 조사해야 한다. ◆그 사람을 만나 인터뷰한다. 이때 쓸거리를 최대한 뽑아내야 한다. ◆메모하면서 들은 내용으로 글을 쓴다.

질문력 키우는 법, 인터뷰와 공부

나는 습관적으로 질문한다. 이런 자문자답이 사유하는 시간이다. 나는 적어도 하루에 하나는 물으려 노력한다. '너는 이것에 관해 어떻게 생각해?' 특히 반문이 중요하나. 남의 말이나 글에 토를 달고, 문제 제기, 이의 제기 등으로 악마의 변호인 역할을 해본다. 나는 스스로 묻고 답하는 이 시간이 즐겁다. 나는 같은 질문에 이렇게 저렇게 답하면서 사람들이 솔깃해하는 답변을 찾아간다.

상대가 내 대답을 잘 이해하지 못하면 다음에 말할 때는 비유와 예시를 든다. 못 믿는 것 같으면 구체적인 통계와 사례를 제시한다. 그 사이 말은 점점 다듬어진다. 또한, 대답하기 위해 기억을 소환하면서 나도 모르게 이야기가 만들어진다. 기억에 이야기가 입혀지면서 얘기는 점점 재밌어진다. 바로 그것을 책으로 쓰면 된다. 책은 독자들이 궁금해하는 내용에 관해 답해 주거나 생각해볼 기회를 제공하는 역할을 한다. 좋은 책을 쓰려면 질문부터 좋아야 한다. 아니 질문만 좋으면 훌륭한 책을 쓸 수 있다.

취재를 잘해도 된다. 인터뷰의 본질은 네 가지다. 첫째, 질문한다. 물어보는 게 기본이다. 궁금증, 호기심이 있어야 한다. 둘째, 반문한다. 상대 답변에 되물어야 한다. 왜 그런지, 그게 맞는지. 비판적 사고가 필요하다. 셋째, 정리한다. 상대가 말한 내용을 요약하거나 한 줄로 정리할 수 있어야 한다. 이해력과 요약 능력이 필요하다. 넷째, 풀이한다. 잘 모르는 사람을 위해 알기 쉽게 설명할 수 있어야 한다. 비유, 예시 등을 잘해야 한다.

인터뷰를 잘하려면 몇 가지 준비와 노력이 필요하다. 우선 인터뷰 대상, 즉 인터뷰이와 인터뷰 주제에 관해 충분히 공부해야 한다. 인터뷰 성공 여부는 여기에 달려 있다. 질문지 또한 꼼꼼하게 작성해야 한다. 질문지는 빠트린 것도 뺄 것도 없어야 한다. 중복 질문이 없어야 하고, 인터뷰한 후 '아 그것 물어봤어야 하는데…' 하며 후회하는 일도 없어야 한다.

인터뷰 전에는 이른바 아이스 브레이킹을 잘해야 한다. 인터뷰어가 자신을 낮추고, 인터뷰이를 띄워주는 건 기본이다. 인터뷰이와의 연결고리를 찾을 수 있다면 경계를 풀고 분위기를 자연스럽게 만들 수 있다. 아이스 브레이킹이 가능한 질문은 크게 두 가지다. 인터뷰이가 하고 싶은 말을 물어봐 주거나, 잘 알고 있어 대답하기 쉬운 내용을 묻는 것이다. 하고 싶은 말은 인터뷰이가 자랑하고 싶은 내용이 될 것이고, 대답하기 쉬운 질문은 몸담고 있는 분야나 연구하는 주제가 될 수 있을 것이다. 그런 질문을 하면 마치 기다렸다는 듯이 대답하며 인터뷰에 자연스럽게 녹아들게 된다.

인터뷰할 때는 꼬리에 꼬리를 물 수 있어야 한다. 인터뷰이의 대답에 대해 보충질문과 추가질문을 할 수 있어야 깊이 있는 내용을 끌어낼 수 있고, 대화 형식의 자연스러운 인터뷰가 가능해진다. 인터뷰이의 대답을 들으면서 표정과 추임새로 반응해 주는 것은 물론이다.

이밖에도 인터뷰어는 몇 가지 역할을 해줘야 한다. 나는 〈강원국의 지금 이 사람〉을 진행하면서 여섯 가지 정도를 염두에 뒀다. 먼저, 중간중간 요약해 준다. 어려운 말은 쉽게 풀어준다. 모호한 말은 재차 확인해서 보다 명료하게 정리한다. 인터뷰이의 대답이 샛길로 빠지면 주제로 다시 돌아오게 한다. 인터뷰이가 말실수하거나 틀린 말을 했을 때, 그것을 바로 잡아줌으로써 인터뷰이가 불이익을 당하지 않도록 배려한다. 마지막으로 인터뷰이의 대답이 너무 장황하면 적당한 선에서 기분 나쁘지 않게 잘라준다.

이때 인터뷰한 내용을 정리해서 《강원국의 인생공부》라는 책을 썼다. 이 책 외에 다른 책을 쓰는 과정에서도 공통적으로 적용했던 건 질문과 공부다. 독자들이 책을 읽는 목적은 여럿이지만, 궁금증을 해소하기 위해서 읽는 경우가 많다. 따라서 내가 쓰고자 하는 주제에 관해 독자들의 질문이 무엇인지를 알아차리고, 그 질문에 시원하게 답하는 게 중요하다. 그래야 읽히고 팔리는 책이 된다.

또한, 질문을 알아차리고 그에 답하기 위해서는 공부해야 한다. 적어도 책을 쓰는 동안은 그 주제만 생각하고, 그에 관한 책과 자료, 강의에 몰입해야 한다. 불광불급(不狂不及), 미치지 않으면 미칠 수 없다고 했다. 미쳐야 목표에 도달할 수 있다. 생활의 최우선순위를 책 쓰기에 두고 집념을 불태우면 누구나 책을 쓸 수 있다.

혼잣말로 출발하는 책 쓰기 마법

발화력(發話力)

언제부턴가 글쓰기가 편해졌다. 이유가 궁금했는데, 알고 보니 그때부터 강의하고 방송하는 일을 시작했다. 본격적으로 말하기 시작한 것이다. 나는 써야 할 글이 있으면 그걸 혼잣말해보거나 아내에게 말해본다. 그러면 무슨 조화인지, 말하기 전에는 없던 생각이 떠오른다. 그럴 때 알 수 없는 희열을 맛본다. 이뿐 아니다. 말을 하면 생각이 일목요연하게 머릿속에 그려지는 순간이 온다. 그럴 때 나 자신이 참으로 기특하다는 효능감을 느낀다. 나아가 누군가에게 말해보면 내 글의 반응을 앞당겨 알 수 있다. 내가 쓸 말이 있는지 없는지도 알 수 있다. 말하면서 반응 좋은 말과 그렇지 않은 말을 취사선택할 수 있다. 나에게 말하기는 글쓰기 예행연습이요, 준비운동이다. 책을 쓸 때도 마찬가지다. 쓰고 싶은 내용을 1년 정도 충분히 말해본다. 그러면 말이 숙성되고 진화한다. 말하는 과정에서 반응이 좋은 말은 살아남고, 그렇지 않은 말은 도태된다. 결국 반응이 좋은 말만 남는다. 그것을 책에 쓴다.

말은 글쓰기의 예행연습이다

책을 잘 쓰려면 말을 잘해야 한다는 게 내 생각이다. 우리는 말을 듣는 것부터 시작해서 말하고, 글을 읽고 글을 쓴다. 듣기 - 말하기 - 읽기 - 쓰기의 과정을 거친다. 나 역시 그랬다. 듣기부터 시작했다. 어렸을 적부터 남의 말을 대충 듣지 않았다. 새겨들었다. 저 사람이 왜 내게 그런 말을 하는지 이유, 배경, 맥락, 취지, 의도를 파악하려고 노력했다. 곱씹으며 들었다. 그래야 맞춰줄 수 있고, 눈 밖에 나지 않으니까.

나는 열심히 듣는 대신 말은 하지 않았다. 학교 다니는 내내 말하지 않았다. 나는 사람들 앞에서 발표하는 게 세상에서 가장 어렵고 두려웠다. 학급회의 시간에 한마디 하라고 하면 눈앞이 캄캄해지고 가슴만 쿵쾅거렸다. 그런데 당시엔 말을 잘하지 못하는 것이 단점이 아니었다. 외려 '과묵하다.', '진중하다.'라는 칭찬을 들었다.

이런 칭찬 말고도 말수가 적으면 얻는 게 많다. 우선 말실수가 적다. 남의 비밀을 누설할 일도 없다. 험담하지 않으니 적을 만들지도 않는다. 말하지 않으니 자연스럽게 언행일치가 돼 '말이 앞선다.'라는 소리도, 말의 농도가 진하니 '입만 살았다.'라는 말도 듣지 않는다.

아무튼 학창 시절 내내 갈고닦은 듣기 역량은 김우중 회장 연설문을 쓰면서 전환점을 맞았다. 연설문은 말을 준비하는 글이다. 글이면서 말이다. 당시 김우중 회장은 전경련 회장으로서 연설할 일이 많았다. 그분의 말을 듣고 그 생각을 글로 바꾸는 것, 그러니까 연설문을 작성하는게 나의 일이었다. 듣기에 그치지 않고 들은 것을 글로 바꾸는 일을 시작한 것이다. 더욱이 당시 나의 사수는 국내 최고의 스피치라이터였다. 그에게 말이나 생각을 글로 바꾸는 연설문 쓰기를 배우고 익혔다.

김우중 회장은 말을 잘하는 분은 아니었다. 하지만 이후 모시게 된 김대중, 노무현 두 대통령은 달랐다. 말로써 대통령 자리에까지 오른 분들이다. 그분들의 연설문을 쓰는 일은 글쓰기와 함께 말의 중요성을 깨닫고, 말을 어떻게 해야 하는지 배우는 시간이기도 했다.

어느 날 노무현 대통령께서 나에게 '광복절 경축사를 어떻게 쓸 것인지 발표하라.'고 지시했다. 대통령 주재 회의에서 말이다. 하늘이 무너지는 줄 알았다. 발표 원고를 외워서 천장을 쳐다보고 말했다. 말하기 공포의 끝을 경험했다. 잘하지 못했다. 하지만 해봤다는 건 중요했다. 나의 말 역사에서 분수령이 됐다. 이후 어떤 자리도 그날 대통령 앞에서 말하는 것보다 두렵지 않았으니 말이다.

2014년 2월 첫 책을 내고 본격적으로 내 말을 시작했다. 처음으로 글쓰기 강의를 했다. 지금은 강연과 방송으로 먹고산다. 이렇게 살 수 있게 된 데는 두 가지가 주효했다고 본다. 말하는 분야와 방식이 그것이다. 분야는 내가 가장 자신 있게 할 수 있는 주제, 그러니까 글쓰기와 말하기로 잡았다. 25년 정도 남의 말을 글로 써주는 일을 했으니, 글쓰기와 말하기에 관해선 말할 자격도, 자신도 있었다. 방식은 강의와 인터뷰다. 말하는 방식은 여럿이다. 연설, 토론, 대화, 강의, 발표 등등. 이 가운데 학창 시절 내내 선생님에게 '강의'를 들었고, 직장생활 내내 누군가와 '대화'했다. 따라서 강의와 대화는 내게 가장 익숙한 말의 방식이다.

이제는 강의 잘한다는 소리를 듣는다. 강의하고 책 쓰는 것만으로 먹고산다. 말은 할수록 는다. 말을 많이 하면 잘할 수 있다. 그러나 중요한 건 말을 잘하는 게 아니다. 어떤 말을 하느냐이다. 말의 내용이 중요하다. 그것이 좋은지 나쁜지는 듣는 사람이 결정한다. 듣는 사람 마음에 들으면 좋은 말이다. 그렇지 않으면 좋은 말이 아니다. 당신은 어떤 말이 좋은 말이라고 생각하는가. 나는 이런 말을 들을 때 기분이 좋다.

첫 번째, 남의 말에서 내가 쓸 수 있는 내용이 있을 때이다. 최신 뉴스나 최근의 유행, 트렌드, 새로운 사실이나 정보, 멋있는 표현, 인용할만한 거리 같은 것들 말이다. 이런 얘기를 들으면 저절로 귀가 번쩍 뜨인다. 나는 이런 말을 들었을 때 메모한다. 기억해 뒀다 써먹기 위해서다.

두 번째, 말에서 참신한 시각이나 해석을 얻었을 때이다. '아, 이것을 저렇게 생각할 수도 있구나.' 이렇게 배우는 게 있는 말이다. 이런 말을 들으면 내 나름의 관점이 생긴다. 그러니까 내 생각을 만들어주는 말인 것이다.

세 번째, 재미를 주는 말도 좋다. 주로 이야기다. 이야기를 들으면서 웃고 유쾌한 시간을 보내는 것, 내겐 즐거운 일이다.

네 번째, 해법이나 대안 같은 아이디어를 얻었을 때이다. 누군가 내가 고민하던 문제의 해결책을 제시해 주든가, 아니면 내가 생각해 오던 것과 다른 대안을 줬는데 그게 쓸모 있을 때 반갑고 기쁘다.

다섯 번째, 위로와 용기와 희망을 주는 말이다. 듣고 나면 힘이 불끈 솟고 의욕이 샘솟는다. 밝고 따뜻한 햇살 같은 말이다.

여섯 번째, 통찰을 일으키는 말이다. 머리를 끄덕이게 하는 수준을 넘어 울림이 있는 말이다. 머리를 망치로 한 대 맞은 것 같은 깨달음이 오거나, 가슴에 손이 올라갈 정도의 깨우침을 주는 말이다. 깨달음은 영감이 떠오르는 것이다. 주로 머리로 온다. 하지만 깨우침은 가슴으로 온다. 양심으로 온다. 반성하고 회개하고 사과하고 행동하게 한다.

끝으로, 꿈을 주는 말이다. 이런 말은 평생 한두 번 만나기 어렵다. 이런 말에 의해 인생행로가 바뀌기도 한다. 이런 말은 위대하다.

나뿐 아니라 누구나 이런 일곱 가지 말을 들었을 때 고마움을 느낄 것이라고 생각한다. 반대로, 아무것도 주는 것이 없는 말, 하나 마나한 말, 전혀 보탬이 되지 않는 말, 나아가 상처주는 말, 사기를 꺾는 말은 나쁜 말이다. 그런 말은 하지 않는 게 좋다. 글도 그렇다. 사람들이 말에서 기대하는 것과 글에서 요구하는 것은 똑같다.

그런 점에서 이오덕 선생의 말을 귀담아들을 필요가 있다. 선생은 제발 이런 글만은 쓰지 말라고 했다. 무엇을 썼는지 알 수 없는 글, 알 수는 있어도 재미가 없는 글, 누구나 다 알고 있는 것을 그대로 쓴 글, 지기 생각은 없고 남의 생각이나 행농을 흉내 낸 글, 마음에도 없는 것을 쓴 글, 꼭 하고 싶은 말이 무엇인지 갈피 잡을 수 없게 쓴 글, 읽어서 얻을 만한 내용이 없는, 마음에 느껴지는 게 없는 글, 곧 가치가 없는 글이다. 결국 이런 글을 담은 책은 쓰지 말아야 한다.

말을 잘하게 된 여섯 가지 비결

말과 글은 상호작용한다. 말을 잘해야 글을 잘 쓸 수 있고, 글 쓰는 사람이 말도 깊이 있고 정교하게 할 수 있다. 또한 남의 말을 듣기만 하며 살 순 없다. 들은 내용은 남의 것이다. 내 말이 내 것이다. 듣기만 하다가 내 삶을 끝낼 순 없는 것 아닌가. 너도나도 말함으로써 세상에 보탬이 되고 제구실을 해야 한다. 나는 어떻게 말로 밥 먹고살 수 있을 만큼 말하게 됐을까. 내가 발화력(發話力)을 키운 비결은 이렇다.

첫째, 말할 필요가 생겼다. 직장을 그만두기 전까지는 잘 들으면 월급을 받았다. 직장을 나오니 듣기만 해선 먹고살 수 없었다. 말해야 했다. 강연을 들으려면 돈을 내야 하듯이, 듣는 건 돈이 드는 일이다. 돈을 받으려면 말해야 한다. 돈을 벌기 위해 말하게 됐고, 말하다 보니 잘하게 됐다.

모든 일이 그렇지만, 말은 하면 할수록 잘하게 된다. 강의 요청이 많아 강의를 많이 하게 되면 잘하게 되고, 강의를 잘하면 요청이 쇄도하는 선순환을 타게 된다. 반대의 경우는 악순환에 빠지게 되어 급기야 승자독식의 결과를 낳는다. 강의를 잘한다는 몇몇은 시간이 없고, 그렇지 않은 다수는 강의가 없다.

누구나 처음부터 기회가 주어지진 않는다. 만들어야 한다. 그러기 위해서는 양보할 건 양보해야 한다. 나도 처음엔 강연료를 포기했다. 돈은 안 줘도 좋으니 기회만 달라고 했다. 그리고 그 기회에 훈련했다. 준비되지 않은 상태에서 기회가 주어지면 도리어 독이 될 수 있다. 돈을 주는 강의는 반드시 평가가 이뤄지고, 평가가 좋지 않으면 단명할 수밖에 없다.

둘째, 말동무가 생겼다. 직장 다닐 적엔 아내와 말할 일이 거의 없었다. 청와대에서 일했던 8년 동안은 말은커녕 얼굴 볼 시간도 별로 없었다. 직장에 나가지 않으면서부터 하루 종일 아내와 붙어산다. 함께 있는 시간 동안 할 수밖에 없는 게 대화다. 아내는 어떤 말이든 할 수 있는, 누구보다 편한 말 상대이다. 강의건 방송이건 그 내용을 아내에게 먼저 말해본다. 링에 오르기 전에 스파링 상대와 연습경기를 무수히 치른다.

나는 본시 남과 대화하는 것, 아니 남과 만나는 것 자체를 좋아하는 사람이 아니다. 대화의 즐거움을 어렴풋이나마 알기 시작한 건 KBS2 TV 〈대화의 희열〉이란 프로그램에 패널로 출연하면서부터다. 그리고 〈강원국의 지금 이 사람〉을 진행하면서 대화의 묘미를 깨달았다. 그중 하나가 대화는 '말하기'이기보다 '듣기'라는 사실이다. 무언가 밀어붙이고자, 자신을 보여주고자 하는 데에 대화의 중심축을 놓으면 대화가 즐거울 수 없다. 하지만 상대를 알고, 상대의 생각을 알고자 하는 '듣기'에서 출발하면 대화가 재밌어진다. 나의 호기심과 탐구욕을 충족시켜 주기 때문이다.

셋째, 혼잣말이다. 아내와 얘기하는 것만으로는 부족하다. 나는 혼잣말을 즐긴다. 차를 타고 이동하면서, 길을 걸으며 내게 묻고 내가 답한다. 오래전 기억을 떠올려 서사를 펼쳐보기도 하고, 예정된 강의를 시뮬레이션해보기도 한다.

혼잣말이야말로 최고의 말하기 연습이다. 어떤 말이든 가리지 않고 해볼 수 있다. 또한 상대가 있는 말하기는 퇴고가 어렵지만, 혼잣말은 말하기와 고치기를 반복할 수 있다. 뿐만 아니라 자주 하는 혼잣말은 자기 암시가 된다. 반복하는 혼잣말은 다짐이 되고, 현실로 이루어지기도 한다. 혼잣말을 많이 해보기 위해서는 혼자 있는 시간을 자주 가져야 한다. 고독한 시간이 필요하다.

넷째, 독서다. 메모하기 시작하면서부터 독서를 즐기게 됐다. 메모거리를 가장 많이 찾을 수 있는 데가 책이기 때문이다. 책을 읽으면 다섯 종류의 메모거리를 얻는다. 내 말에 인용할 수 있는 지식과 정보가 첫 번째요, 책에 있는 저자의 생각을 읽으면서 떠오르는 내 생각이 두 번째요, 책에 있는 사례와 이야기를 읽으며 기억나는 내 경험이 세 번째요, 책을 읽으면서 일어나는 느낌이나 감정이 네 번째요, 마지막으로는 책의 저자가 본 것을 간접적으로 보는 것이다. 책은 앉아서 하는 여행이고, 여행은 서서 하는 독서라 하지 않던가.

말로 책을 쓰려면 우선 공부해야 한다. 알아야 말하고, 말할 수 있어야 쓸 것 아닌가. 자신이 정한 주제에 관한 책을 읽고 강의를 듣고, 경험하면서 배우고 익혀야 한다. 적어도 주제와 관련된 책과 강연은 모두 섭렵해야 한다. 그렇게 해서 그 주제에 관해선 자신보다 더 아는 사람, 더 열의를 보이는 사람은 없다고 자신할 정도가 돼야 한다.

다섯째, 롤 모델이다. 나는 롤 모델을 만들고, 그를 닮고자 노력하는 것이 매우 효율적인 말공부라고 확신한다. 아마도 내 말의 최초 롤 모델은 엄마였을 것이다. 누구나 엄마 품에서 말을 배우기 시작하고, 학교에 가서는 좋아하는 선생님 말을 벤치마킹하기도 한다. 누군가의 말을 흉내 내고 그 사람 같이 말하고 싶은 마음을 먹는 게 말을 잘하는 첩경이 될 수 있다. 그런 점에서 나는 행운아다. 김대중, 노무현이라는 당대 최고의 웅변가에게 말을 배웠으니 말이다. 당시에는 글을 배운다고 생각했지만, 돌아보니 말을 배운 것이었다. 내가 쓴 글은 그분들의 말이었으니, 그분들이 고쳐준 것은 글이 아닌 말이었다.

본격적으로 말하기 시작한 후부터는 유튜브로 여러 사부를 모셨다. 설명하는 말하기는 유시민 작가를, 인터뷰 말하기는 유재석 씨를, 강의하는 말하기는 김창옥 씨를 모델로 삼아, 이분들의 말을 듣고 또 들었다. 한 사람의 말을 귀에 못이 박히도록 듣다 보면 어느새 그 사람같이 말하게 된다.

여섯째, 낭독이다. 글을 또박또박 잘 읽는 사람, 감정을 이입하며 읽을 수 있는 사람이 말을 잘할 확률이 높다. 글을 읽는 유창성은 말의 유려함과 직결된다. 나는 이런 유창성을 라디오 프로그램 〈강원국의 말 같은 말〉을 1년 넘게 진행하면서 키웠다. 내가 쓴 원고를 아나운서처럼 읽는 훈련을 한 것이다. 그런 과정이 지금 말하는 데 큰 도움이 됐다. 책을 읽거나 글을 읽을 때 눈으로만 보지 말고 입으로 중얼거려 보길 권한다. 자기 말의 속도, 크기, 높낮이를 의식하며 읽어보라. 어휘와 문장에 신경 쓰며 읽으면 금상첨화다.

이밖에 모니터링과 대역도 좋은 방법이다. 자신의 말을 직접 듣기 거북하다면 친구나 가족에게 자기 말의 문제점을 물어보거나, 남의 말을 들으며 '나는 저렇게 하지 말아야지.' 하며 반면교사 삼을 수도 있다. 나는 TV나 라디오에서 토론이나 토크 프로그램을 시청하거나 청취하면서 '내가 저 사람이라면 어떻게 말할까.', '저 질문에 뭐라고 답할까.' 생각해본다. 일상이 말하기 연습이고 훈련이다. 이렇게까지 하는데 말을 잘하지 못한다면 말이 안 된다.

말이 글이 되고 책이 된다. 그때 경험으로 요즘도 책 쓰기 강의에 가면 쓰고 싶은 내용을 누군가에게 말해보라고 권한다. 만나는 사람마다 쓰고자 하는 책의 주제와 내용에 관해 말해보라. 물어보지 않아도, 듣기 싫은 내색을 해도 주야장천 말해보라. 정 들어줄 사람이 없으면 혼자 말해보라. 그러면 좋은 책을 쓸 수 있다.

줄일 수 있으면 쓸 수 있다
요약력

글은 잘 늘리고 잘 줄이면 잘 쓸 수 있다. 그런데 늘리기는 어렵다. 없는 것을 만들어야 하기 때문이다. 하지만 줄이기는 쉽다. 있는 것에서 빼면 된다. 이렇게 줄이고 빼는 게 요약이다. 요약은 어릴 적부터 배웠다. 일기는 하루의 요약이고, 독후감은 책의 요약이며, 기행문도 여행의 요약이다. 공부와 독서도 모두 요약하는 행위이다. 그런 경험과 역량으로 요약하면 된다. 책은 요약으로 쓸 수 있다.

나는 양이 질을 만들어낸다고 믿는다. 양을 확보하면 질 좋은 결과물을 만들어낼 수 있다. 양을 확보하는 것은 어렵지 않은 세상이다. 문제는 요약력이다. 확보한 양을 질로 전화(轉化)시킬 수 있는 능력이 필요하다. 글이나 말만 요약의 대상은 아니다. 현상이나 사건 모두 그 대상이다. 어떤 사건이 일어나거나 사태가 벌어졌을 때 그것의 본질을 파악해 한두 마디로 설명하거나 규정하고 정의할 수 있는 능력이 요약력이다.

글쓰기의 두 축, 줄이기와 늘리기

글쓰기를 어렵게 만드는 요인 중 하나가 분량 문제다. 쓸 수 있는 만큼, 쓰고 싶은 만큼 쓰면 못 쓸 사람이 누가 있겠는가. 문제는 정해진 분량만큼 써야 한다는 데 있다. 원고지 10매 분량을 써야 한다고 가정하면, 어떤 이는 너무 많아 부담스러울 수 있고, 어떤 이는 하고 싶은 말에 비해 분량이 너무 적어 글을 쓰기 어려울 수 있나. 주제에 따라서도 어떤 내용은 길게 쓰고, 또 어떤 내용은 짧게 쓰고 싶을 수 있으나 분량에 맞춰 써야 한다.

분량과 관련하여 글 쓰는 방법에는 두 가지가 있다. 그 하나는 많이 쓰고 줄이는 것이다. 쓰고 싶은 만큼 몽땅 쓰고 정해진 분량이 될 때까지 줄인다. 다른 하나는 쓸 수 있을 만큼 쓰고, 조금씩 늘리는 것이다.

우선, 많이 쓰고 줄이는 방법부터 알아보자. 이걸 '요약'이라고 한다. 요약으로 글을 쓰기 위해서는 쓸거리를 가지고 있어야 한다. 글쓰기 강의하며 만나본 사람 중에는 '내가 안 써서 그렇지 마음만 먹으면 책 열 권도 쓸 수 있다.'라고 자신하는 분들이 있다. 빈말이 아니다. 실제로 그런 분은 막상 쓰기 시작하면 단박에 글을 써내려 간다. 하지만 쓸거리가 풍부하지 않은 사람도 있다. 이들은 어떻게 해야 하나.

자기 안에 쓸거리가 없는 사람은 밖에서 찾으면 된다. 자료 검색을 통해 쓸거리를 끌어모으면 되는 것이다. 자기 안에 쓸거리가 있든, 검색으로 그러모았든, 그다음 할 일은 요약이다. 그러니까 쓸거리 아니면 검색 능력 그리고 요약하는 역량만 있으면 줄이기로 글을 쓸 수 있다.

요약하는 게 뭐 대수냐고 큰소리치는 분들이 간혹 있다. 학교 다닐 적에 선생님 말씀을 받아 적고, 교과서나 참고서의 중요한 데에 밑줄 긋던 게 요약 아니냐고 말이다. 맞다. 요약이야말로 우리가 가장 많이 했던 작업 중 하나다.

가장 단순한 요약은 발췌로, 밑줄 긋기와 별표 치기다. 그다음은 불필요한 걸 버리는 요약이 있다. 중복되거나 상대적으로 덜 중요한 걸 솎아내고 남는 것으로 요약하는 방식이다. 버리는 요약 방식과 반대로 중요한 걸 뽑아내는 요약도 있다.

다음으로, 전체 내용을 압축하는 요약도 있다. 설렁탕 조리듯 졸이고 졸이면 진액이 나온다. 또한 몇 가지로 정리하는 방식으로 요약할 수도 있다. 전체를 읽고 몇 가지로 재구성하는 것이다.

가장 어려운 요약은 주제를 파악하는 것이다. 글의 배경과 맥락을 통해 글쓴이가 전하고자 하는 핵심 메시지를 찾아내는 일이다. 이처럼 요약에도 발췌하기, 버리기, 뽑아내기, 압축하기, 정리하기, 주제 찾기 등의 방식이 있다.

청와대에 들어갔던 2000년, 윗사람에게 이런 말을 들었다. "글쓰기는 요약의 역순이다. 요약이 줄이기라면 글쓰기는 늘리기다. 잘 줄이는 사람이 잘 늘릴 수 있다. 군대에서 총기 분해 잘하는 사람이 조립도 잘하는 것과 같은 이치이다. 글을 잘 쓰려면 요약 능력부터 키워라." 그러면서 칼럼을 30개 뽑아오라고 한 후 숙제를 줬다. 각 칼럼의 가장 중요한 한 문장에 밑줄을 그어 와라. 각 칼럼을 3문장 이내로 압축해 와라. 각 칼럼에 중간제목을 달아 와라. 각 칼럼의 주제문을 파악해 오라. 파악해 온 주제문으로 글을 써 와라. 이렇게 다섯 단계의 요약 훈련을 한 후 글쓰기 실력이 눈에 띄게 좋아졌다.

많이 써서 줄이거나, 조금 써서 늘리거나

자, 이렇게 요약 능력을 키웠다면 이제 실전 요약 글쓰기를 할 차례다. 요약 글쓰기 1단계는 머릿속에 있는 생각을 두서없이 쏟아낸다. 쓸 수 있는 만큼 쓰는 것이다. 대다수 사람이 머릿속에서 생각을 정리해서 글을 쓰려고 한다. 그런데 정리가 쉬 되지 않는다. 생각이 많을수록 더 그렇다. 그러므로 묻지도 따지지도 말고 종이나 컴퓨터 화면 위에 꺼내 놓는 게 좋다. 머릿속에 무엇이 있는지부터 확인하는 것이다. 정리해서 쏟아내려 하지 말고 쏟아내고 정리하자는 것이다.

2단계는 써 둔 것과 관련 있는 내용을 이곳저곳에서 찾아 붙인다. 이때 최대한 양을 확보하는 게 중요하다. 양을 늘리는 건 어렵지 않다. 인터넷이 있기 때문이다. 양을 늘리는 데는 재능이 필요 없다. 늘어난 양이 재능으로 둔갑하도록 하라. 양은 많을수록, 주제와 관련성이 높을수록, 흔하지 않은 최신의 것일수록, 무엇보다 정확하고 믿을 만한 것일수록 좋다.

3단계는 이를 다시 줄인다. 어릴 적부터 익혀 둔 요약능력을 발휘하는 순간이다.

4단계는 요약한 것을 비슷한 내용끼리 뭉친다.

5단계는 뭉친 덩어리 하나하나를 갖고 짧은 글을 쓴다.

6단계는 짧은 글에 순서를 부여해 연결한다.

많이 써서 줄이는 글쓰기가 있다면, 적게 써서 늘리는 방식도 있다. 이렇게 늘려서 쓰는 방식은 다시 세 가지로 나뉜다. 우선 첫 문장부터 쓰기이다. 첫 문장을 쓴 후 계속 이어나가는 글쓰기다. 글을 써본 사람은 알듯이, 좋은 첫 문장이 떠오르면 문장이 다음 문장을 물어 오고, 그다음 문장은 또 다른 문장을 낳으면서 글이 써진다. 문제는 첫 문장을 떠올리는 일이다.

미국 작가 조앤 디디온(Joan Didion)이 그랬다. "첫 문장은 대단할 필요가 없다. 조잡해도 괜찮다. 일단 첫 문장을 써라. 그 문장의 마침표를 찍기 무섭게 다음 문장을 써라. 그러면 된다." 나는 여기에 한마디를 보태고 싶다. 글을 다 쓴 후엔 다시 첫 문장으로 돌아가 반드시 손봐라. 그만큼 첫 문장은 중요하다.

둘째, 여러 번 나눠 써라. 글은 조금씩 여러 번 써도 된다. 한꺼번에 멋들어지게 쓰는 건 어렵다. 하지만 조금씩 보태면서 쓰는 것은 누구나 할 수 있다. 한 번에 쓸 수 있는 만큼만 쓰고, 다른 일하다가 다시 와서 보태는 방식으로 야금야금 쓰는 것이다. 그러다 보면 조금 전 볼 때는 생각나지 않았던 것이 떠올라 꼬리를 물기도 하고, 앞에 써 놓은 게 이상해서 고치기도 한다.

착수만 일찍 하면 가능한 일이다. 일단 시작하면 뇌는 다른 일을 할 때도 잊지 않고 글을 쓰고 있다. 길을 가다가 문득 생각나기도 하고 잠들기 전에 뭔가 떠오르기도 한다. 그렇게 조금씩 완성해 나가면 된다. 그리하면 한 번에 쓰는 것보다 부담이 적을뿐더러 한층 숙성된 생각을 쓸 수도 있다. 이는 글 쓰는 시간과 시간 사이에 간격을 둬서 그 동안 추가할 내용이 머릿속에 고이거나, 있던 내용이 숙성 발효되도록 하는 방식이다.

적게 써서 늘리는 세 번째 방법은 눈덩이 굴리듯 조금씩 살을 붙여 나가는 방식이다. 이 방식은 처음엔 진도가 잘나가지 않으나, 계속해서 해나가면 속도가 붙는다는 장점이 있다. 이렇게 보태기로 글을 쓸 때 중요한 건 몰입이다. 써야 할 주제에 몰입해서 시간을 보내야 한다. 이 주제에 관한 책을 읽고, 유튜브 영상을 보고, 누군가를 만났을 때도 말해본다. 그러다 보면 불쑥불쑥 보탤 내용이 추가된다. 읽기, 듣기 등으로 외부에서 자극을 줌으로써 보탤 내용을 떠올리는 것이다.

우리 뇌는 시동만 걸어 놓으면 여기에 살을 붙이고 여백을 채우려고 힘을 쓴다. 이를 '자이가르닉 효과'라고 한다. 러시아 심리학자인 블루마 자이가르닉(Bluma Zeigarnik)이 동네 식당에 갔는데, 종업원들이 계산이 끝난 주문 내용은 잘 기억하지 못했지만, 아직 서빙하지 않은 주문은 정확히 기억하고 있었다. 이처럼 우리 뇌는 끝나지 않거나 진행하고 있는 임무는 그것이 끝날 때까지 잊지 않고 기억한다.

문단 쓰기로 글쓰기 부담을 덜자

여기에 하나가 더 있다. 바로 문단 쓰기이다. 글쓰기 교육에 열심인 미국 유명대학은 어떻게 글쓰기를 가르칠까. 학생들에게 네 단계로 쓸 것을 주문한다고 한다. 첫 단계는 쓰고 싶은 내용을 나열하는 것이다. 브레인스토밍이건 자유연상이건 모두 좋다. 내부 검열자를 잠재우고 거침없이 글의 소재를 열거해 본다. 두 번째는 취사선택이다. 나열해 놓은 소재 가운데 글에 쓸 제재를 선택하는 것이다. 세 번째는 선택한 제재로 짧은 글을 쓴다. 이렇게 쓴 글이 문단이고 단락이다. 끝으로, 이 단락들로 글을 구성한다. 두 가지 점만 유의하면 된다. 단락 하나하나가 그 자체로 완결된 글이어야 하고, 단락 간의 연결이 자연스러워야 한다.

문단은 하나의 짧은 글이다. 글쓰기는 어휘에서 시작해 문장으로, 문장이 모여 문단으로, 문단이 쌓여서 완성된다. 긴 글을 쓰는 건 어렵지만 문단 수준의 짧은 글은 상대적으로 쉽다. 한 쪽짜리 글을 쓰려면 네댓 개의 문단이 필요하다. 그러니까 한 쪽을 쓴다고 생각하지 말고 각각의 짧은 글, 문단 네댓 개를 쓴 후 이를 연결하는 방식으로 쓰자는 얘기다. 네댓 개의 글을 생각나는 대로 쓴 후 순서를 부여하면 된다. 통상 우리는 글을 쓸 때 다음에 나올 내용까지 염두에 둔다. 그래서 글쓰기가 힘들다. 그러니 짧은 글 하나만 완성하자는 생각으로 문단을 만들자.

문단 쓰기는 덩어리를 여러 개 만들어 조립하는 것이다. 긴 글을 쓴다고 생각하면 쓰기 전부터 가슴이 답답하다. 반면, 긴 글에 비해 짧은 글은 쓰기 쉽다. 쓸 내용 찾기, 쓰기, 그리고 구성을 한 번에 하나씩 함으로써, 복합노동을 싫어하는 뇌의 부담을 덜어주면 된다.

다만, 문단은 갖춰야 할 몇 가지 조건이 있다. 문난은 하나의 완성된 글이어야 한다. 이를 '문단의 완결성'이라고 한다. 또한, 문단은 하나의 메시지를 갖고 있어, 제목을 붙일 수 있어야 한다. 그 하나의 메시지와 관련 없는 내용은 모두 빼야 하며, 한 문단에 메시지가 두 개면 두 문단으로 쪼개야 한다. 이를 '문단의 통일성'이라고 한다. 다음으로 문단 안에 있는 문장들의 관계가 자연스러워야 한다. 이를 '문단의 연결성'이라고 한다. 나는 주로 문단의 첫 문장에서 결론부터 내놓고 다음 문장을 쓴다. 두괄식으로 쓰는 것이다. 그게 쓰기도 쉽고, 읽기도 편하다.

개별 문단을 다 쓰고 나면 문단과 문단을 연결해야 하는데, 시간이나 공간 순으로 할 수도 있고, 인과관계 순으로 할 수도 있다. 개연성 있게, 논리적으로 연결하면 된다. 다만, 비슷한 내용의 문단이 중복되거나, 문단과 문단 사이에 내용 비약이 없도록 주의해야 한다.

책을 쓰려는 사람은 두 가지만 할 줄 알면 된다. 많이 써서 줄이거나, 조금 써서 늘리거나. 이 두 가지면 못 쓸 책이 없다.

암중모색에서 유레카까지, 글쓰기 여정

통찰력

 글을 쓰다 보면 머릿속이 환해지며 써지는 순간이 온다. 글의 흐름과 방향이 잡히면서 '이렇게 쓰면 되겠구나!' 하는 요량이 선다. 나는 이때가 통찰이 온 순간이라고 생각한다. 이때부터 글쓰기는 속도를 낸다. 그 이전까지는 암중모색의 과정이다. 나의 글쓰기는 이 순간을 향해 나아가는 여정이다. 이런 통찰이 첫 줄에서부터 올 수도 있다. 문제는 이게 쉽지 않다는 데 있다. 우여곡절 끝에 찾아온다. 이 순간을 앞당기는 게 글을 잘 쓰는 길이다.

 통찰은 거창한 게 아니다. 영화관에 들어가면 처음에는 사방이 깜깜하지만 조금 지나면 주변을 분간할 수 있게 된다. 그림 퍼즐을 맞출 때도 전체 윤곽이 보이기 시작하고 파악되는 시점이 있다. 바로 통찰의 순간이다.

이런 순간은 별안간 찾아온다. '이렇게 하면 되겠구나.' 하는 해법이 문득 떠오르고, '아, 이게 이런 거였구나.' 하는 깨달음이 찾아온다. 작가들은 이를 '뮤즈', 즉 영감을 불어넣어 주는 여신이 찾아왔다고 한다.

나는 통찰이 우연히 찾아온다고 생각하지 않는다. 직관은 그럴 수 있다. 경험이 풍부한 사람은 그런 직관이 순간적으로 온다. 유사한 사례를 많이 경험한 결과다. 남다른 안목과 식견으로 앞을 내다보는 혜안도 비슷하다. 직관이나 혜안은 의도적인 노력으로 가질 수 없다. 적어도 내 경험으론 그렇다. 하지만 통찰은 다르다. 통찰력은 말하기, 듣기, 보기, 읽기, 쓰기, 겪기를 통해 얼마든지 키울 수 있다. 또 그렇게 길러진 통찰력으로 우리는 말하고 듣고 읽고 보고 쓰고 겪는다.

통찰은 어떻게 찾아오는가

통찰력을 키우는 한 가지 방법은 보기이다. 나는 풍경을 보건 영화를 보건 사건을 들여다보건 문득 머릿속에 뭔가가 떠오른다. 한적한 시골 마을보다는 번잡한 도심에서 사는 게 통찰을 얻는 데 유리하다는 연구 결과가 있는 것도 도시의 풍경이 하루가 다르게 변하기 때문일 것이다. 학교나 직장에서 견학 활동이 활발해져야 하는 이유이다.

다른 방법 하나는 듣기다. 듣는 모든 것은 내 생각을 자극한다. 청와대 연설비서관 시절, 노무현 대통령의 말을 듣는 것으로 글을 썼다. 나는 대통령의 말을 유추하며 들었다. 대통령 말에 살을 붙이고, 배경을 읽으며 들었다. 잘 들으면 대통령의 생각이 거기에 있었다. 일상에서 듣는 것도 마찬가지다. 누군가 '운동을 잘한다.'라고 하면 '운동신경이 좋다.', '운동을 좋아한다.', '운동 기술이나 기량이 뛰어나다.'라는 생각을 불러온다. 생각이 활성화되는 것이다. 듣기는 내 생각을 소환하기도 한다. 듣다 보면 기억이 떠오르고 오래 전 생각을 불러온다.

읽기로도 통찰력을 기를 수 있다. 읽기야말로 생각의 보물창고다. 나는 책이나 칼럼을 읽으면서 몇 가지 작업을 통해 내 생각을 기운다. 그 하나가 '모방'이다. 읽은 내용을 약간 변형하거나, 내 생각과 합하거나, 여기서 읽은 것과 저기서 읽은 것을 섞거나, 읽은 내용을 좀 더 발전시키는 방식으로 내 생각을 만든다. 이 모두 읽지 않으면 가능하지 않은 일이다.

그다음으로 '분류'다. 나는 글을 읽으면서 늘 몇 가지로 분류하는 버릇이 있다. 글을 쓰든 말을 하든, 몇 가지로 갈래를 타야 하기 때문이다. 글은 문단이 모여 만들어지고, 몇 개로 덩어리 지어 말할 때 중언부언하지 않고 조리 있다는 소리를 듣는다. 논리적으로 사고하려면 우선 분류부터 잘해야 한다. 나는 A4 용지를 가방에 넣고 다니다가 카페 같은 곳에 가면 생각나는 것을 이것저것 나열한 후, 비슷한 내용끼리 뭉쳐본다. 분류해 둬야 말하고 쓸 때 기억이 난다.

분류와 비슷하면서도 다른, '세분화'도 자주 한다. 전체를 부분으로, 요소별로 나누는 것이다. 예를 들어 사교육 문제에 관해 생각할 때 개인 차원, 학교 차원, 사회 차원으로 나눠 생각하는 것이 분류라면, 학원 수업, 인터넷 강의, 개인 교습 등으로 나누는 것은 세분화라고 할 수 있다.

다음으로 '열거'다. 글을 읽다 보면 열거하고 생각을 확장하는 힘이 생긴다. 남들이 세 가지를 얘기할 때 다섯 가지를 떠올릴 수 있다. 그리고 이렇게 떠올린 것을 서로 비교하며 공통점과 차이점, 장단점 등을 분석할 수 있게 된다. 이런 사고력을 강화하려면 무엇보다 꼬리를 무는 질문에 능해야 한다. 관련 내용을 연상하거나, 예상 시나리오를 그려보고, 인과관계를 밝혀보는 것 모두 질문을 통해 이뤄진다. 그런 점에서 질문한다와 생각한다는 동의어라고 할 수 있다.

이밖에 '구체화' 작업도 한다. 글에 나온 비유나 예시, 사례 등을 통해 내 생각을 구체화한다. 또한, 내 생각의 '구조화'도 이루어진다. 책을 읽다 보면 내 머릿속에 생각의 구조도가 그려진다. 큰 생각과 작은 생각이 위계를 세워 조직적으로 짜인다. 마지막에 이뤄지는 '종합화'도 읽기가 주는 선물이다. 책에서 읽은 여러 사실과 개념이 내 머릿속에서 연결되어 본질이나 이치, 원리를 한마디로 정의 내리게 된다. 이때 느끼는 기쁨이란 희열에 가깝다.

==통찰을 기르기 위해 쓰기도 중요하다.== 쓰기는 읽고, 듣고, 보고 말해본 것을 글로 옮기는 일이다. 그런데 이때도 생각 작업이 가미된다. 가장 먼저 해야 하는 일이 요약이다. 보고, 듣고, 읽은 것 가운데 쓸거

리를 찾아내려면 요약작업이 필요하고, 이러한 요약능력은 그 자체가 사고력이다. 또한, 글을 쓰기 위해 메모하는 습관을 가진 사람은 메모할 때마다 자기 생각을 시각화하고 기억하는 생각 단련을 하는 셈이다. 뿐만 아니라 마감 시간에 몰려 글을 쓸 때는 집중력을 발휘하는 생각 연습을 하는 것이고, 글을 고칠 때는 다르게 생각해보는 훈련을 하게 된다.

하루에 몇 시간씩 시간을 정해 쓰기는 어렵다. 몇 매씩 쓰겠다고 분량을 정해놓고 쓰기도 쉽지 않다. 나는 대신 한 건씩 쓰기로 작정하고 쓴다. 한 선은 한 줄만 써도 되고, 난 1, 2분만에 쓸 수도 있다. 중요한 것은 자주, 꾸준히 쓰는 것이다. 이런 글쓰기가 통찰력을 키우는 가장 좋은 방법이다. 글쓰기를 통해 길러진 통찰력은 비단 글 쓰는 데만 쓰지 않는다. 판단과 의사 결정을 하는 데 두루 활용된다.

겪기도 필요하다. 깨달음은 시행착오와 실패로부터 가장 크게 얻는다. 이런저런 시도를 해보는 과정에서 얻어지는 게 통찰력이다. 손해와 실패를 무릅쓰고, 위기를 감수하면서 끊임없이 도전해야 한다. 승리하건 패배하건, 성공하건 실패하건 그 과정에서 반드시 통찰력이 자란다.

통찰력을 기르는 여섯 가지 습관

우리는 보고, 듣고, 말하고, 읽고, 쓰고 겪으면서 산다. 이게 모든 사람의 일상이고 삶이다. 우리는 일상적으로 자신의 통찰력을 키우며 산다고 할 수 있다. 이런 일상 말고 좀 더 적극적으로 통찰력을 키우고 싶다면 아래 여섯 단계에 도전해보는 것도 나쁘지 않다.

첫째, 자기만의 관심 주제나 분야를 갖는다. 유독 좋아하고 즐기는 분야나 주제가 있어야 한다. 통찰은 관심을 갖고 있는 특정 분야나 주제에서 일어난다. 관심사가 없는 사람에게 통찰은 찾아오지 않고, 관심 없는 부문에서 통찰은 일어나지 않는다.

둘째, 관심을 갖는 것에 그쳐선 안 된다. 그 분야에 관해 공부해야 한다. 그럼으로써 그것에 관해 많이 알아야 한다. 머릿속을 그것으로 채워야 한다. 씨 뿌리지 않고 꽃은 피지 않는다. 맨땅에 헤딩해 봤자 피만 난다. 통찰을 출력하기 위해서는 공부를 통해 입력해야 한다.

셋째, 공부한 내용을 자기화하는 과정이 필요하다. 입력했다고 다 내 것이 아니다. 내 것으로 만들어야 한다. 만드는 방법은 사유와 사색, 비판과 반론이다. 공부한 내용을 연결, 결합, 융합, 추리, 추론, 예상, 예측, 전망해 보는 사유와 사색을 거쳐야 한다. 또한, 공부한 내용에 관해 반론, 반박, 비판, 이의 제기, 비평해봐야 한다. 칼럼 하나를 읽으면 한 줄이라도 내 생각이 만들어져야 한다. 동영상 강의를 30분 들으면 내 의견 한마디라도 건져야 한다.

넷째, 말해봐야 한다. 실제로 내 것이 만들어졌는지 확인하는 과정이 필요하다. 누군가에게, 아니 혼잣말로라도 출력해봐야 한다. 말할 수 있는 것만 내 것이다. 말할 수 있을 만큼 알아야 하고, 말하고 싶을 정도로 빠져 있어야 한다. 말함으로써 내가 가진 것을 더 숙성시키고 소통을 통해 발효시켜야 한다.

다섯째, 풀어야 할 숙제, 응답해야 할 질문이 있어야 한다. 통찰을 필요로 하는 문제나 사건이 존재해야 한다. 필요하지 않은 통찰을 뇌는 일으키지 않는다. 그것이 간절하고 절박할수록 좋다. 결국 스스로 문제를 발굴하고, 의제나 실행과제를 선정하는 사람이 통찰력을 가질 확률이 높다.

끝으로, 통찰이 잘 일어나는 환경에 자신을 갖다 놓아야 한다. 나는 책을 읽거나, 카페에서 노다거리거나, 지하철에서 멍때리거나, 친구와 대화하거나 동영상 강의를 들을 때 '아하!' 하는 통찰이 일어난다.

이때 찾아오는 통찰은 여러 가지 모습이다. 조각이 맞춰져 전체 윤곽이 종합적으로 파악되거나, 본질이나 원리, 이치를 깨닫거나, 사태나 사건을 일으킨 구성요소 사이의 인과관계를 재구성하여 새로운 관점이나 시각을 갖게 되거나, 배경, 맥락, 취지가 이해되거나, 영향과 파장이 예측되거나, 문제의 원인과 이유를 알아 해결책이나 대안을 찾거나.

누구에게나 통찰은 찾아온다. 누구나 저마다의 통찰력을 갖고 있다. 그것을 얼마나 열심히 벼리느냐에 따라 그 수준이 달라질 뿐이다. 나는 오늘도 글쓰기에 관한 통찰을 얻기 위해 읽고 생각하고 말한다. 그리고 반갑게도 '통찰력'에 관한 통찰의 순간을 맛봤다. 유레카!

책은 기억의 퍼즐이다

기억력

책은 기억과 상상으로 쓴다. 과거는 기억이고 미래는 상상이다. 물론 현재가 있다. 과거와 현재와 미래 가운데 책을 쓰는 데 가장 많이 필요한 게 뭘까. 나는 과거라고 생각한다. 따라서 책을 쓰려면 기억하고 있는 게 많아야 한다. 찾아보고 쓰는 방식은 한계가 있다. 글쓰기는 기억의 조각들을 조합해 보는 과정이 아니던가. 그러니 기억하고 있는 게 빈약하면 글이 빈곤해질 수밖에 없다. 결국 기억력이 좋아야 좋은 책을 쓸 수 있다.

책은 기억의 조각으로 쓴다

기억은 세 종류가 있다. 의미기억, 일화기억, 절차기억이다. 의미기억은 지식과 정보의 총합이라고 할 수 있다. 학교 다닐 적 선생님에게 배운 것들, 책을 읽으며 알게 된 것들 모두 의미기억이다. 무엇의 뜻을 알거나 그 개념을 파악하는 것 모두 의미기억을 만드는 일이다. 쉽게 말해서 의미기억이 많은 사람은 아는 게 많은, 해박한 사람이다. 그런 사람은 그렇지 않은 사람에 비해 책을 잘 쓸 수 있다. 그러므로 책을 잘 쓰고자 하는 사람은 책을 읽고 강의를 들음으로써 의미기억을 많이 쌓고 넓혀야 한다.

일화기억은 경험 기억이다. 의미기억이 독서와 공부를 통해 얻은 지식이라면, 일화기억은 각자의 경험에서 나온 지혜 같은 것이라고 할 수 있다. 내가 경험한 사건, 겪은 일, 에피소드, 일화 같은 것들이다. 책을 쓰는 데 반드시 필요한 기억들이다. 지식과 정보, 그러니까 의미기억으로 일관한 책은 재미가 없다. 자칫 잘난 체한다는 느낌을 준다. 물론 독자가 모르는 걸 알려주는 건 고마운 일이지만 말이다.

하지만 자신이 기억하고 있는 지식과 정보는 독자들이 인터넷만 검색해 봐도, 인공 지능에게 물어봐도 쉽게 얻을 수 있다. 의미기억이 자신만의 것이라는 걸 입증하는 데 필요한 게 바로 일화기억이다. 의미기억에 일화기억을 입히면 그 지식과 정보는 그 사람의 것이 된다. 읽는 사람으로 하여금 저자의 진정성을 느끼게 해준다. 글을 쓸 때는 나의 의미기억인 지식과 정보를 앞세워 그걸 씨줄로 삼되, 일화와 에피소드라는 일화기억을 날줄로 직조해야 한다. 그래야 퍽퍽한 살에 기름이 들어가 고기가 맛있어지듯, 글의 등급이 올라간다.

책을 쓰려면 자신의 기억을 복원할 필요가 있다. 책에 써먹을 수 있는 기억, 특히 일화기억을 되살려내야 분량을 확보할 수 있다. 나는 일화기억을 되살리기 위해 사진첩을 뒤적이기도 했고, 친구를 만나 학창 시절 얘기를 듣기도 했고, 아버지에게 나의 어린 시절에 관해 회고하는 말씀을 청해 듣기도 했다. 뿐만 아니라 내가 어렸을 적 유행했던 가요나 드라마를 보기도 했다.

그렇다면 절차기억은 무엇인가. 우리가 자전거를 타고, 수영을 할 수 있는 건 그것에 관한 절차기억을 갖고 있기 때문이다. 절차기억은 한번 만들어지면 여간해서 지워지지 않는 특징이 있다. 몸이 기억하는 것이다. 글쓰기와 책 쓰기에도 절차기억이 필요하다. 책을 처음 쓰는 사람은 이런 절차기억이 없어 애를 먹는다. 하지만 한 권을 쓰고 나면 절차기억이 만들어져 두 권, 세 권을 비교적 수월하게 쓸 수 있다. 이런 절차기억을 만드는 길은 실제 해보는 것이다. 책을 써보지 않으면 책 쓰기에 관한 절차기억이 만들어지지 않고, 절차기억이 없으면 책 쓰기가 힘들다.

기억력을 지키기 위한 여섯 가지 습관

절차기억은 실행을 통해 만든다 치고, 의미기억과 일화기억을 잘 쌓는 길은 무엇인가. 다시 말해 기억력을 키우고, 기억을 잘하는 방법은 무엇인가. 나는 여섯 가지 방법으로 기억력을 유지하려고 몸부림친다.

기억력을 잃지 않고 유지하는 첫 번째 방법은 자주 떠올려보는 것이다. 수시로 내게 일어났던 일들, 읽었던 내용들, 보고 들었던 것들을 떠올려본다.

두 번째는 떠오른 걸 메모하는 것이다. 우리 뇌는 메모로 기록하면 기억한다. 잊기 위해 기록한다는 사람들도 있지만, 나는 기억하기 위해 기록한다. 메모하면서 기억해야 할 내용을 각인한다.

세 번째는 말해보는 것이다. 우리 뇌는 일화는 잘 기억하지만 의미는 쉽게 잊는다. 수업시간에 선생님께서 말씀하신 학업 관련 내용, 즉 의미기억에 해당하는 건 쉬 잊히지만, 선생님의 첫사랑 얘기 등 일화기억은 평생 머릿속에 남아있다. 나는 의미기억에 해당하는 내용도 말하는 순간, 일화기억으로 바뀐다고 생각한다. 말을 듣는 대상과 말하는 상황, 분위기가 하나의 일화로 만들어져 기억 속에 오래 남게 된다.

넷째, 우리 뇌는 본 것을 잘 기억한다. 학교 다닐 적 경험해보지 않았는가. 시험 볼 때 그 내용은 기억이 안 나지만, 그걸 내 노트 오른쪽 위에 빨간 펜으로 써 놓았다는 건 떠오른다. 아내와 산책하며 내가 말한 내용은 가물가물해도 그 내용을 어디를 지나며 말했다는 기억은 잘 난다. 거길 지나며 내가 본 것과 말한 내용이 결합돼 머릿속에 남아있는 것이다.

다섯째 방법은 반복하는 것이다. 뇌는 반복한 걸 잘 기억한다. 반복한 것은 중요하다고 여기기 때문이다. 노무현 대통령은 사법고시를 준비하면서 법서 읽기를 반복하고 또 반복했다. 1단계로 뜻도 모르는 내용을 다섯 번 읽었다. 그랬더니 의미는 정확히 모르지만 적어도 낯설지는 않게 되었다는 것이다. 2단계로 밑줄 그어 가며 세 번을 읽었다. 처음에 읽으면서 밑줄 그은 부분을 두 번째 읽으면서 봤을 때, 웃음이 나왔다고 했다. 하도 엉뚱한 데에 밑줄을 그어 놓아서. 세 번째 읽을 때는 두 번째 읽으면서 밑줄 그은 부분을 보면서 부끄러웠다고 했다. 두 번씩이나 읽고도 중요하지 않은 데 밑줄을 그은 자신이 창피했다는 것이나. 3단계로는 책을 보지 않고도 내용을 머릿속에 그려볼 수 있는 수준으로 읽었다고 한다. 그리고 고졸 출신 최초로 사법고시에 당당히 합격했다.

청와대에서 노무현 대통령의 구술을 들을 땐 늘 놀라웠다. 고시 준비하면서 배운 한국사에 대해 그렇게 오랜 시간이 지났는데도 또렷이 기억하고 있었다. 연도며 사람 이름이며 할 것 없이 정확히 기억했다. 역시 반복이 최고의 기억력 훈련이란 걸 실감했다.

여섯째, 기억력을 감퇴하게 하는 요인을 최소화하는 것이다. 기억력을 저해하는 요인은 노화를 비롯해 음주와 흡연, 수면 부족, 스트레스 과다 등 다양하다. 이 가운데 노화는 어쩔 수 없지만, 잠을 충분히 자고, 규칙적으로 운동하고, 적당한 휴식을 취하면서 균형 잡힌 식사를 하고, 사람들을 만나 즐겁게 대화하는 것 등은 얼마든지 가능한 일이다.

나는 몇 해 전, 이대로 가면 알코올성 치매가 올 수도 있다는 판정을 받았다. 그 뒤로 나는 기억력을 기르기 위해 네 가지를 한다. 먼저, 수시로 상기해본다. 잠들기 전에 오늘 있었던 일을 돌이켜보고, 학창 시절 기억을 더듬어본다. 글을 읽는 도중에도 머리를 들고 방금 읽은 내용을 떠올려본다. 다음으로는 떠오른 내용을 써본다. 문자로 써서 눈으로 보면 훨씬 기억이 잘난다. 분류하기도 있다. 기억해야 할 내용을 카테고리별로 범주화해서 가짓수로 기억한다. 정보를 작은 단위로 나누어 기억하는 법을 '청킹기법'이라고 하는데, 기억해야 할 내용을 덩어리(청킹) 지으면 훨씬 기억하기 쉽다. 끝으로, 말해본다. 말할 수 없으면 다시 기억을 더듬어보고 찾아본다. 이래야 쓸 수 있다. 책을 쓰기 위한, 치매에 걸리지 않기 위한 나의 몸부림이다.

책 쓰기는 좋은 단어의 연금술

어휘력

책 쓰기는 무언가를 문자로 표현하는 행위다. 아는 것, 생각난 것, 겪은 것, 느낀 것, 말하고 싶은 것을 손으로 한 글자씩 쓴다. 그것이 단어요 어휘다. 책은 단어의 나열이다. 책을 쓴다는 것은 맞는 단어를 내 머리에서 뽑아내는 지난한 과정이다.

단어가 신속하게 생각나면 빨리 쓰고, 단어가 다양하게 떠오르면 유려하게 쓰며, 적확한 단어를 찾아낼 수 있으면 명료한 글을 쓸 수 있다. 반면 단어가 생각나지 않으면 글쓰기가 지체되고, 같은 단어를 되풀이하고, 문맥에 맞지 않는 단어를 남발한다. 한마디로 글이 허접해진다.

그때그때 맞는 단어가 떠올라야 한다. 그래야 글쓰기를 이어가고 책을 쓸 수 있다. 가물가물 떠오르지 않으면 진도가 나가지 않는다. 단어가 모여 문장을 이루고, 문장이 모여 문단을 만들고, 문단이 모여 한 편의 글이 되고, 글이 모여 책이 되기 때문이다. 그러므로 책을 잘 쓰려면 단어를 잘 부려야 한다. 어휘력이 풍부한 사람이 책을 잘 쓸 수 있다.

사람마다 쓰는 어휘의 양이 다르다. 저마다 자신의 어휘력이 어느 정도인지 모를 뿐. 어휘력은 문장력과 사고력에 결정적 영향을 미친다. 어휘력이 빈약하면 문장이 허술하고 사고가 취약할 수밖에 없다. 어휘력 수준은 텔레비전이나 컴퓨터의 모니터 해상도에 비유할 수 있다. 어휘력이 좋은 사람의 글은 해상도 높은 모니터같이 글이 선명하고, 어휘력이 좋지 않은 사람의 글은 초점이 맞지 않고 흐릿하다.

단어를 다루는 10가지 실전 전략

이쯤 되면 겁이 덜컥 날 수 있다. 나는 어휘력이 빈약한데 어떡하지? 혹은 도대체 어휘력의 기준이 뭐야? 나의 어휘력은 어느 수준이지? 하지만 걱정할 필요 없다. 나도 어휘력이 풍부하지 못하다. 어휘력이 좋으려면 책을 많이 읽어야 하는데, 그러지 못했다. 그럼에도 30년 넘게 글을 써왔다. 비결은 이렇다.

첫째, 글을 읽을 때 모르는 단어는 반드시 찾아본다. 찾아봐서 그 뜻을 알게 되면 뿌듯하다. 이 나이를 먹어서도 모르는 단어가 있는 게 부끄럽지 않다. 도리어 횡재한 기분이다. 낯선 단어를 찾는 게 글 읽는 즐거움 중 하나다.

 둘째, 단어를 채집한다. 책은 물론 칼럼이나 블로그 글을 읽다가 멋진 단어를 만나면 휴대전화 메모장에 기입해 둔다. 책 쓰기 전쟁터에 나가기 위해 총알을 장전하듯 단어를 깨알같이 메모한다. 그리고 호시탐탐 써먹을 기회를 노린다. 언제 써먹을 수 있는가. 내 글을 쓸 때다. 자연스럽게 쓰고 싶은 마음도 생긴다. 축적해 놓은 단어에 비례해 글을 쓰고 싶은 마음이 커진다. 소설가 이외수 선생도《글쓰기 공중부양》이란 책에서 '제대로 된 집을 지으려면 주춧돌부터 튼튼히 세워야 하듯 글쓰기를 잘하려면 기본이 되는 단어부터 챙겨야 한다.'라고 역설했다.

 셋째, 단어의 미세한 뉘앙스에 주목한다. 욕구, 욕망, 욕심의 차이는 무엇일까. 자신감, 자존감, 자부심과 의향, 의중, 의도는 어떻게 다를까. 비겁, 비굴, 비열의 차이는 뭘까. 이런 차이를 생각하고 찾아보고 알아가는 과정을 즐긴다. 이를 통해 어휘 민감도와 언어 감수성을 키운다.

 넷째, 써야 할 글의 주제어를 국어사전에서 찾아본다. 예를 들어 '정의'에 관한 글을 써야 할 경우, 국어사전에서 '정의'를 찾아본다. 그러면 단어의 뜻과 예문, 비슷한 말, 반대말 등을 친절하게 알려준다. 예문에 그 단어를 활용한 좋은 표현과 속담, 격언까지 나오는 경우도 있다. 어휘 실력이 느는 것은 물론이고, 여기서 글의 힌트를 얻는 경우가 많다. 정 쓸 말이 없으면 그 단어의 '사전적 정의'로 글을 시작하기도 한다.

다섯째, 하나의 글에서 같은 단어를 되풀이 쓰는 걸 극도로 꺼린다. 특히 서술어를 다양하게 구사한다. '생각하다.'란 단어를 썼으면 다음에는 이와 유사하면서 더 좋은 단어를 찾는다. '판단하다.', '기억하다.', '관심을 가지다.', '마음을 먹다.', '상상하다.', '헤아리다.', '성의를 보이다.' 등. 이 모두 '생각하다.'를 대체할 수 있는 단어들이다. 모든 단어는 다른 단어로 대체할 수 없는 그만의 의미가 있다. 그래서 그 단어가 존재한다.

여섯째, 의성어와 의태어를 잘 구사한다. 글의 흐름에 맞게 쓴 의성어와 의태어는 글을 쉽게 만들 뿐 아니라 설득력과 공감력을 높인다.

일곱째, 어원에 관심을 갖는다. 모든 단어는 세월을 품고 있고, 얽힌 사연이 있다. 나는 인터넷 포털사이트 〈어원사전〉을 즐겨 본다. '까불다.', '도루묵', '숙맥', '노가리' 등등. 어원은 그것을 아는 것도 재밌을 뿐 아니라 글의 소재도 된다. 노무현 대통령이 취임한 지 얼마 지나지 않은 2003년 3월에 국회 연설을 준비하며 '은어는 1급수에 사는 물고기입니다. 저는 1급수에서 산 사람이 아닙니다. 1급수를 지향하며 3급수에서 살아왔습니다.'라고 구술한 후 '도루묵'의 어원에 관해 얘기해 주셨다. 임진왜란 때 피난길에 오른 선조가 도루묵(묵어)을 먹었다가 이렇게 맛있는 생선이 있느냐며 '은어'로 부르도록 했는데, 궁으로 돌아온 선조가 다시 먹어봤지만, 예전만큼 맛있지 않자 도로 '묵어'라고 하라고 한 데서 비롯됐다는 것이다. 오래전 말씀을 내가 아직도 기억하고 있는 것으로 봐선, 그 얘기가 아주 재미있었던 모양이다.

여덟째, 한자 익히기다. 적게 잡아도 우리말의 70% 이상이 한자어다. 한자를 잘 모르고는 적확한 어휘를 구사하기 어렵다. 운영과 운용, 보전과 보존, 파장과 파문, 반응과 대응, 공감과 동감, 개발과 계발, 발전과 발달 등이 어떻게 다른지는 한자를 알아야 정확히 알 수 있다.

아홉째, 속담과 관용구도 어휘력의 범주에 넣어 관심을 가지고 익힌다. 고사성어도 포함해서 말이다. 나아가 개념어의 뜻을 명확하게 알려는 노력도 해야 한다. '민주주의'와 같이 살 아는 것 같지만 막상 뜻이 뭐냐고 물으면 대답이 망설여지는 단어들이 있다. 이런 단어의 정의를 스스로 내려보는 노력이 필요하다.

열째, 머릿속에 떠오른 단어를 글에 곧장 써먹지 말고, 그 단어가 최선인지 의심해 본다. 그보다 문맥에 더 맞는 단어가 있을 수 있다는 노파심으로 국어사전에서 찾아본다. 그러면 내가 생각한 단어와 비슷한 유의어가 뜬다. 예를 들어 '공부'를 치면, 연구, 연마, 수업, 수학, 학문, 학습, 학업 등이 나온다. 그중에 더 맞는 단어가 있다. 평소 안 쓰던 단어가 눈에 띈다.

물론 언제나 보다 나은 낱말을 찾을 수는 없다. 대부분은 애초 내가 떠올렸던 낱말이 문맥에 가장 잘 어울린다. 그래도 헛고생은 아니다. 내가 떠올린 낱말이 맞았다는, 그밖에 더 나은 선택이 없다는 걸 확인하고 자신 있게 그 낱말을 쓸 수 있게 한다. 아울러 유의어들을 보면서 글 쓰는 데 필요한 생각들을 얻을 수도 있다.

어휘력이 글의 품격을 결정한다

나는 두 가지 방식으로 포털사이트를 활용한다. 그 한 가지는 앞서 글을 쓰면서 낱말 하나하나를 쳐보는 식이다. 글을 쓸 때 더 나은 낱말이 있을지 모른다는 생각에 그때그때 찾아보면서 한 땀 한 땀 바느질하듯 쓰고 있다. 나는 한 장 정도 글을 쓰면 적어도 5개 이상의 단어를 국어사전에서 찾아본다. 수시로 국어사전을 들락거리다 딱 맞는 단어를 발견했을 때, '맞아, 이런 단어가 있었지. 찾아보지 않았으면 어쩔 뻔했어.' 하면서 짜릿함을 느낀다. 이 순간 내 글이 좋아지고, 어휘력이 일취월장하는 건 물론이다. 또 다른 방식은 일단 생각나는 대로 다 쓴 후, 내가 쓴 어휘를 하나씩 국어사전에서 찾아보는 방법이다. 나는 국어사전만 있으면 못 쓸 글이 없다고 생각한다. 마음이 든든하고, 심지어 글쓰기가 재밌기까지 하다.

헤밍웨이에게 왜 그렇게 글을 고치느냐고 물었다. "더 맞는 단어를 찾느라고 그런다."라는 말이 돌아왔다. 마크 트웨인도 그랬다. 적당히 맞는 단어와 딱 맞는 단어는 반딧불과 번갯불의 차이라고. 플로베르는 더 심하게 얘기했다. 그 자리에 딱 맞는 단어는 하나뿐이라고.

당신은 국어사전을 얼마나 보는가. 소설가 김훈 선생은 글 쓰러 갈 때 국어사전만 달랑 들고 간다고 했다. 대다수 작가도 마찬가지다. 한 편의 글이 건축물이라면, 기초자재인 낱말의 품질이 좋아야 튼튼하고 근사한 집을 지을 수 있다. 글은 정확성이 생명이다. 어휘를 잘 써야 정확하다. 글을 잘 쓰는 사람은 못 쓰는 사람에 비해 단어 선택이 엄격하고 까다롭다. 그것이 글쓰기 실력이다.

  나 같은 사람도 국어사전을 열어 놓고 글을 쓰면 김훈 작가 못지않게 다양한 어휘를 구사할 수 있다. 무엇이 걱정인가. 시간만 들이면 된다. 단어 하나하나를 신중하게 선택하면 된다.

나만의 문체를 갖자

문장력

책을 쓰려면 문장력이 필요하다. 문장력을 기르려면 어떻게 해야 할까. 흔히들 독서하라고 한다. 과연 독서를 많이 하면 문장력이 좋아질까. 그럴 개연성이 높다. 그렇지만 반드시 그런 것은 아니다. 독서를 많이 한 사람 중에 문장력이 형편없는 경우도 많다. 문장을 읽는 것과 쓰는 것은 같으면서도 다르다. 좋은 문장을 읽으면 잘 쓰고 싶고, 많이 읽으면 좋은 문장의 패턴을 학습할 수 있다. 그러나 우리 국어교육은 문장을 분석하는 데 많은 시간을 쏟는다. 그런데 생각해보자. 문장이 복문인지 단문인지, 1형식인지 2형식인지, 문장에서 쓰인 수사법이 은유법인지 대구법인지 아는 것이 과연 문장력을 키우는 데 도움이 될까.

좋은 문장은 모방에서 시작된다

독서로 문장력을 키우려면 잘 쓴 글을 반복적으로 읽는 게 좋다. 반복적으로 읽기 위해서는 두꺼운 책보다는 단편소설이나 칼럼이 낫다. 좋아하는 작가나 칼럼니스트의 글을 여러 번 읽으면 그 글을 흉내 내고 그 작가의 문장을 닮아가게 된다. 한 작가의 작품을 모두 찾아 읽는, '전작주의 독서'도 좋은 방법이다. 대학시절《지리산》,《관부연락선》등 이병주 선생이 쓴 소설을 모두 찾아 읽은 적이 있다. 글을 읽다가 좋은 문장을 만나면 나도 모르게 밑줄을 그었다. 그리고 문장노트에 메모했다. 그러다 문득 이병주 선생과 비슷한 문장을 쓰는 나를 발견했다.

'나도 이런 책을 쓰고 싶다.'라고 생각하는 책을 한 권 찾아서 그 책을 대여섯 번 읽는 것도 좋은 방법이다. 되풀이해서 읽다 보면 그 책을 쓴 저자의 문체를 모방하게 된다. 내가 쓰고자 하는 책의 목표도 분명해지고, 가까운 데에 그 책을 놓고 글이 안 써질 때마다 펼쳐보면 책을 쓰겠다는 열망을 유지하는 데도 도움이 된다.

우리 뇌는 모방욕구가 있다. 잘 쓴 글을 보면 잘 쓰고 싶다.《동물농장》을 쓴 조지 오웰(George Orwell)은 네 가지 이유로 글을 쓴다고 했다. 잘난 체하고 싶은 순전한 이기심, 멋진 글을 쓰고 싶은 예술적 충동 그리고 역사적 책무와 정치적 목적이다. 이 가운데 처음 두 개가 모방욕구와 관련 있다. 책을 읽다가 좋은 문장을 만나면 밑줄 긋거나, 자신의 문장노트에 메모해 두자.

책 읽는 걸 좋아하지 않는 사람은 어찌할 것인가. 그런 사람에게는 '필사'를 권한다. 좋은 문장을 반복해서 쓰는 것이다. 좋아하는 작가가 있는가. 아끼는 책이 있는가. 하루 한 줄이라도 좋아하는 작가의 문장을 베껴보라. 하루 한 문장 필사하기는 쉬운 일이지만 그 효과는 놀랍다. 베껴 쓰는 방법은 여럿일 수 있다. 반복해서 여러 번 쓰기, 쓴 문장 고쳐보기, 쓴 문장에 대한 자신의 생각과 감상 보태기 등 다양한 방식으로 필사해 보자. 대형서점에 가면 필사하기 좋은 책을 모아 둔 코너가 있다.

문장력을 키우는 데 암기도 중요하다. 좋은 문장을 20~30개 외우는 것이다. 필사용 책 가운데 마음에 드는 문장을 골라 암기한다. 글을 읽다 가슴을 울리거나, 머리를 망치로 맞은 것 같은 느낌이 드는 문장이 바로 그것이다. 명언이나 시를 암송하는 것도 좋다. 우리 뇌는 개와 고양이를 어떻게 구분하는가. 척 보면 안다. '형'이나 '틀'을 알고 있기 때문이다. 우리 뇌의 패턴 인식 기능이다. 문장을 외우면 문장을 쓸 수 있다. 가급적 젊었을 때 좋은 문장을 암송할 것을 권한다. 그리하면 그렇게 하지 않은 사람보다 훨씬 수월하게 좋은 문장을 쓸 수 있다.

문장 다듬는 세 가지 원칙 … 단문, 문법, 다이어트

내가 책을 쓰면서 지키는 문장 쓰기의 원칙이 있다. 첫째, 되도록 단문으로 쓴다. 긴 문장은 쓰기도 어려울뿐더러 잘 읽히지도 않는다. 문장을 쪼갤 수 있는 데까지 쪼개 쓴다. 한 문장 안에 전하고자 하는 메시지를 하나만 담는다. 문학에서는 긴 문장으로 멋을 부릴 수 있다. 그러나 실용적인 글은 가급적 단문으로 쓰는 게 좋다. 단문은 전달력, 가독성을 높인다. 한 문장은 50자 이내가 좋다. 한숨에 읽히지 않으면 끊어준다. 숨을 헐떡이게 하는 문장은 잘라준다.

둘째, 문법에 맞게 쓴다. 글은 연결이다. 관계가 어울려야 한다. 어울리려면 어절과 어절, 문장과 문장 사이의 관계가 적절해야 한다. 그래야 문맥이 통한다. 독자에게 잘 읽힌다. '니는'이라는 단어로 시작했으면 여기에 맞는 다음 단어를 사용하고, 그렇게 해서 한 문장이 만들어지면 이에 맞는 다음 문장이 나와야 한다. 연결이 자연스러워야 잘 쓴 글이다.

문법에 밝지 않다고 걱정할 필요는 없다. 글을 쓰고 소리 내어 읽어보면 된다. 술술 읽히지 않으면 연결이 매끄럽지 못한 것이다. 그런 부분은 문법에 맞지 않는 비문일 수 있다. 반대로, 운율을 타면서 술술 읽히면 문제없는 문장이다.

특히 주술관계, 수식관계, 병치관계에서 잘못은 없는지 눈여겨보자. 주어와 서술어, 주어와 목적어가 서로 통하지 않는 문장은 없는지. 와/과, 하고/하며 전후의 문구는 대등한지. 수식어와 피수식어가 어울리지 않는 문장은 없는지 면밀하게 살펴보자.

셋째, 군더더기는 뺄 수 있는 데까지 뺀다. 접속부사나 정도부사부터 과감히 뺀다. 과도한 수식어도 절제한다. 감정에 겨워 가수가 먼저 울면 청중은 당황한다. 글도 마찬가지다. 저자보다 독자가 먼저 움직여야 한다. 수식어 앞에 냉정해져야 한다. 가장 좋은 문장은 뺄 것이 없는 문장이다. 연암 박지원 선생이 그랬다. "좋은 문장은 풍성하되 비만하지 않고, 간결하되 뼈가 보이지 않아야 한다." 뼈가 드러나기 직전까지 문장을 다이어트해 보자. 더 이상 뺄 것이 없을 때까지 빼내는 것이 좋은 문장을 쓰는 비결이다.

문장력과 동전의 앞뒷면 같은 역량이 문해력이다. 문해력은 글을 이해하는 독해력과는 다르다. 글을 감상하는 능력이나. 문해력이 있는 사람은 네 가지가 가능하다. 우선, 글을 평가할 수 있다. 이 글은 잘 쓴 글이다, 어떤 점이 좋다, 혹은 수준이 낮다 등등. 글을 보는 안목이 있다. 무엇이 틀렸는지, 어떻게 쓰면 안 되는지도 잘 알고 있다. 오탈자, 문맥에 안 맞는 단어, 비문, 장황하고 모호한 표현 등. "있어도 괜찮을 말을 두는 너그러움보다, 없어도 좋을 말을 기어이 찾아내 없애는 신경질이 글쓰기에선 미덕이 된다."라고 한 소설가 이태준 선생의 말을 믿는다. 글을 읽을 때 일방적으로 주입하지 않는 것도 중요하다. 글을 쓴 필자와 교감하고 대화한다. '이걸 왜 이렇게 썼지? 내 생각은 이렇지 않은데?', '맞아, 나도 이렇게 생각해' 등등. 끝으로 읽은 내용을 내 글에 써먹는다. 읽고 끝내는 것이 아니라, 읽은 내용을 충분히 소화하고 자기화해서 자신이 쓰는 글에 활용한다.

장하늘 작가의 책《문장력 높이기 기술》은 몇 가지를 제안한다. ♦간결체 문장을 써라. ♦접속어를 최소화하라. ♦수사법을 활용하라. 《문장기술》을 쓴 배상복 작가의 주문은 더 구체적이다. ♦군더더기를 없애라. ♦수식어를 절제하라. ♦단어 중복을 피하라. ♦가급적 능동형으로 쓰라. ♦수식어는 피수식어 가까운 데 두라. ♦구절을 대등하게 나열하라. 장하늘 작가의 수사법 활용에 관해서는 한강 작가의 아버지 한승원 작가가 쓴《글쓰기 비법 108가지》에 상세하게 나와 있다. ♦의인법으로 자연이나 사물을 친근하게 표현하라. ♦활유법으로 생명을 불어넣어라. ♦풍유법으로 진리를 에둘러 표현하라. ♦도치법으로 강조하라. ♦인용법으로 글의 권위를 세워라. ♦점층법으로 독자의 주의를 끌어라.

통상 문장력이 좋으면 글을 잘 쓴다고 한다. 문장력은 타고나지 않는다. 학습으로 습득하는 것이다. 문장력의 최고 수준은 자기 문체가 있는 것이다. 글만 보고도 누가 쓴 글인지 알 수 있는 수준의 문장을 구사하는 것이야말로 글 쓰는 사람 모두의 소망이다. 그런 경지에 이르는 길은 많이 읽고 많이 쓰는 방법밖에 없다.

책 쓰기 설계도 그리는 법

구성력

책을 한 권 쓰는 과정은 자기만의 이야기 전개 패턴을 하나 만드는 작업이다. 그 구성 패턴이 목차에 나타난다. 세상에는 이미 만들어진 온갖 종류의 구성 패턴이 있다. 나는 그것을 보기 위해 온라인 서점을 자주 찾는다. 책의 목차를 보면 얻는 게 많다. 우선, 주제와 관련한 최근 흐름을 읽을 수 있다. 새로운 지식도 습득한다. 책 쓰기에 필요한 영감을 얻기도 한다. 목차 한 줄이 내가 써야 할 글의 주제가 될 수도 있다. 무엇보다 독자를 끌어당기기 위해 책의 구성을 어떻게 해야 하는지 알 수 있다. 목차야말로 독자의 마음을 움직이고 책에서 떠나지 못하도록 하는 치밀하게 짜인 각본 같은 것이기 때문이다.

서론·본론·결론을 넘어 글의 집 짓는 법

학교 다닐 적 글의 구성에 관해 배웠다. 서론-본론-결론(3단), 기-승-전-결(4단), 발단-전개-위기-절정-결말(5단), 언제-어디서-누가-무엇을-어떻게-왜(육하원칙) 등. 그러나 이것으로는 글을 쓸 수 없다. 글은 덩어리의 집합이다. 서론, 본론, 결론은 덩어리가 아니다. 이것으로 어떻게 글의 집을 지으며, 글쓰기 항해를 할 수 있다는 말인가. 구성 패턴은 보다 구체적이어야 한다.

예를 들어 일기는 오늘 한 일과 느낀 점이란 틀로 쓴다. 칼럼은 현상-진단-해법이란 구성요소로 쓴다. 부동산 상승에 관한 칼럼을 쓰려면 현상(떴다방, 모델하우스 장사진, 강남 집값 상승)- 진단(공급 부족의 문제인가, 투기세력이 개입했는가)-해법(공급 확대 혹은 금융 및 세제 조치)으로 쓴다. 제품이나 서비스를 홍보하는 글은 장점-특징-이익·혜택으로 쓴다. 자기소개서는 성장 과정-성격과 역량의 장단점 - 지원 동기 - 입사 후 포부 등이 구성 틀이다.

모든 글에는 구성요소가 있다. 아리스토텔레스는 이를 '토우피'라고 했다. 육하원칙이나 과거-현재-미래가 대표적인 토우피다. 가장 간단한 구성은 이항식이다. 먼저, '주장과 이유'로 쓸 수 있다. 내가 하고자 하는 말을 하고, 이유를 알려주는 것이다. '사실과 느낌'도 있다. 현황이나 실태를 언급하고, 그것에 관한 느낌을 말하는 것이다. 다음은, '정의와 설명'이다. 어떤 사건 등에 관해 내 나름의 정의를 내리고, 그 배경을 부연 설명한다.

'문제점과 해법'으로 쓸 수도 있다. 어떤 문제가 있고, 이를 해결하는 방법은 이런 것이라고 말한다. '현상과 진단'도 가능하다. 일어난 현상을 얘기하고, 왜 그런 현상이 일어났는지 말해주는 것이다. '질문과 답변'도 흔히 쓰는 방법이다. 스스로 묻고 답하는 것이다. '현상과 해석'도 있다. 이슈나 트렌드에 대해 언급한 후, 그에 관한 자신의 시각이나 해석을 말한다. '원인과 결과'로도 쓸 수 있다. 비슷한 방법으로, '발단과 결말'도 있다. 일이 어떤 계기로 일어나 어떻게 마무리 됐는지 말해 주는 것이다.

내 생각과 반대되는 의견을 소개한 후 반박하는 방법도 있다. '소개와 해설'도 있을 수 있다. 사람들이 잘 모르는 이론이나 원리 같은 걸 소개하고 그걸 해설하는 것이다. '예상과 근거'도 가능하다. 무언가를 예상, 예측, 전망한 후 그렇게 생각하는 근거를 대는 것이다.

이밖에 한마디로 주장한 후 그 이유와 근거를 댈 수도 있다. 첫째, 둘째, 셋째, 혹은 다섯 가지로 정리하기도 한다. 관찰한 내용을 묘사한 후 그것에 관한 설명과 해석을 붙일 수도 있다. 자신의 의견을 말하고 그에 관한 반대의견을 소개한 후, 내 쪽으로 결론을 내리는 정-반-합도 있다.

비교와 대조라는 틀로 비슷한 점, 다른 점을 얘기할 수도 있다. 어느 것을 나누거나 합치는 분석과 종합이라는 틀도 있다. 주장하고, 그 이유를 댄 후 예시를 들고 다시 주장하는, 주장 – 이유 – 예시-주장이란 틀도 있다. 무엇인가를 제안하고, 그것의 필요성과 타당성을 말한 후 실행 방안과 예상 이익을 말할 수도 있다. 목표를 제시하고, 현황을 얘기한 후 그 격차를 줄이기 위한 전략과 방법을 말하는 틀도 있다. 여러 대안을 제시하고, 이들 안에 대한 장단점을 분석한 후, 일정한 선택 기준을 갖고 하나의 안을 고른 후, 그것의 기대효과를 설명하는 방식도 있다. 시간 순이나 공간별로 정리하는 경우도 많다.

말도 마찬가지다. 회장이나 사장이 임직원들에게 하는 격려사는 구성원이 이룬 업적과 성과 나열-감사 표시-안주(安住) 경계, 경각심 부각-미진한 과제, 향후 목표 제시-역할 당부-회사의 보답 계획 – 함께 분발하자. 이러면 된다. 행사 등에 관한 축사는 더 간단하다. 축하-의미부여(대단한 행사다.)-기대표명(앞으로 더 발전했으면 좋겠다.)-거듭 축하-덕담(건승 기원 등)이다.

구성력을 키우는 네 가지 훈련법

글의 구성능력은 스토리텔링 능력이다. 내가 이 역량을 키운 방법은 네 가지다. 첫째, 말하기로 키울 수 있다. 말하다 보면 좀 더 솔깃하게 그리고 쉽게, 설득력 있게 말하려고 노력한다. 남이 알아듣지 못하는 것 같으면 비유와 예시를 동원한다. 믿지 않으면 통계와 이론 같은 근거를 들이댄다. 같은 말도 "너 그것 알아?", "큰일 났다." 하면서 주의를 끌고 시작한다. 말을 먼저 해본 후 글을 쓰면 듣는 사람의 반응을 내 글에 반영할 수 있다. 쓰기 전에 먼저 말해보라. 그래야 구성 감각을 키울 수 있다. 할 말이 없다면 공부하라. 책을 다 쓸 때까지 책 내용을 말하는 재미로 살아야 한다.

둘째, 틈날 때마다 책의 목차를 본다. 특히 자신이 쓰고자 하는 주제와 관련된 책의 목차는 빼놓지 않고 섭렵한다. 그런 후 이를 유형별로 분류해본다. 이런 구성 패턴으로 쓸 수 있고, 저런 구성 틀로 쓰기도 한다는 걸 알아낸다. 바로 그것이 저자의 기획력이다.

셋째, 자신이 좋아하는 칼럼니스트의 칼럼 20~30편을 출력하여 구성요소가 무엇인지 파악해 본다. 마음에 드는 칼럼의 구성 틀에 맞춰 내용만 내 것으로 채우면 내 칼럼을 쓸 수 있다. 라디오 인터뷰 프로그램을 진행하며 만난 조정래 선생은 신문 사설을 유심히 보면서 논리적 구성 틀을 파악한다고 했다. 자기 계발서나 인문서, 경제·경영서에 가까운 책들은 대개 칼럼 형식의 글로 채워진다. 그러므로 칼럼이나 사설을 쓸 수 있는 역량이 필요하다.

넷째, 단어, 그림 또는 사진을 놓고 그에 관해 이야기해보는 것이다. 예를 들어 '교육'이란 단어가 제시됐다고 가정하고, 교육에 관해 내가 할 수 있는 모든 말을 쏟아내 보는 것이다. 또는 처음 보는 그림이나 사진 한 장을 놓고 그에 관한 감상이나 그것에 담긴 이야기를 구술해본다.

책 쓰기는 자신의 머릿속 생각을 일목요연하고 질서 정연하게 실체화하는 일이다. 이를 위해 건축사들이 여러 타입의 설계도면을 보유하고 있듯이, 책을 쓰는 사람도 몇 가지의 구성 패턴을 갖고 있어야 한다. 그런 구성 패턴은 한 편의 글을 쓰는 데도 필요하고, 한 권의 책을 쓰는 데도 긴요하다. 책을 쓰고자 하는 사람은 자신에게 그런 구성능력이 있는지부터 점검해 보자. 없다면 책의 목차를 보거나 칼럼을 읽거나 말을 많이 해보는 등 어떤 방식으로든 구성능력을 키워야 한다.

하수는 쓰고, 고수는 고치고 또 고친다
퇴고력

우리가 헤밍웨이나 톨스토이와 다른 점은 무엇이고, 같은 점은 무엇일까. 우선, 같은 점은 모두 초고는 엉망이라는 사실이다. 헤밍웨이가 그랬다. "모든 초고는 걸레다." 다른 점도 있다. 헤밍웨이나 톨스토이는 퇴고를 열심히 했고, 우리는 그렇지 않다는 점이다. 헤밍웨이는 《노인과 바다》를 400번 이상 다시 손봤고, 톨스토이는 《전쟁과 평화》를 35년간 퇴고했다. 우리 가운데 3번 이상 퇴고하는 사람이 몇이나 될까.

고수와 하수는 퇴고에서 갈린다

잘 쓴 책은 없다. 잘 고쳐 쓴 책만 있을 뿐이다. 잘 쓰는 실력이 없어도 잘 고치는 방법만 알면 된다는 얘기다. 퇴고에도 고수와 하수가 있다. 하수는 단어와 문장부터 고치려 들지만, 고수는 전체 구조부터 본다.

하수는 첫 줄부터 고치지만, 고수는 중간부터도 보고, 끝에서부터도 보고, 거꾸로도 본다. 그래서 하수는《수학의 정석》1장만 공부하듯 첫 문단만 갖고 논다. 고수는 초고를 고치기 위해 쓴 글쯤으로 여긴다. 그에 반해 하수는 초고를 금과옥조처럼 여기고 여기에 얽매인다.

고수가 초고 집필과 퇴고에 들이는 시간 비중은 3내 7 혹은 4내 6이다. 즉 퇴고에 더 많은 시간을 할애한다. 하수는 이와 정반대다. 고수는 전하고자 하는 메시지가 잘 드러나는지, 설득력이 있는지, 흐름은 매끄러운지를 중점적으로 확인한다. 하수는 맞춤법에 매달린다.

하수는 퇴고에 관한 핑계가 많다. '초안을 쓰느라 진이 빠졌다.', '귀찮다.', '시간이 없다.', '고쳐봤자 거기서 거기다.', '고칠 게 없다.'…. 고수는 핑계 댈 시간에 고친다. 하수는 쓰면서 고치느라 끝에 이르지 못하는 경우가 많다. 고수는 일단 쓴 후에 고치기 때문에 마무리 짓지 못하는 일은 없다.

고수는 글을 쓴 후 일정 시간 묵혀 둔다. 자기가 쓴 글이 낯설어질 때쯤 다시 본다. 시간이 없으면 문밖이라도 한번 나갔다 온다. 그러나 묵혀 두는 시간이 너무 길면 안 된다. 감을 잃지 않는 지점까지라야 한다. 하수는 쓰자마자 본 후 고칠 게 없다고 한다. 당연하다. 방금 그렇게 썼다면, 그리 쓴 이유가 있을 것이기 때문이다.

고수는 종이에 출력해서 읽어본다. 처음에는 매끄럽게 읽히지 않는 부분을 체크만 하고, 다음에 다시 읽으면서 체크한 부분을 고친다. 하수는 모니터로만 본다. 손, 눈, 입, 귀를 사용하는 고수와 눈만 쓰는 하수는 결과에서 차이가 크다.

고수는 짧게 여러 번 본다. 하수는 길게 한 번 본다. 고수는 장소와 시간을 바꿔가면서 본다. 집에서 보이지 않던 것이 지하철에서는 보이고, 회사에선 못 봤던 것을 회사 앞 커피숍에서 발견하기도 한다. 퇴고가 아침에 잘되는 사람이 있는가 하면, 저녁에 잘되는 사람도 있다. 아무튼 고수는 이런 노력을 통해 자신에게 맞는 퇴고 시간과 장소를 찾아낸다. 하수는 그런 노력 자체를 하지 않는다.

고수는 쓴 글을 여러 사람에게 보여준다. 하수는 지적이 두려워 혼자 끙끙댄다. 고수와 하수의 가장 큰 차이점은 고수는 고칠 게 반드시 있다고 확신하며 본다. 반면 하수는 혹시 고칠 게 있을지 모른다고 생각하며 본다.

책을 쓰려고 마음먹었거든 미루지 말고, 생각나는 것을 일단 쓰자. 그것이 얼마 안 되더라도 쓰기를 멈추지 말자. 그리고 고치자. 글을 쓰면서 고치지 말고 2단계로 나눠 쓰자. 1단계는 쓰기이고, 2단계는 고치기다. 우리의 뇌는 이 두 가지 일을 동시에 하지 못한다. 한 번에 하나씩만 시키자. 그것도 힘들어한다.

일단 뭔가 써 놓으면 우리 뇌는 다른 일을 해도 혼자 고치고 있다. 그러다 문득 내용을 던져준다. 길을 가다가 생각난다. 아, 이렇게 고치면 되겠구나. 또한, 몇 줄이라고 써 놓으면 뇌가 안도한다. 불안과 초조감은 창의적인 생각을 방해한다. 써 놓은 몇 줄에 살을 보태면 되겠구나 하는 안심이 오히려 창의와 의욕을 북돋운다. 시작해 놓는 게 중요하다. 뇌를 놀리지 말자.

체크리스트 수준이 내 글쓰기 수준

내 글을 고치려면 자신의 체크리스트가 있어야 한다. 포털사이트에 가서 검색창에 '글쓰기', '책 쓰기', '기획서' 등을 쳐보자. 글을 어떻게 써라, 이렇게는 쓰지 말라는 내용이 무수히 많다. 그중에 나도 그렇게 써야겠다는 항목, 혹은 그렇게 쓰지 말아야겠다는 내용을 추린다. 그것을 정서해서 책상에 붙여 놓고 여기에 맞춰 고치면 된다.

머릿속에 체크리스트가 없으면 고칠 게 보이지 않는다. 체크리스트에 맞춰 고치다 보면 얼마 뒤엔 아예 처음부터 그에 맞게 쓴다. 그러면 더 높은 수준으로 체크리스트를 업그레이드한다. 예를 들어 '주술관계를 맞춰 쓴다.'라는 수준에서 시작해 '군더더기 없이 쓴다.' 또는 '독자가 궁금한 게 없도록 쓴다.' 등으로 체크리스트 수준을 높여나간다. 그 수준이 내 글쓰기 수준이다.

고치기의 기본적인 틀은 넣기, 빼기, 옮기기, 수정하기, 다시 쓰기다. 글을 고칠 때는 이런 체크리스트 순서대로 하나씩 하나씩 체에 거르듯 걸러본다. 이런 고치기 틀이 있기에 일관성 있게 고칠 수 있다. 때에 따라 오락가락하지 않는다. 이런 과정을 통해 자기만의 스타일이랄까 문체가 만들어진다.

예를 들어 어떤 사람이 '최대한 단문으로 쓴다, 접속부사를 사용하지 않는다, 수사법 없이 담백하게 쓴다.'라는 고치기 틀을 갖고 있다고 치자. 이런 틀을 가지고 일관되게 고치면 글만 보고도 누구 글인지 알 수 있게 된다. 또한, 고치기 틀을 지속적으로 활용하다 보면 아예 처음 쓰는 단계에서부터 이를 적용하게 된다. 고치기 틀의 가짓수가 많아 체가 촘촘할수록 고칠 게 많이 눈에 띄고 좋은 글을 쓸 수 있다.

고치는 것은 세 가지다. 첫째, 빠진 것이 없는지 본다. 좀 더 구체적인 설명이 필요한 것, 놓친 것을 채워 넣는다. 둘째, 뺄 것이 없는지 본다. 빼도 되는 것은 무조건 뺀다. 셋째, 순서를 바꿀 것은 없는지 본다. 순서만 바꿔도 설득력이 올라가는 경우가 많다. 중요한 것을 앞에 넣을지, 뒤에 넣을지도 고민거리다. 순서만이 아니라 바꾸는 대상은 다양하다. 제목이나 어휘, 문장이나 문단일 수도 있다. 고치다가 도저히 안 되면 다시 쓰는 방법도 있다. 이를 통해 글을 간결하고 정확하게 만들면 된다.

원고를 쓰고 나선 네 가지 오류를 잡는 게 중요하다. 우선, 맞춤법의 오류다. 오탈자와 띄어쓰기 같은 작은 오류가 글의 신뢰를 떨어트린다. 사실의 오류도 잡아내야 한다. 지명, 인명, 연도, 수치를 비롯한 사실관계는 반드시 크로스체크해 걸러내야 한다. 문장의 오류, 즉 비문을 잡아내는 것도 중요하다. 마지막으로 비약은 없는지, 개연성은 있는지 등 논리의 오류를 잡아낸다.

컴퓨터 모니터에서도 보고, 종이에 출력해서도 보고, 소리 내어 읽어도 보고, 남에게 보여주기도 해야 한다. 처음부터 보고 끝에서부터도 봐야 한다. 문맥 중심으로, 문단별로 떼어서, 문장에 집중해서 그리고 더 맞는 단어에 주안점을 두고 고쳐야 한다.

들인 시간만큼 잘 써지는 게 글이다. "온종일 교정 보면서 오전에는 쉼표 하나를 떼어냈고, 오후에는 그것을 다시 붙였다." 극작가 오스카 와일드(Oscar Wilde)의 얘기다. 그러면 언제까지 고쳐야 하나. 야박한 소리지만 마감 시간까지 고치는 게 정답이다. 적어도, 더 이상 고치면 나빠질 것 같을 때까지 고친다.

세계적인 문호가 되는 길은 두 갈래다. 하나는 한 작품을 수십 년 동안 붙들고 고치는 것이다. 다른 하나는 수천 편의 작품을 쓰는 것이다. 수천 편을 쓰면 어쩌다 하나는 얻어걸릴 수 있다. 그러나 나는 전자를 권하고 싶다. 후자는 요행수를 기대해야 하기 때문이다.

저자가 갖춰야 할 의외의 기본기

소통력

책은 저자와 독자 간의 소통이다. 그런 점에서 소통력은 저자의 필수 불가결한 능력이다. 아내는 저자로서의 소통 능력을 두루 갖췄다. 우선, 아내는 길게 말하지 않는다. 특히 내게 말할 때 그렇다. 말이 짧은 만큼 명료하다. 군더더기 없이 단호하다. 되는 건 되고 안 되는 건 안 되는 거다. 같은 말을 두 번 하지도 않는다. 한다면 하고야 만다. 타협이나 요행을 기대하지 말고 말할 때 잘 들어야 한다. 글이 갖춰야 할 요건이 쉽고, 짧고, 명료하고, 정확한 것이라면 아내는 이 모두를 갖췄다.

아내에게 배운 소통 자세

아내는 또한 비교하지 않는다. 자신과 남을 견주지 않는다. 자신이 비교 대상이 되는 것 자체를 거부한다. 비교를 일삼아선 책을 쓸 수 없다. 세 가지 측면에서 그렇다. 비교의 기준부터 문제다. 내가 쓰고자 하는 책과 다른 책을 어떤 기준으로 비교하느냐 하는 것이다. 글을 잘 쓰는 사람도 있고, 콘텐츠가 풍부한 사람도 있고, 마케팅 능력이 뛰어난 사람도 있다. 이 모두를 갖춘 사람도 없고, 아무것도 갖추지 못한 사람도 없다. 저자마다 그 무엇 한 가지는 갖고 있다. 책을 많이 파는 재주가 있는 작가가 완성도 측면에서 반드시 우월하다고 할 수 없다. 영화의 흥행성과 작품성이 다르듯 말이다. 도대체 어떤 기준으로 비교해야 하는가. 그런 점에서 비교는 무의미하다.

비교의 시점도 문제다. 사람은 누구나 자신의 때가 있다. 지금은 아니지만 다음은 가능할 수 있다. 남이 언제 썼고, 지금 무엇을 쓰고 있는 지는 중요하지 않다. 자신이 적기라고 생각하는 때에 쓰면 된다.

비교의 대상도 문제다. 누구와 누구를 비교하느냐이다. 자신보다 잘난 사람과 비교하면 책을 쓸 수 없다. 자신의 과거와 비교하면 된다. 비교하면 늘 발전해 있다. 그러면 됐다. 지금 쓴 책보다 다음에 쓰는 책이 더 나으면 된다.

아내는 자신에게 관대하다. 그리고 늘 칭찬한다. 저자는 그래야 한다. 완벽을 추구해선 안 된다. 스스로 생각하는 만큼 잘 해내지 못하는 자신을 질책하는 자세로는 책을 완성할 수 없다. 아내는 자신과 사이가 좋다. 자기 만족감이 높다. 아내가 입에 달고 사는 말이 있다. '얻다 대고 지적질이야?', '이 정도면 됐어.', '그건 어쩔 수 없어.' 하면서 자신과 소통한다.

  아내의 소통에 장점만 있는 것은 아니다. 세 가지 단점도 있다. 첫 번째로, 예단하는 버릇이 있다. '누구는 어떨 것이다.'라고 미리 판단한다. 자신의 경험을 지나치게 일반화하는 경향이 있다. 또 그런 자신의 판단을 굳게 믿고 쉽사리 바꾸지 않는다. 아내에겐 고정관념이 있다. 변하지 않는 원칙이나 인식이 있다. 모든 행동과 실천은 이에 따른다. 언뜻 보면 주체적이지만 내가 보기엔 집착에 가깝다. 이런 집착은 다른 생각을 포착하는 걸 방해한다.

  <mark>소통을 잘하려면</mark> 나보다 상대방에 무게중심을 둬야 한다. 나는 세 가지 측면에서 그렇게 실천하고 있다. <mark>첫째, 남을 이기기보다는 져주겠다고 마음먹는다.</mark> 그러면 졌을 때 속상하지 않다. 긴장하지 않고 여유가 생겨 소통을 더 잘하기도 한다. 물론, 이길 수 있으면 이긴다. 일부러 져주진 않는다. 그건 오히려 상대를 기분 나쁘게 할 수 있다.

  <mark>둘째, 가르치려 하기보다는 배우겠다고 마음먹는다.</mark> 가르치려 들면 고자세가 되어서 상대방이 알아차린다. 가르치는 것에서는 얻는 것도 별로 없다. 배우겠다는 자세를 가져야 한다. 그런 태도에 대해 상대방은 나를 겸손하게 본다. 겸손한 자세만으로 소통은 이미 성공한 것이나 다름없다.

  <mark>셋째, 주인공이 되기보다는 조연을 자처한다.</mark> 주역은 부담스럽다. 약방의 감초처럼 부담 없이 끼어들 때 일도 잘 된다. 나는 이런 자세

가 책을 쓰는 사람의 태도여야 한다고 생각한다.

독자와 소통하기 위한 다섯 가지 역량

대통령 연구 권위자인 미국 프린스턴 대학 프레드 그린슈타인(Fred I. Greenstein) 교수는《위대한 대통령은 무엇이 다른가》라는 책에서 대통령의 다섯 가지 덕목을 강조했다. 소통능력, 통찰력, 감성지능, 정치력, 인지능력이 그것이다. 저자는 프랭클린 루스벨트부터 빌 클린턴까지 11명의 미국 대통령 업적과 스타일을 분석한 결과, 프랭클린 루스벨트, 존 F. 케네디, 로널드 레이건을 가장 뛰어난 리더로 뽑았다. 이에 반해 드와이트 아이젠하워나 리처드 닉슨에 대해선 낮게 평가했다. 평가에 가장 큰 영향을 준 요소는 소통능력의 차이였다고 한다.

독자와 소통하기 위해 필요한 역량은 먼저 투명성이다. 흔히 말하는 솔직함이다. 신뢰는 여기서부터 시작된다. 자신만 진솔해서 될 일은 아니다. 자신이 몸담은 조직과 자기 주변의 분위기가 토론과 비판에서 자유로워야 한다. 이런 환경에서 글을 쓰는 사람만이 자기 생각이나 의견을 검열하거나 각색하지 않고 있는 그대로 내보인다. 또 그런 사람만이 자신의 책을 자신 있게 쓸 수 있다.

두 번째 소통 역량은 공감력이다. 기본적으로 측은지심이 있어야 한다. 그 바탕 위에서 남의 사정, 처지, 입장을 헤아린다. 역지사지할 줄 안다. 또한, 남의 심정, 마음에 무심하지 않다. 감정이입이 잘 된다. 한마디로 사람에 대한 이해가 깊고 사람을 아낀다. 누군가를 위해 자기 것을 공유하고 베푸는 것을 즐긴다. 사람을 사랑한다. 이를 통해 독자가 공감하는 글을 쓴다.

세 번째 역량은 비판력이다. 비판력은 논제에 대한 찬성과 반대 의견 쓰기, 양비론이나 양시론 쓰지 않기, 반론에 대비하기 등으로 키울 수 있다. 글쓰기에 중간은 없다. 5대 5 글쓰기는 지양해야 한다. 검사와 변호사가 돼서 생각해보고, 판사 입장에서 결론을 내자. 비판력이 있는 사람은 이런 특징을 지닌다. 확고한 자기 생각이 있고, 근거와 대안을 가지고, 논리적으로 반박, 반론한다. 나와 다른 사람의 의견을 받아들인다. 다를 수 있다고 인정하고, 다양성을 존중한다. 균형감이 있다. 서로 다른 의견 사이에서 중심을 잡으려고 애쓴다. 내가 비판하는 내용을 스스로 범하지는 않는지 반성적으로 사고한다.

가시 없는 글은 팥소 없는 찐빵이다. 반론, 반박이 있어야 글이 박진감 있다. 싸움 구경하는 재미가 있다. 치고받을수록 생산적이다. 더 나은 대안, 창의적 해법이 나올 수 있다. 그러나 우리 사회는 동조하거나 묻어가지 않으면 모난 돌이 되어 정 맞기 쉽다. 입바른 소리 하는 사람치고 출세하는 걸 별로 못 봤다. 입 발린 소리를 잘해야 성공한다. 반론을 제기하면 '너 그렇게 안 봤는데 내 편 아니었구나. 내 말에 토를 달아? 알았어. 두고 보자.' 관계가 틀어진다. 내 편 아니면 적이다. 모름지기 저자라면 다름을 받아들이고 다양성을 존중하는 관용과 공존의 자세 위에서 비판력을 발휘해야 한다.

네 번째는 포용력이다. 편협하면 소통하기 어렵다. 하더라도 오만

하거나 옹졸한 소통이 되기 십상이다. 독단과 흑백논리에 빠지기도 쉽다. 다른 의견과 반대 시각에 관대하고 개방적이어야 한다. 그런 사람은 경쟁자를 존중하고 비판적 의견에 귀 기울인다. 소신은 지키되 필요에 따라 유연하게 접근한다. 상대가 잘못을 인정하면 용서하고 화해한다. 자기 진영이더라도 그 생각이 옳지 않다고 여겨지면 손해를 감수하며 설득한다. 경계에 서는 불편함을 참아내야 하고, 오해와 편견을 견뎌내야 한다. 한마디로 도량이 있어야 한다. 자신의 글이 마음에 안 들고 글을 쓰기 힘들다면, 나는 과연 너그러운 사람인지 생각해볼 필요가 있다.

다섯 번째 소통 역량은 경청 능력이다. 사람은 누구나 인정받기를 원한다. 존재감을 느끼고자 한다. 이를 위해 말하고 쓴다. 그것으로 자신을 드러낸다. 잘 들어만 줘도 인정받고 있다고 생각한다. 저자는 독자의 소리에 귀 기울여야 한다. 기울일 뿐 아니라 독자의 소리를 자신의 글에 반영해야 한다. 듣지 못하는 저자는 생명력이 없다.

마음은 언제 움직이는가

설득력

작가는 설득하는 사람이다. 작가는 하고 싶고 이루고 싶은 일이 있다. 그 일을 혼자서는 할 수 없다. 누군가와 함께해야 한다. 함께할 사람을 끌어들여야 한다. 그 사람에게 왜 이 일을 해야 하는지, 어떻게 하면 좋은지, 그리하면 무슨 이득이 있는지 알려줘야 한다. 그것이 작가 일이다. 사람은 저마다 이해(利害)가 다르다. 의향, 성향, 취향, 지향이 다르다. 자기 이익이 먼저다. 이렇게 다른 사람을, 자기중심적인 사람을 설득하기 위해 필요한 게 논리다. 작가는 논리적이어야 한다.

설득은 작가의 숙명, 독자를 설득하라

입사 논술, 정책 제안 응모작 심사를 몇 차례 했다. 세 종류의 글에 눈길이 갔다. 글에 담긴 생각이 참신하거나 논리적인 글, 문장력이 좋은 글이다. 그럴 수밖에 없다. 생각, 논리, 문장은 한몸, 삼위일체다. 우선 생각이 좋아야 한다. 그러나 아무리 좋은 생각도 논리적으로 타당하지 않으면 받아들여지지 않는다. 그리고 그것을 문장으로 잘 표현해야 한다. 셋을 모두 충족하는 글을 찾기는 쉽지 않다. 생각은 참신한데 그것을 설득력 있게 표현하지 못하거나, 글 자체는 논리적인데 그 안에 담긴 생각이 진부한 경우가 많다. 생각과 문장 사이에 논리가 있다. 논리와 설득이 생각과 문장의 매개자이자 중심이다.

<mark>설득하기 위해서는 무엇보다 논리적이어야 한다.</mark> 논리는 사리에 맞는 것이고, 말이 되는 것이고 고개가 끄덕여지는 것이다. 그러나 그게 쉽지 않다. 우리 뇌는 납득될 때 움직인다. 설득하기 위해서는 먼저 설명을 잘해야 한다. 유시민 작가의 글이 설득력 있는 것은 설명을 잘하기 때문이다. 설명을 잘하기 위해서는 사실에 밝아야 한다. 사실이 뭘까? 지식과 정보다. 네 가지 사실을 잘 알아야 한다.

먼저 개념적 사실에 정통해야 한다. 이게 부족한 나는 포털사이트 백과사전을 열어놓고 산다. 용어나 개념의 뜻을 정확히 알려고 노력한다. 역사적 사실도 필요하다. 학교 다닐 적 배웠던 먼 역사일 필요는 없다. 최근의 역사도 좋다. 그런 역사적 사실로 사례를 들 수 있어야 한다.

다음으로 이론이나 학설 같은 학문적 사실이다. 이와 관련해서는 관심 분야가 있는 게 바람직하다. 독서를 통해서, 신문이나 유튜브에서도 얻을 수 있다. 최신의 동향, 경향, 트렌드에 관한 정보를 습득함으로써 배우고 공부할 수 있다.

다음이 통계, 즉 계량적 사실이다. 여기에 문학, 음악, 미술 같은 예술적 사실이 더해지면 품격이 생긴다. 내가 이르고 싶은 지점이다. 논리적인 글이 되려면 단지 사실관계 오류만 없어서는 안 된다. 해당 글에 적합한 사실을 갖다 써야 한다. 맥락이 있어야지 뜬금없으면 안 된다.

사실에 밝은 것만으로는 부족하다. 비유와 예시, 비교 등을 통해 사실을 전달할 수 있어야 한다. 이랬을 때 설득된다. 중고등학교 때 배운 은유, 대구법과 같은 표현기법을 적절히 사용할 수 있어야 한다. 납득이 되는 또 다른 경우는 원인과 결과, 즉 인과관계가 맞아떨어졌을 때다. 또한, 주장에 관한 이유가 타당한 경우다. 앞뒤가 어긋나지 않고, 그럴 만하다는 개연성과 정합성이 있고, 이치에 맞는 글이 논리적이다.

연결이 잘된 글도 논리적이다. 단어와 단어, 문장과 문장, 문단과 문단을 이어주는 것이 글쓰기다. 연결은 자연스럽고 부드러워야 한다. 사이가 좋아야 한다. 사이가 좋을수록 읽기 편하고 이해하기 쉽다. 사이가 좋다는 것은 관계가 좋다는 뜻이다. 관계가 좋으려면 논리적으로 타당해야 한다. 논리적으로 글을 쓴다는 것은 문장과 문장, 문단과 문단 간 연결이 잘된 것이다. 그러면 글에 빠져든다.

신영복 선생은 자신의 책 《감옥으로부터의 사색》, '서도의 관계론'

이란 글에서 이렇게 말했다. "실상 '획(劃)'의 성패란 획 그 자체에 있지 않고, 획과 획의 관계 속에 있다. 하나의 획이 다른 획을 만나지 않고 어찌 혼자서 '자(字)'가 될 수 있겠는가. 마찬가지로 자의 잘못은 다음 자 또는 그 다음 자로써 결함을 보상하고, '행(行)'의 잘못은 다음 행의 배려로써, 한 '연(聯)'의 실수는 다음 연의 구성으로써 감싸야 한다. 이런 보상과 배려와 구성으로 한 폭의 글이 완성된다."

<mark>독자는 또 언제 설득되는가. 자신의 공간이 확보되고 독자로서 존중받을 때이다.</mark> 우리 뇌는 자율적 공간에서 더 잘 움직인다. 독자가 스스로 완성하게 해줘야 한다. 시시콜콜, 미주알고주알 해선 안 된다. 과잉 친절은 간섭이다. 독자가 싫어한다. 여백과 여운이 있어야 한다. 헤밍웨이 글이 좋은 것은 이 때문이다. 다 알려주지 않는다. 스스로 깨닫게 한다. 다 알려줬다고 생각하면 일부를 감춘다. 너무 감춰서 독자가 알아먹지 못할 것 같으면 조금 더 드러낸다. 이를 통해 독자가 '나는 헤밍웨이가 무슨 말을 하고 싶은지 알아들었어. 다른 사람은 몰랐을 거야.' 이런 기쁨을 맛보게 한다.

자기 계발서를 읽는 분들은 저자의 글을 통해 무언가를 깨닫고 배우려고 읽는다. 그래서 자기 계발서 저자는 가르치고 싶은 유혹, 가르쳐야 한다는 의무감을 느낀다. 이러면 실패한다. 독자는 스스로 깨닫기를 원한다. 강요하면 반발한다. 배우는 것도 마찬가지다. 여러 선택지 중에 자신이 고를 수 있기를 바란다. 선택의 여지없이 외통수로 몰

리는 것은 싫다. 그러므로 저자는 명령하거나 지시하면 안 된다. 제안해야 한다. 자신의 주장과 해법을 제시할 때도 한 가지만 고집하면 안 된다. 자기 생각과 반대되는 의견도 소개하고, 해법 역시 여러 대안을 제시해야 한다. 독자가 고를 수 있게 해줘야 한다. 방법은 간단하다. 질문하는 것이다. 답을 독자 스스로 하게 한다.

독자는 또한 자신에게 이익이 될 때 설득되고 움직인다. 인간은 누구나 자기중심적이다. 이렇게 하면 네게 이런 이익과 혜택이 있다고 할 때 움직인다. 이를 좀 더 확장해서 당신이 이렇게 하면 누군가에게 이런 도움이 된다고 하는 것도 좋다. 인간은 또한 이타적 존재이고, 남을 돕는 데서 행복감을 느끼기 때문이다.

서두에 이 책을 다 읽고 나면 이런 일이 일어날 것이라고 밝혀 보라. 당신이 이 책을 읽었을 때 이런 이익이 있다, 안 읽으면 후회하게 될 것이라는 점을 암시하는 것이다. 사람은 누구나 손해에 민감하니까 그렇다. 그것이 전략적인 책 쓰기이고, 그런 전략이 주효했을 때 내 책을 읽는 사람의 마음을 움직일 수 있다. 무엇보다 읽는 사람이 내 책을 통해 좀 더 상황이 나아졌으면 하는 간절한 마음이 있어야 한다. 이것이 읽히면 독자는 감동한다.

이밖에 논리적인 글이 갖춰야 할 요건은 주장의 일관성, 합당한 근거, 합리적인 균형감이다.

논리적인 글은 주장의 일관성이 있고 메시지가 선명하다. 무슨 말을 하려는지 오락가락하지 않고 주장이 분명하다.

근거가 풍부해야 한다. 합당하고 객관적인 근거가 필요하다. 글을 쓰다 보면 나쁜 반응과 마주한다. '반응이 늘 좋을 수만은 없지. 나쁜 반응도 없는 것보다는 낫다.'라고 위로하지만 어쩔 수 없이 괴롭다. 나쁜 반응이 옳은 소리일 때 더 아프다. 근거가 중요하다. 근거가 빈약하면 '막무가내' 혹은 '갑질한다.'라는 소리를 듣는다.

불편부당하고 균형을 갖춰야 한다. 토론을 해보면 안다. 논리가 그럴싸할수록 더 반감이 생기는 경우가 있다. 논리에 넘어가지 않기 위해 안간힘을 쓰게 된다. 편견에 사로잡혀 있거나 자신이 믿고 싶은 것만 믿고, 기득권 논리로 무장한 상대와 얘기할 때다. 프랑스 작가 롤랑 바르트(Roland Barthes)는 《텍스트의 즐거움》이란 책에서 이렇게 말한다. '최대한 중립적 글쓰기를 해야만 비판이 효과를 거둘 수 있고 논리적 결함을 예방할 수 있다. 가장 좋은 것은 주관적 판단이 배제된 중립적 글쓰기로써 상황을 충분히 묘사하고 거기서 어떤 모순이나 문제점을 도출해야 처음에 의도했던 비판적인 효과를 거둘 수 있다.'

잘 쓰려면 잘 살아야 한다

아리스토텔레스는 설득의 요체로 로고스(logos), 파토스(pathos), 에토스(ethos)를 말했다. 로고스는 이성적 동의를, 파토스는 정서적 공감을, 에토스는 인간적 신뢰를 가져다준다. 그런데 로고스 : 파토스 :

에토스가 설득에 미치는 영향력은 10% : 30% : 60%라고 한다. 결론적으로 말하면 설득하는 글은 논리가 아니다. 설득력은 실력, 진정성, 일관성 등 인품과 인간적 매력에서 나온다.

글보다 더 중요한 게 삶이다. 설득력 있는 글을 쓰려면 글을 쓰는 자신이 설득력 있는 사람이 되어야 한다. 같은 내용의 글도 누가 썼느냐에 따라 설득력에 차이가 난다. 사람들은 자기가 좋아하는 사람의 글을 좋아한다. 믿고 따르고 싶은 사람이 쓴 글은 귀에 쏙쏙 박히고 고개가 절로 끄덕여진다. 잘 쓰려면 잘 살아야 하는 이유다.

3장

책 쓰기 실전연습

내가 책을 쓴 방법을 담았다. 이 장에 들어있는 10여 가지 방법 가운데 자신에게 맞는 것을 골라 써도 좋고, 이 방법 저 방법을 섞어 쓸 수도 있다. 이 안에 자기에게 맞는 방법이 있다는 확신을 가지고 들여다보면 틀림없이 그 방법을 찾을 수 있을 것이다. 여기 제시한 방법 외에 더 좋은 길은 없다고 감히 자신한다.

시작은 늘 기회를 준다
시작의 문을 여는 15가지 열쇠

책을 쓰려면 글을 써야 한다. 한 편 한 편의 글이 모여 책이 된다. 글을 쓰려면 어떻게 해야 하는가. 일단 시작해야 한다. 동트기 전이 가장 어둡다고 했다. 글쓰기도 그렇다. 시작하기 전이 가장 걱정스럽고 심란하다. 글은 정체가 모호하기 때문이다. 어떻게 써야 잘 쓴 글이고, 어떤 글이 못 쓴 글인지 분명한 기준이 없다. 답을 알지 못한다. 알지 못하는 것은 일단 피하고 보려는 심리가 있다. 안전을 도모하기 위해서다. 글쓰기도 어떻게든 피하고 싶다. 그럼에도 글을 쓰려면 시작해야 한다. 악조건을 이겨내고 시작해야 한다.

"쓰면 써진다" ··· 일단 시작하라

시작만 해 놓으면 한결 편안해진다. 글이 글을 써나간다. 내게는 글을 쓰기 시작하는 방법이 열다섯 가지 있다. 이 가운데 자신에게 맞는 방법을 찾아보면 좋겠다.

첫 번째, 개요를 완벽하게 짜고 시작한다. 학교에서 가르치는 방식이다. 설계도 없이 집을 짓지 말라는 것이다. 글의 얼개, 짜임, 구성, 개요, 전개를 만들어 놓고 쓴다. 《아웃라이어》의 저자 말콤 글래드웰(Malcolm Gladwell)은 책을 쓸 때 60~80쪽 분량의 상세한 목차를 짜는 것으로 글쓰기를 시작한다고 한다. 이는 쓰기의 정석이다. 일관성 있고, 논리가 분명하며, 뺄 것도 빠진 것도 없는 글을 쓸 수 있다. 그러나 쉽지 않다. 처음과 끝을 모두 알아야 할 뿐 아니라 쓰다 보면 개요가 무너진다. 학교 다닐 때 시험공부 계획표 짜는 것만큼이나 부질없는 일이라고 생각한다. 나는 목차를 짜 놓고 책을 쓰지 않는다. 대략의 얼개만 머릿속에 갖고 글을 쓴다. 책을 다 쓴 후 목차를 세운다.

두 번째, 머릿속으로 정리한 후 빠르게 쓴다. 이게 가능하면 대단한 사람이다. 그러나 안 된다고 주눅 들 필요 없다. 일필휘지는 특별한 능력이다. 대부분의 사람은 머릿속 정리가 쉽지 않다. 영감은 누구에게나 마구 떠오르지 않는다. 기다리는 직관, 통찰, 혜안 역시 쉽사리 오지 않는다. 그러나 방법은 있다. 쓰다 보면 된다. 영감, 통찰, 혜안이야말로 글을 쓰면 떠오르는 것들이다.

세 번째, 생각나는 것을 일단 뭐라도 쓴다. 일종의 낱말 퍼즐 맞추기다. 아는 단어부터 빈칸을 채운다. 그러다 보면 모르는 칸도 채워진다. 나는 아는 것, 생각나는 것부터 쓴다. 그것이 주제이건, 첫 문장이

건, 전하고 싶은 한 줄이건 상관없다. 물론 쓰다 보면 생각이 바뀌고, 처음 쓴 글은 뼈만 남고 형체도 없이 사라지기도 한다. 하지만 무언가 써 놓는 게 중요하다. 써 놓은 게 있으면 초조하지 않고 안심이 된다. 그런 여유가 글을 쓰게 한다.

네 번째, 첫 문장으로 시작한다. 어떤 말로 시작할지 곰곰이 생각해 본 후, 떠오르는 문장으로 출발한다. 처음 들어가는 말이 생각나면 절반은 다 쓴 것이다. 첫 문장으로 승부하면 그 문장이 다음 문장을 낳고, 다음 문장이 그다음 문장으로 자연스레 이어진다. 자동차를 컨베이이 벨드에서 조립하는 방식과 같다. 이때 첫 문장은 내 머릿속에 엉켜 있는 생각 실타래의 실마리에 해당한다. 실마리를 잡아 빼면 실타래가 술술 풀린다.

다섯 번째, 주제를 정하는 것으로 착수할 수 있다. 노무현 대통령은 글을 쓰기 전 주제문부터 정했다. 노무현 대통령이 물었다. "무슨 얘기할까?" 이는 주제문을 무엇으로 할까에 관해 스스로에게 묻는 질문이다. 나는 답할 필요가 없다. 대통령이 답한다. "이것으로 하자." 여기서 '이것'은 세 가지 명제 중 하나였다. 사실을 가지고 결론을 내리는 사실명제, '내 의견이 이렇다.'라는 가치명제, '이런 것을 해보자.'라고 제안하는 정책명제. 이 중 하나가 주제문이 됐다.

주제문은 2형식의 문장이다. 이 문장이 생각나면 그는 "이제 됐다."라고 했다. 무슨 말을 할 것인지, 어떤 말을 독자의 머리와 가슴에 남길 것인지 결정되면 이제 쓰는 일만 남은 셈이다. 나머지는 후속 작업에 불과하다. 이 한 문장을 어떻게 하면 읽는 사람이 받아들이게 할 것인가 집중하면 된다. 사실은 믿게, 의견은 받아들이게, 제안은 움직이게 만들어야 한다. 사실명제라면 그것이 사실에 부합한다는 것만 보여주면 된다. 가치명제는 사리에 맞고 논리적이어야 한다. 정책명제는 그것을 하는 명분이 있어야 하고, 그것을 했을 때 얻는 이익과 혜택이 분명해야 한다. 사실 전달을 위해서는 근거가, 의견 설득을 위해서는 공감이, 제안 수용을 위해서는 손익 제시가 필요하다.

여섯 번째, 단락 단위로 써서 하나로 연결한다. 짧은 글을 여러 개 만들어 합체하는 방식이다. 선박을 건조할 때 한 부분씩 만들어 도크에서 조립하듯, 여러 개의 단락을 쓴 후, 순서를 부여해 엮는다. 방법은 이렇다. 하고 싶은 말을 3개 혹은 5개 문장으로 표현한다. 길게 써야 하면 문장 개수가 늘어나야 한다. 다음으로 각 문장에 설명을 붙여 문단을 만든다. 애초 3개 문장이었으면 3개 문단이 만들어진다. 끝으로 문단을 배열한다. 1단계로 할 말을 찾고, 2단계 글로 쓴 후, 3단계로 구성하는 식이다. 다만, 단락은 열 문장을 넘지 않는다. 하나의 단락은 그것만으로도 하나의 완전한 글이다. 그 단락에서 전하고자 하는 것도 한 가지다. 모든 문장은 그 하나를 향해 수렴한다.

일곱 번째, 소재를 나열해본다. 생각나는 대로 글감을 나열한 후, 이 재료를 가지고 글을 쓴다. 반드시 들어가야 할 단어나 문장을 나열해보는 것도 나쁘지 않다. 일종의 블록 쌓기 방식이다. 어린아이가 레고 블록을 잔뜩 놓고 요리조리 조립해 보는 것과 같다. 브레인스토밍 방식이라고도 할 수 있다. 모든 것을 다 쏟아 놓고 불필요한 것을 걷어 낸다. 이 방식의 성패는 얼마나 다양한 블록을 갖고 있느냐이다. 풍부한 글감을 확보하는 게 관건이다.

여덟 번째, 말을 충분히 해본 후 쓸 수도 있다. 듣는 상대가 있으면 좋고, 없어도 상관없다. 독자가 앞에 있다고 생각하고 혼자 말해보면 된다. 말하다 보면 쓸 말이 생각나고 정리도 된다. 그러다 말이 글이 되는 순간이 찾아온다.

아홉 번째, 자료 조사를 열심히 한다. 쓰고자 하는 글의 주제 관련 내용을 최대한 많이 찾아본다. 그리고 다른 사람이 쓴 관련 글을 읽어 본다. 쓰려는 주제의 책이나 유튜브 강의, 논문 등을 모조리 찾아 읽고 공부해서, 적어도 이 주제에 관해서는 내가 가장 잘 알고, 가장 많은 자료를 갖고 있으며, 가장 깊이 고민해 봤다고 자신할 정도가 되면 누구나 책을 쓸 수 있다. 공부를 즐기는 분이라면 그리 어려운 일이 아닐 것이다. 아니 그 무엇에도 비할 수 없는, 깨닫는 기쁨을 누리는 시간이 될 것이다.

열 번째, 독자의 질문지를 작성해 본다. 책은 독자가 궁금해하고 알고 싶은 내용을 써야 한다. 그런 질문을 백여 개 작성할 수 있으면 얼마든지 책을 쓸 수 있다.

열한 번째, 쓰고 싶거나 쓸 수 있는 내용이 많은 경우는 그 모두를 쏟아 놓은 후, 요약하는 것도 방법이다. 쓰고 싶은 내용을 두서없이 쏟아내 프린트해서 눈으로 보면서 정리한다. 보이지 않는 것을 머릿속으로 정리해서 쓰지 않고, 일단 쏟아 놓고 보면서 요점을 잡아 간추린다.

열두 번째, 평소에 조금씩 시나브로 쓴다. 생각날 때마다 메모하듯 써 놓는다. 그렇게 쌓아 뒀다가 써야 할 때 창고 대방출하는 것이다. 그러면 쌓여 있는 것들끼리 연결되고 융합돼서 기대하지 않은 덤을 얻기도 한다.

열세 번째, 한 번에 쓰려고 하지 말고 나눠서 쓴다. 나는 칼럼 한 편을 쓰는 데 기본 사흘이 걸린다. 첫째 날은 주제를 정하고 자료를 찾는다. 둘째 날은 전날 찾아 놓은 자료를 갖고 글을 쓴다. 셋째 날은 고친다. 이렇게 사흘이 필요한 이유는 숙성 시간이 있어야 하기 때문이다. 찾아 놓은 자료로 곧장 쓰면 잘 써지지 않는다. 또 써 놓은 걸 바로 고치려 들면 잘 고쳐지지 않는다. 중간에 틈이 필요하다. 이 틈이 내 생각과 찾아 놓은 자료와 써 놓은 글의 숙성을 돕는다.

열네 번째, 써야 할 글에 대해 사람들과 얘기를 나눈다. 다른 사람에게 물어 의견을 듣기도 하고, 이 사람과 저 사람이 대화하는 걸 귀담아듣는다.

열다섯 번째, 동시에 여러 편의 글을 쓰는 방법도 있다. 책을 한 권 쓰려면 50편 안팎의 글을 써야 한다. 만약 50편의 글을 쓰기로 했다면 자신의 노트북 바탕화면에 50개의 폴더를 만들어 놓아라. 그런 다음 책을 읽거나, 강의를 듣다가 무언가가 떠오르면 해당 폴더에 저장한다. 이리하면 여러 편의 글을 동시다발적으로 쓸 수 있다. 어떤 글을 쓰기 위해 자료를 찾다가 다른 글에 필요한 자료를 발견하기도 하고, 또 어떤 글을 쓰다가 다른 글에 관한 발상이 이루어지기도 한다. 대단히 효율적이다.

시작이 절반이다. 나는 인생 기회가 두 가지 통로로 온다고 생각한다. 그것은 시도하는 것과 지금 하고 있는 일이다. 시도하지 않으면 기회는 생기지 않는다. 그리고 현재 하는 일을 열심히 하면 그 일이 다른 기회를 가져다준다. 글쓰기도 마찬가지다. 일단 한 줄을 쓰면 다음 줄이 만들어진다. 쓰면 써지는 게 책이다. 가장 안 좋은 방법은 이것이다. 천하의 명문을 만들겠다는 욕심으로, 독자들을 감동시켜 버리겠다는 불퇴전의 각오로 착수하지 않고 책상 앞에 앉아있는 것이다.

그대 잡아 둔 물고기가 있는가
평소에 쓰자

　두 종류의 글 쓰는 유형이 있다. 글을 써야 할 때 쓰는 사람과 평상시 써 뒀다가 필요할 때 써먹는 사람이다. 묘하게도 '쓰다.'는 '글을 쓰다.'와 무언가를 '사용하다.'란 뜻으로 쓰인다. 요리사에 비유하면 이렇다. 평소 물고기를 잡아 두는 요리사가 있다. 요리해야 할 때 잡아 둔 고기 중에 필요한 것을 골라 쓴다. 그에게 물고기 잡는 행위는 취미이자 즐거움이다. 잡아 둔 고기 중에 무엇을 쓸까 고르는 재미도 있다. 이에 반해 요리해야 할 때 고기 잡으러 나가는 사람이 있다. 초조하고 불안하다. 고기가 잡힐까? 무슨 고기가 잡힐까? 당신은 전자인가, 후자인가.

글감은 평소에 잡아야 한다

내가 모신 노무현 대통령은 평소에 고기를 잡았다. 그는 글 쓸 일이 있을 때마다 노래를 흥얼거리며 살짝 들떠 있기까지 했다. 왜 그랬을까? 쓸 말이 있었기 때문이다. 잡아 둔 고기가 있었던 것이다. 사람은 선택권이 있을 때 신이 난다. 이것을 쓸까 저것을 쓸까 궁리하는 재미가 있다.

김대중 대통령도 마찬가지다. 김 대통령은 어떤 내용으로 연설문을 쓰라고 사전에 말해주지 않았다. 방법은 그분이 쓴 책을 보는 것이었다. 그분이 쓴 책이 수족관이었다. 그 책을 읽으면 그곳에 다양한 물고기가 있었다.

누구에게나 평생 잡아야 할 물고기의 양은 같다. 글을 써야 할 때 잡느냐, 평소 잡아 뒀다 쓰느냐 그 차이가 있을 뿐이다. 나는 평소에 고기를 잡는다. 글을 쓰지 않아도 될 때 이곳저곳에 글을 쓴다. 그것이 나에겐 수족관의 고기다.

그렇다면 물고기는 어떻게 잡을까. 의도적으로 묻고 답해야 한다. 무슨 일이 벌어질 때마다, 그 일에 대한 자기 생각을 정리해봐야 한다. 많이도 필요 없다. 하루에 한 가지 정도만 자기 생각을 정리한다. 필요한 시간은 길어봐야 10분 이내다. 어떤 생각은 1분도 필요하지 않다. 하나의 질문을 던져 생각해보고, 생각이 정리되면 메모하자.

생각에 정답은 없다. 생각하기만 하면 된다. 생각하다가 궁금한 게 있으면 휴대전화를 열어 찾아본다. 이런 생각이 모이면 자신의 어록이 된다. 정리한 생각은 일정 공간에 저장해야 한다. 나는 블로그를 강력 추천한다. 자기 생각의 저장 창고로써 블로그를 활용해 보기 바란다. 자기 생각이 쌓이는 것을 눈으로 확인할 수 있어야 한다. 그래야 욕심을 낸다. 사람은 축적이 일어나야 욕심을 내고 더 열심히 모으고 쌓는다. 싸라기눈은 땅에 닿자마자 녹아 없어진다. 함박눈이 와야 한다. 집중적으로 내려야 한다. 그러면 쌓인다. 눈이 쌓이면 눈싸움을 할까, 눈사람을 만들까 궁리한다. 블로그 어록도 마찬가지다. 바짝해서 쌓이면 더 쌓고 싶다. 쌓는 게 재밌다. 누가 와서 '공감'을 눌러주고 댓글도 달아주면 더 신이 난다.

생각을 만드는 세 가지 도구: 독서, 토론, 학습

이런 활동을 지속하기 위해서는 사색만으로는 부족하다. 세 가지가 필요하다. 독서, 토론, 학습이다. 이것이 자기 생각을 만들어내는 어장이다. 먼저, 독서다. 책을 한 권 읽었는데 새롭게 만들어진 자기 생각이 없으면 헛일이다. 남의 생각을 알려고 하는 독서는 부질없다. 독서하는 가장 큰 이유는 자기 생각을 만들기 위해서다. 책을 읽다 보면 내 생각이 난다. 남의 생각을 빌려 자기 생각을 만드는 게 독서다. 나는 책을 읽기 전, 목차를 보고 저자의 생각을 가늠해 본다. 그리고 그런 내용에 관해 내가 관심을 가진 적이 있었는지 생각해본다. 그런 후 책을 읽는다. 한 꼭지씩 읽은 후에 또 생각해본다. 저자가 글에서 밝힌 생각이 뭔가. 그것을 읽으면서 내 생각은 어떻게 바뀌었나. 새롭게 만들어진 생각은 무엇인가. 만들어진 게 없으면 시간 들인 게 억울해서라도 다시 읽어본다.

토론 역시 생각을 만드는 필수 도구다. 정색하고 하는 토론 말고, 회의, 토의, 대화, 잡담, 수다 등 말하고 듣는 모든 것을 포함한다. 말을 하면 실타래처럼 엉킨 생각이 일목요연해진다. 또한, 생각이 발전한다. 없던 생각도 만들어진다. 언제 내 머릿속에 이런 생각이 있었을까 싶은 생각이 샘솟는다. 들으면서 새로운 생각이 나기도 한다.

생각을 만드는 데 학습도 중요하다. 배우는 것만이 학습이 아니다. 보고 듣고 느끼는 모든 것이 학습이다. 호기심과 문제의식만 있으면 모든 것에서 배울 수 있다. 수업도 주입식으로 들으면 자기 생각은 만들어지지 않는다. '과연 저 사람 말이 맞을까?' 의문을 갖고 까칠하게 들어야 한다. '내가 당신이라면 그렇게 말고 이렇게 말할 거야.'라고 대들면서 들어야 한다. 내준 문제를 풀기만 하는 사람이 아니라 문제를 내는 사람이 되어야 한다. 그래야 자기 생각이 만들어지고 진정한 학습이 이뤄진다.

이렇게 읽고 얘기하고 공부했으면 써야 한다. 나는 네 종류의 글쓰기를 권한다. 첫째, 블로그나 SNS(소셜 네트워크 서비스) 글쓰기이다. 여기엔 늘 독자가 기다리고 있다. 나중에 이들이 내 책의 구매자가 될 수도 있다.

둘째, 블로그나 SNS에 글 쓰는 게 부담스러운 사람은 매일 한 문장 쓰기를 해보라. 블로그나 SNS에 있는 남의 글을 읽고, 그에 관한 자기 생각을 한두 문장 정도 써보는 것이다. 댓글 달기도 그중 하나다. 댓글을 달며 글쓰기 연습을 해보자.

셋째, 일상을 소재로 에세이를 써보자. 에세이는 프랑스어 '시도하다.'가 어원이다. 매주 한 편 정도씩 시도해 보기를 권한다. 사실 거창하게 얘기해서 에세이지, 신변잡기를 펼치면 된다. 주제가 있는 일기라고 할 수 있겠다. 간병일기, 육아일기, 병상일기, 결혼일기 등 말이다.

넷째, 독후감이나 서평 쓰기를 권한다. 어차피 독서도 했으니 읽은 내용에 대해 자기 나름의 감상이나 비평을 해보는 것이다. 굳이 책일 필요는 없다. 영화나 연극, 드라마, 여행 등에 관한 감상을 쓰면 된다. 이 역시 학교 다닐 적부터 많이 해본 글쓰기 분야여서 큰 어려움은 없을 것이다.

세상에는 쓸거리는 있는데 그것을 잘 표현하지 못해서 글쓰기를 어려워하는 사람이 있고, 아예 쓸거리가 없는 사람이 있다. 전자는 훈련과 연습으로 짧은 시간 안에 해결할 수 있다. 그러나 후자는 단기간에 해결하기 어렵다. 방법은 평소 쓸거리를 많이 만들어 둬야 한다.

쓸거리를 만들기 위해 나는 세 가지를 즐긴다. 먼저 칼럼 읽기다. 내가 만들 어록의 키워드가 제목에 들어 있는 칼럼을 한두 편 읽는다. 그래도 쓸 말이 생각나지 않으면 동영상 강의를 한두 편 본다. 그렇게 해도 생각나지 않으면 온라인 서점에 가서 제목에 내가 관심을 가진 키워드가 들어간 책의 목차를 본다. 그렇게 해도 생각나지 않는 경우는 없다. 내게 칼럼과 동영상 강의와 책의 목차는 물고기를 잡는 미끼와 마찬가지다. 고기가 잘 잡히는 장소에 가서 하면 더 효과적이다.

이렇게 해서 생각 덩어리가 생기면 그다음은 자동이다. 덩어리 표면적에 관련 생각이 마구 붙는다. 드라마를 보다가 운전하다가도 내가 써 둔 생각과 연관된 생각이 떠오른다. 만들어진 생각들은 서로 부딪치고 결합해서 새로운 생각을 던져주기도 한다. 내가 글쓰기가 두렵지 않은 이유다. 어차피 써야 할 글이라면 미리 써 두는 게 여러모로 좋다. 써 둔 글에는 이자도 붙는다. 써 둔 날이 늘어나면 그 안에서 자기들끼리 화학반응을 일으킨다. 서로 관련 없는 것이 관계를 맺어 새로운 것을 만들어낸다.

당신은 어록이 있는가? 잡아 둔 고기가 있는가? 어차피 언젠가는 잡아야 할 고기라면 평소 잡아 놓고 필요할 때 써먹자. 그것이 즐겁게 글 쓰는 방법이다.

책 쓰기는 먼저 산 사람의 책무다

경험으로 쓰자

첫 책《대통령의 글쓰기》는 경험으로 썼다. 책 쓰는 걸 망설일 때 글쓰기 책에서 읽었다. 경험은 누구나 있고, 그런 경험은 겪은 자신이 가장 잘 쓸 수 있다고. 그 말에 나는 자신감을 얻었다. 국어사전에서 자신감을 찾아보면 '자신이 있는 느낌'이라고 나온다. 그러니까 '내가 있다.'라고 느끼면 자신감이 있는 것이다. 그렇다면 나는 어떻게 있는가. 경험으로 있다. 우리는 경험하면서 자신이 살아있다고 느낀다.

바야흐로 스토리텔링 시대다. 사람들은 이야기를 좋아한다. 이야기는 경험의 언어다. 자신이 겪은 경험을 쓰면 된다. 그런데 우리는 경험 위에 지식이 있다. 손발보다는 가슴으로, 가슴보다는 머리로 쓴 글을 더 쳐준다. 신영복 선생님의 '감옥에서 만난 목수 이야기'는 유명하다. 목수는 집을 그릴 때 주춧돌부터 놓았다고 한다. 직접 집을 지어본 목수는 주춧돌부터 그리는 데 반해 신영복 선생님은 평생 지붕부터 그렸다는 것이다. 선생은 그런 자신을 책망했다.

경험이 있으면 누구나 쓸 수 있다

경험은 모든 사람에게 공평하게 있다. 나이만큼 있다. 경험은 또한 차등이 없다. 사회적 지위가 높은 사람이건 낮은 사람이건, 돈이 많건 적건, 많이 배운 사람이건 배움이 짧건. 경험은 사람을 가리지 않는다. 오히려 어렵고 힘든 사람이 경험은 더 풍부하다. 또 그렇게 아프고 슬픈 경험, 굽이굽이 험난한 경험이 탄탄대로를 걸은 경험보다 더 흥미진진하고, 가르쳐주는 것도 많다. 경험은 맵고 짜고 쓴 이야기가 더 재미있고 값지다. 승승장구한 이야기는 재수 없다. 솔직하기만 하면 쓸 얘기는 무궁무진하다. 사람들은 그런 이야기를 듣고 싶어 한다.

경험을 쓰는 단계는 다섯 단계이다. 1단계는 자신의 경험을 솔직하고 구체적으로 쓰는 것이다. 2단계는 그 경험이 일어났던 주변 상황과 환경, 사회적 배경 등을 넣어준다. 소설의 3요소가 인물, 사건, 배경이듯, 1단계에서 인물과 사건을 보여주고, 2단계에서 그 무대가 된 배경을 넣어준다. 물론 순서는 바뀌어도 상관없다. 3단계는 그 사건이나 경험을 통해 배운 점, 느낀 것, 깨달은 점을 쓴다. 4단계는 그 사건이나 경험이 자신에게 준 영향을 서술한다. 그 경험으로 인해 나에게 무슨 변화가 일어났으며, 내 인생의 물꼬가 어떻게 틀어졌는지 말이다. 5단계는 나와 비슷한 경험을 한 유명한 사람의 말이나 글을 인용한다. 내 얘기만 하면 사람들은 왜 그 얘기를 내게 하느냐고 언짢아한다. 그때, 이건 내 얘기만이 아니고 우리 모두의 얘기라고 말해줘야 한다. 누구나 아는 사람의 이야기나 이론, 학설 등을 인용하면 내 얘기가 모두의 얘기로 확장된다.

《대통령의 글쓰기》도 대통령 비서실 경험을 5단계로 나눠서 썼다. 1단계로, 40개 정도의 일화를 기억해 냈다. 청와대에서 8년 동안 있으면서 나와 내 주변에서 일어났던 일들을 뽑아낸 것이다. 이 작업은 발동만 걸리면 기억이 기억을 불러오면서 의외로 쉽게 풀린다. 떠오르는 게 없으면 사진첩을 들춰보거나, 당시 함께 지낸 사람을 만나 얘기를 나누고, 신문기사를 찾아보기도 했다. 그렇게 해서 일화 목록을 작성하면 첫 단계가 완성된다.

2단계로, 일화 하나하나를 쓰는 것이다. 시간 여행을 한다고 생각하고 그때로 돌아가 기억나는 대로 쓰면 된다. 기억은 '각색과 편집'이라는 좋은 기능을 갖고 있다. 실제로 겪었던 일 가운데 재미있거나 의미 있는 것을 추려내고, 또 그것을 좀 더 재미있게, 극적으로 만들어준다.

3단계로, 경험에 의미를 부여한다. 독자는 글을 읽고 나면 무언가를 얻고자 한다. 다시 말해 뜻과 의의를 찾는다. 얻는 게 없으면 '재미

있지만 왠지 허전하다.'라고 푸념한다. 하지만 걱정 마시라. 모든 경험에는 의미가 있다. 기억나는 경험 중에 의미 없는 경우는 없다. 의미 없는 경험은 기억나지 않는다. 모든 경험은 그것을 겪으면서 알게 된 노하우나 깨달은 이치가 있고, 그 경험에서 얻은 교훈이나 시사점이 있다. 바로 그것을 일화에 붙여주면 된다.

4단계로, 인용을 추가한다. 3단계까지만 쓰면 그저 내 얘기일 뿐이다. 따라서 나와 유사한 경험을 한 유명한 사람의 일화를 소개하거나, 내가 그 일에서 얻은 시사점을 뒷받침해 줄 수 있는 유명인의 말이나 이론 등을 인용해서 붙이다. 이런 과정을 통해 나의 사적 경험을 모두의 이야기로 보편화하는 것이다.

5단계로, 나의 경험을 통해 이런 방법을 찾았고, 이런 유익을 얻었으니 독자도 자신의 삶 속에 적용하거나 활용해 보라고 권한다.

이렇듯 자신의 경험, 내 이야기로 글을 쓰면 다섯 가지 효과를 얻을 수 있다. 첫째, 분량을 확보할 수 있다. 경험을 구체적으로 쓰면 분량을 키울 수 있다. 육하원칙에 따라 시간적, 공간적 배경 등을 상세히 다루고, 과거와 현재, 미래를 넘나들면 그리고 오감을 동원해 쓰면 분량이 늘어난다. 자기 얘기만 쓸 필요도 없다. 나와 관련된 남의 이야기 즉 사례를 써도 된다. 그러면 분량은 더욱 늘어난다.

둘째, 글이 생생하다. 설명이나 묘사를 생동감 있게 하려면 실력이 필요하다. 하지만 경험을 쓴 서사는 고유명사가 등장하고 의성어, 의

태어 등이 자주 쓰이면서 그 자체로 생생하다.

셋째, 글에 진정성을 불어넣어 준다. 경험은 글을 쓴 그만의 것이기에 그렇다. 승승장구하고 탄탄대로를 겪은 경험보다 맵고 짜고 쓴 얘기를 진솔하게 털어놓는 사람을 보면 우리는 더 큰 진정성을 느낀다.

넷째, 재미도 준다. 이야기를 싫어하는 사람은 없다. 모든 이야기는 재미있다. 원시시대부터 우리 인류는 이야기를 통해 정보를 전달하고 학습했기에, 이야기를 좋아하지 않은 사람은 모두 도태됐다. 그래서 우리는 어릴 적부터 할머니에게 옛날 이야기를 해달라고 조르고, 학교에 가서도 '선생님 이야기 해주세요.'라는 말을 입에 달고 살지 않았을까.

다섯째, 기억에 남는다. 누구나 일화나 에피소드, 사례는 잘 기억한다. 이야기를 읽은 사람이 나를 기억해 준다는 것, 얼마나 고마운 일인가. 언젠가 나는 세상을 뜨겠지만 이야기는 기록으로 남아 대대손손 살아 숨 쉴 테니 말이다. 단, 주의할 게 있다. 기억은 완전하지 않다. 거짓말을 하곤 한다. 그래서 다 쓴 후 사실 확인을 해봐야 한다. 자칫하면 허위 사실을 책에 담을 수 있다.

삶은 글이 되고, 경험은 이야기가 된다

그렇다면 어떤 경험을 얘기해줘야 할까. '조하리의 창(Johari Window)'이란 말을 들어봤을 것이다. 미국의 심리학자 조셉 루프트(Joseph Luft)와 해리 잉햄(Harry Ingham)이 1955년에 발표한 커뮤니케

이션 모델이다. 조하리의 창은 4개로 이뤄져 있다. 자기도 알고 남도 아는 '열린 창', 자기는 알지만 남은 모르는 '숨겨진 창', 나는 몰라도 남은 아는 '보이지 않는 창', 나도 모르고 남도 모르는 '미지의 창'이 그것이다. 마음을 열고 내 이야기를 하면 '숨겨진 영역'은 줄어들고 '열린 공간'이 늘어나며, 그만큼 사람들과 공유하는 영역이 확장된다.

남은 모르고 나만 아는 얘기를 써야 한다. 누구나 다른 사람에게 알리고 싶지 않은, 숨기고 싶은 얘기가 있다. 바로 그것을 써주면 된다. 그런 이야기는 유명하고 힘 있는 사람에게만 있는 게 아니다. 오히려 고난과 역경, 시련을 겪은 이들에게 많다 독자는 이런 간난신고(艱難辛苦)의 경험을 반긴다. 그 이야기에 공감하고 위로받는다.

나는 《대통령의 글쓰기》를 쓰면서 행복한 시간을 보냈다. 이미 세상을 떠난 두 대통령과 다시 만나는 시간을 가졌고, 기억을 되살리면서 당시에는 알지 못했던 가치와 의미를 깨닫기도 했다. 뿐만 아니라 기억하기 싫은 경험과 마주하며 상처를 치유하기도 했다. 나아가 심기일전해서 전진해 나갈 힘을 얻었다.

언젠가부터 나는 글을 쓰기 위해 경험한다. 쉰 살 넘어 내 이야기를 쓰기 시작해 10년 가까이 우려먹으니 글감이 바닥났다. 지속적으로 쓰기 위해서는 더 많은 일이 벌어져야 한다. 그렇게 생각하니 무슨 일이 일어나는 게 기분 나쁘지 않다. 그때마다 쓸거리를 얻기 때문이다. 도리어 무슨 일을 만들기 위해 나는 시도하고 도전한다. 실수하고 실패할수록 더 '무슨 일'이 생기므로 수지맞는 장사라 여긴다. 일이 잘 되면 잘되는 대로 좋고, 잘되지 않으면 안 되는 대로 글감을 얻으니 어찌 즐겁지 않겠는가.

"소수가 누린 경험을 다수가 누리게 되는 것, 그것이 역사의 진보"라는 노무현 대통령의 말을 되새긴다. 책을 쓴다는 것은 자신의 경험을 보다 많은 사람에게 공유해 주는 일일진대, 그것이 바로 역사 발전에 기여하는 길이 될 수 있겠구나. 책 쓰기는 세상을 먼저 산 사람의 책무일 수도 있겠다고 생각한다.

10시간 말하면 한 권의 책이 된다

말로 쓰자

책을 쓰고 싶은데 엄두가 나지 않는다는 사람에게 하는 말이 있다. "먼저 말해보세요. 말이 책이 됩니다. 쓰고 싶은 주제에 관해 열 시간 말할 수 있으면 당장이라도 책을 쓸 수 있습니다. 하지만 말할 수 없으면 쓸 수 없지요. 그러니 내가 말할 수 있는지 없는지부터 확인해 보세요."

기업 회장과 대통령의 연설문을 쓸 때, 연설 시간에 맞는 분량만큼 써야 했다. 그리고 유튜브를 하면서 알게 됐다. 15분 분량의 말이면 글자 크기 10포인트로 A4 용지 2장 반을 쓸 수 있다. 긴 분량이다. 책에 들어가는 한 꼭지의 글은 이 정도가 적당하다. 그러므로 1시간 말할 수 있으면 15분짜리 4개의 글이 나오고, 10시간 말하면 40개의 글을 쓸 수 있다. 40개 글이면 한 권의 책이 된다. 10시간 말할 수 있을 때까지 공부하고 생각하고 말해보라. 10시간 정도 말할 수 있게 되면 아마도 책을 쓰고 싶을 것이다.

글이 막힐 땐 먼저 말해보라

출판사에서 일할 때 편집자가 해야 할, 가장 중요한 일은 좋은 원고를 받아오는 일이다. 하지만, 잘나가는 저자들의 원고를 받는 건 하늘의 별 따기다. 책을 내면 무조건 돈이 벌리는 저자를 어느 출판사가 그냥 놔두겠는가. 그런 저자 앞에는 출판사들이 줄을 선다.

궁하면 통한다고 했든가. 방법을 찾았다. 유명 저자에게 글을 써달라고 하지 않았다. 말을 해달라고 했다. 그것도 다섯 가지 가운데 하나를 선택하라고 했다. 첫째는 구술이다. 책에 담고 싶은 내용을 편집자에게 말해달라고 한다. 말하는 건 쓰는 것만큼 부담이 없다. 그러니 술술 말한다. 편집자는 들은 내용을 정리한다. 요즘엔 말을 글로 풀어주는 무료 애플리케이션도 많다.

둘째, 인터뷰다. 할 말은 있는데, 막상 말하라고 하면 무슨 말을 해야 할지 모르는 저자가 있다. 그런 경우는 편집자가 질문한다. 할 말이 생각나지 않는 경우도 물으면 생각이 난다. 저자 입장에서는 구술보다 대답하는 게 훨씬 수월하다. 이 방식으로 책을 내기 위해서는 편집자가 인터뷰 역량이 있어야 한다.

셋째, 대담이다. 저자에게 사람을 붙여 대담하게 하는 것이다. 편집자가 직접 인터뷰하는 게 힘들다면 대담할 사람을 붙인다. 그렇게 책을 내는 경우는 많다. 이때 대담자는 책에서 인터뷰어, 저자는 인터뷰이가 된다.

넷째, 강연이다. 저자 가운데는 학교에서 강의하거나 강연자로 활동하는 사람이 있다. 그런 경우는 강의장에 따라가 들으면서 녹음한다. 강의하는 분이 아닌 경우에는 강연 자리를 만들어준다. 주제를 정하고 사람을 모아준다. 2시간짜리 다섯 차례 강연을 기획해서 장소와 청중을 마련해 주면 대부분 거절하지 않는다. 쓰기보다는 말하기가 수월하기 때문이다. 그러면 10시간 분량의 말이 확보된다. 녹음된 말을 글로 풀어 다듬고 살을 붙여 감수를 요청하면 한 권의 책이 만들어진다.

다섯째, 혼자 말해본다. 청중 앞에서 강연하는 것에 익숙하지 않은 사람도 있다. 그 경우는 개인 유튜브를 활용할 수 있다. 유튜브를 개설해 혼자 말하게 한다. 구독자가 없으니 부담도 없다. 할 말이 생각날 때마다 유튜브에 대고 말한다. 편집자는 그걸 모아서 정리한다.

《대통령의 글쓰기》는 집필에 한 달여밖에 걸리지 않았다. 그러나 곰곰이 생각해보니 그게 아니었다. 김대중, 노무현 대통령을 모신 8년간을 말로 쓴 셈이었다. 이게 무슨 소린가. 청와대를 나와서 한동안 글을 쓰지 않았다. 사람들을 만나서 얘기했다. 만나는 사람마다 물었다. "청와대에서 겪은 재미있는 에피소드 없느냐.", "노무현 대통령은 어떤 분이냐.", "연설비서관은 뭐 하는 사람이냐.", "대통령 연설문은 어떤 과정을 거쳐 만들어지냐.", "김대중 대통령은 글을 어떻게 쓰시냐." 등. 이런 질문에 답했다. 말을 한 것이다. 계속하다 보니 질문에 대한 내 답변이 점점 나아진다는 걸 느꼈다. 실제로 같은 말을 되풀이하다 보면 이야기가 점점 재밌어졌다. 그럴 수밖에 없다. 말해봐서 반응이 신통치 않으면 다음엔 하지 않거나 다르게 말한다. 호응이 좋으면 그 말을 기억했다가 다시 써먹는 식으로 재활용한다. 그런 과정에서 말이 골라진다. 반응이 좋은 말은 살아남고 그렇지 않은 말은 사라진다. 말의 진화가 이뤄진다. 사람들이 귀를 쫑긋 세우는 이야기만 남는다.

질문에 답하면서 예전 기억이 떠오르고 좋은 생각도 났다. 갈수록 조리 있고 재밌어졌다. 분량도 점차 늘어났다. 말하다 보니 어떤 말이 좋은 반응을 일으키는지도 알게 됐다. 내 말이 점점 더 글에 가까워졌고, 마침내 이젠 써도 되겠다는 생각이 들었다. 책이 이렇게 쉽게 쓰여도 되는지 의아하고 신기했다.

책을 쓰는 내내 카타르시스 비슷한 감정을 느꼈다. 당시에는 기억을 되살리는 과정이 과거로의 여행이 돼서 그런 행복감을 느꼈다고 생각했다. 하지만 이젠 알 수 있다. 노무현 대통령이 구술하실 때 왜 그렇게 행복한 표정을 지었는지. 사람은 누구나 말하고 싶은 욕구를 가지고 태어난다. 말할 때 알고 있는 내용을 과시하는 효능감과 자신의 감정을 해소하는 해방감을 느낀다. 글 쓰는 건 싫지만 말하는 것은 어렵지 않은 분, 할 말이 많은 분은 이 방법으로 책 쓰기에 도전해봄 직하다.

말이 글쓰기의 연습이다

요즘도 기고할 일이 있으면 나는 먼저 아내에게 말해본다. 운전하며 말할 때는 아내에게 이 내용은 메모해 달라고 부탁한다. 그러면서 '아, 이렇게 쓰면 되겠구나.' 흐름이 잡힌다. 친구와의 대화도 좋다. 상대가 답을 주는 게 아니다. 내가 말하면서 답을 찾는다. 친구를 만나고 돌아오는 길에 이렇게 쓰면 되겠구나 하고 생각이 난다. 말하고 말을 들으면 글쓰기가 수월해진다.

말할 수 있으면 쓰지 못할 이유가 없다. 말이 거듭되면서 작은 차이를 만들어내고, 그 차이가 내 말을 더 재밌게 진전시킨다. 또한, 말은 하면 할수록 말하는 내용이 머릿속에 각인되어 이것을 글로 쓰는 걸 촉진한다. 말한 내용을 글로 쓰면 구어체로 쓰여 읽기도 편하다. 그래서 나는 써야 할 글이 있으면 먼저 말해본다. 아니 말해보지 않은 내용은 쓰지 않을 정도로 내가 쓰는 모든 건 말해본 것들이다. 말해보면 쓸 준비가 되어 있는지도 알 수 있다. 내가 무엇을 모르는지, 무얼 더 공부해야 하는지 알 수 있다. 말하다 보면 읽기의 필요성을 절감하게 된다. 왜 읽어야 하는지 이유가 분명해지고 읽고 싶은 욕구가 커진다.

글을 잘 쓰려면 많이 읽고, 많이 쓰라고 한다. 나는 여기에 하나를 추가하고 싶다. 그것은 많이 말하라는 것이다. 다독, 다작, 다변이다. 말에는 여러 종류가 있다. 대화, 논의, 토론, 발표, 면접, 강의, 강연, 연설, 웅변이 모두 말이다. 대화는 공감이 중요하다. 논의는 다양한 관점을 제시해야 한다. 토론은 찬반 등에 대한 입장을 분명히 하고, 그러한 입장을 갖는 이유와 근거, 사례를 대는 게 중요하다. 발표는 잘 설명해서 상대를 이해시키는 게 핵심이다. 면접은 물어보는 사람의 궁금증을 해소해 주는 게 중요하다. 강의는 수강자들을 생각하게 만들어야 한다. 연설은 자신의 주장을 논리적, 정서적으로 설득하는 게 중요하다. 말에 담기는 지식, 의견, 감정, 주장의 비중 사이도 신경 써야 한다. 발표보다는 강의가 의견 비중이 크다. 강의보다는 강연에 감정이 더 실린다. 연설보다는 웅변이 더 강한 주장을 담는다. 이 모든 것은 글쓰기에서도 똑같이 중요하다.

책을 쓰다 막히면 누군가를 찾아가 말해보라. '이런 내용을 써야 하는데 여기까지 밖에 쓰지 못했다. 다음은 무슨 내용을 써야 할 지 모르겠다.'라고 얘기하면서 스스로 답을 찾게 된다. 직장에서도 중요한 문서를 작성할 일이 생기면 모여서 토론해 보라. 기대하지 않았던 아이디어가 틀림없이 나올 것이다.

1990년대 초, 캐나다 맥길대 심리학과 케빈 던바(Kevin Dunbar) 교수는 실험실 네 곳에 카메라를 설치했다. 혁신적인 아이디어가 나오는 곳을 추적하기 위해서였다. 결과는 놀라웠다. 획기적인 아이디어는 실험실 현미경 앞에서 나오는 것이 아니었다. 여러 연구원이 모이는 휴게실이었다. 삼삼오오 모여 앉아 형식에 구애받지 않고 대화를 나누는 자리에서 좋은 아이디어가 많이 나왔다. 말이 혁신적 아이디어를 만들어내는 원천이었던 것이다.

　미국 문학을 대표하는 작가 폴 오스터(Paul Auster)는 이렇게 말했다. "작가는 고독의 경지를 사랑하는, 상처 입은 영혼의 소유자이다." 이 말은 누군가에게 말해보고 쓰라는 나의 제안과 상치된다. 하지만 나는 이 말에 동의한다. 그러기에 나는 더 말해보고 쓰라고 권한다. 폴 오스터가 말했듯이 책 쓰기는 고독하고 치열한 작업이다. 누구나 감당하기 힘들다. 그래서다. 고독한 과정을 남과 함께하라는 것이다. 치열한 생각을 말하기로 대신해 보라는 것이다.

죽어라 생각하면 쓸 수 있다

생각으로 쓰자

　말과 글과 생각은 긴밀한 관계 속에 서로 영향을 주고받는다. 생각은 말과 글을 통해 표현된다. 또한, 생각은 말과 글을 통해 만들어진다. 말하고 글을 써야 생각이 만들어진다. 말과 글은 생각을 표현하는 도구일 뿐 아니라, 생각을 만드는 연장이기도 하다.

　책은 생각으로 쓴다. 생각만 있으면 쓸 수 있는 게 책이다. 송나라 문인 구양수는 글을 잘 쓰려면 삼다(三多), 즉 다독(多讀), 다작(多作), 다상량(多商量) 해야 한다고 했다. 많이 읽고, 많이 써야 한다는 건 알겠는데, 다상량(多商量)에 대해선 갸우뚱했었다. 우선, '商'과 '量'이란 한자다. 상인할 때 商, 수량할 때 量이 아니라, 헤아릴 商, 헤아릴 量이란 뜻으로 쓰인단다. 헤아리고 또 헤아려? 그 후 40년 가까이 지나서 순전히 글 쓰는 일로만 밥 먹고살면서 깨달았다. 골똘히 생각하는 게 얼마나 중요한지. 많이 읽고, 많이 써보지 않아도 생각만 열심히, 죽을힘을 다하면 누구나 글을 잘 쓸 수 있다는 걸 말이다.

생각을 만드는 사고, 구상, 착상, 무의식의 힘

나는 사고, 구상, 착상, 무의식 등 네 가지 생각으로 책을 썼다. 첫째, 사고(思考)이다. 글을 쓰려면 추상과 상상이란 사고작용이 필요하다. 추상은 단순화하는 것이다. 피카소의 그림처럼 말이다. 반대로 상상은 불리는 것이다. 추상은 있는 것을 줄이고, 상상은 없는 것을 만드는 생각 방식이다.

둘째, 구상(構想)이다. 구상으로 쓰는 방법은 이렇다. ◆만약 이런 일이 일어난다면 이란 '가정'으로 쓴다. ◆앞으로 예상되는 '전망'으로 쓴다. ◆생각이 생각을 불러오는 '연상'으로 쓴다. ◆내가 바라고 희망하는 '미래'를 쓴다. ◆내가 휴대전화라면, 내가 나무라면, 내가 무엇이라면 어떨까 하는 '이입'으로 쓴다. ◆통념에 반하고 관념을 뒤집는 문제의식과 '전복'으로 쓴다.

문제는 지위가 높아질수록 구상력이 빈곤해진다는 것이다. 이유는 세 가지다. 구상력은 엉뚱함과 맥락이 같다. 엉뚱하면 '너 지금 장난하냐?'라고 한다. 구상력은 또한 고정관념, 통념, 선입견에서 벗어나야 가능하다. 자기 검열에 충실하고 지배적 생각에 학습이 잘 돼 있는 사람일수록 약할 수밖에 없다. 그런 사람은 이미 있는 정답을 잘 찾을 뿐이다. 나아가 구상력은 모험이다. 실패에 관대해야 발휘될 수 있는 역량이다. 그런데 우리 사회는 패자부활이 쉽지 않다. 실패를 적게 해야 성공할 수 있다. 성공한 사람들은 대개 그런 사람이다. 어쩌면 구상력이 빈약해서 그 자리까지 올라갔을 수도 있다.

셋째, 착상(着想)이다. 착상은 구상과 함께 글쓰기의 주원료다. 착상은 구상에 앞서 문득 떠오르는 실마리 같은 것이다. 영감이라고도 하고 아이디어라고도 한다. 착상을 발전시키는 과정이 구상이다. 문제는 착상이 쉽게 이루어지지 않는다는 데 있다. 우여곡절과 오랜 궁리 끝에 찾아온다는 점이다. 많이 써보는 수밖에 없다.

넷째, 무의식(無意識)도 무시할 수 없는 생각 분야이다. 나는 의식과 무의식의 차이를 잘 모른다. 그러나 왠지 의식이 무의식보다 우등하다는 느낌이 든다. 여기서 비롯된 말이 '나는 아는 것이 별로 없어서, 독서량이 부족해서 글을 못 써요.' 등이다. 자신이 글을 잘 쓰지 못하는 이유를 의식세계, 즉 지성의 빈약에서 찾는다. 그러나 글쓰기는 의식보다 무의식이 더 많이 좌우한다. 내 경험만 봐도 그렇다. 책을 많이 읽지도, 아는 것도 별로 없으면서 책을 쓰며 살아온 내가 산증인이다.

무의식은 누구에게나 공평하게 있다. 보고 듣고 느끼고 겪어온 것에 비례한다. 똑똑한 것보다는 감수성과 더 관련이 있다. 경험이 많은 사람에게 더 풍성할 가능성이 높다. 자기만을 위해 살아온 사람보다 주변 사람에 관심을 갖고 살아온 사람에게서 더 발달한다. 영민한 사람보다는 좋은 사람의 무의식이 더 강할 공산이 크다. 의식은 고급과 저급이 있지만, 무의식은 서열이 없다. 위아래 높이가 아니고 옆의 넓이가 중요하다.

무의식으로 글 쓰는 방법은 이렇다. ◆독백이다. 뇌 모양의 그림에 내 생각을 써넣듯, 자기 생각을 툭툭 내뱉고 받아쓴다. 머릿속 생각을 스스로 엿보고, 그대로 그린다. ◆확산이다. 생각이 흘러가게 내버려 둔다. 연상으로 자동 기술하는 것이다. 여기까지가 의식의 흐름에 해당한다. ◆전환이다. 의식의 흐름에서 벗어나, 기존 논리와 사고체계에서 이탈해 낯설게 생각한다. ◆종합이다. 이런 생각들을 하나로 묶는다.

나는 의식 속에서 글을 쓸 때 허덕인다. 알량한 의식이 무의식을 억압할 때 글이 막힌다. 그러다 어느 순간 무의식의 도움을 얻어 글발이 붙는다. 나는 그 힘으로 글을 쓴다. 누구에게나 이런 순간은 온다. 누구나 무의식의 세계가 있고, 그것의 도움을 받을 수 있다.

생각을 부르는 도구, 나만의 35법칙

나는 요즘도 내 생각을 어떻게 만들 것인지 고심한다. 내 책상에는 생각법이 적혀 있다. 나는 책을 쓰다가 쓸거리가 생각나지 않을 때, 혹은 생각난 게 참신하지 않을 때, 하나씩 읽어가며 서른다섯 개의 체에 걸러본다.

1. 현상만 보지 말자. 본질에 해당하는 것이 무엇인지 궁리해보자. 군더더기를 다 덜어내고 마지막 남는 핵심을 찾는다.
2. 통념, 상식, 고정관념, 선입견을 뒤집어 생각하자. 기존의 것에 의문을 갖자. 그것이 맞는지 의심하자.
3. 양방향으로 인과관계를 따져보자. 한편으론 사안의 원인과 이유를 파고들어 가고, 다른 한편으로는 그 사안이 미칠 영향과 파장을 추적해보자.
4. 다각도로 생각하자. 모든 일은 한 면만 있지 않다. 여러 측면이 있다. 다른 관점, 다른 시각이 있을 수 있다.
5. 상대의 처지, 입장, 사정을 생각해보자. 내가 무엇을 하면 경쟁 상내가 힘들어할까. 상대방이 무엇을 할 때 내가 가장 후회할지 타산지석하고 반면교사 해보자.
6. 일반론에 매몰되지 말자. 일반론을 따라가다 보면 다 맞게 보인다. 트집부터 잡고보자. 까칠하게 대들자.
7. 대안을 제시해보자. 대안은 현장과 현실에서 찾자. 강자보다는 약자 편에 서서 보자.
8. 새로운 것을 만들려고 고집하지 말자. 있는 것을 변형해보자.
9. 여러 가지를 엮어보고 섞어보자. 이것저것을 서로 연결해서 다른 무엇이 나올 수 없는지 모색해보자. 연관이 없는, 관계가 먼 것끼리 부딪칠수록 기발한 생각이 나온다.
10. 미래를 중심에 놓고 생각하자. 현재에 매몰되거나 안주하지 말자. 오늘은 금세 어제가 되어 새로울 게 없어진다.
11. 자기중심으로 보거나 나에 얽매이지 말자. 남의 시선으로 보자. 당사자가 되면 오히려 생각이 안 난다.

12. 익숙한 것을 낯설게 보자. 평범한 것, 일상적인 것, 친숙한 것, 반복되는 것, 상투적인 것은 이목을 끌지 못한다. 새로운 것이 호기심과 궁금증을 유발하고 몰입하게 한다.

13. 세 부류로 정리해보자. 정치적-경제적-사회적, 땅-바다-하늘, 입법-사법-행정, 교사-학생-학부모.

14. 가정과 전제를 바꿔보자. '나는 책을 써본 적이 없어 책을 못 쓴다.' 이 문장은 책을 쓴 경험이 있어야 책을 쓸 수 있다는 걸 전제하고 있다. 이를 '책을 써본 적이 없어도 글을 많이 써보면'으로 바꿔보자. 그러면 '책을 쓸 수 있다.'로 결론이 바뀐다.

15. 반대 개념을 대비시켜 보자. 보수와 진보, 행복과 불행, 현실과 이상, 보편과 특수, 개인과 전체, 기회와 위협, 찬성과 반대, 강점과 약점.

16. 무엇을 더 할까만 생각하지 말자. 관성적으로 해오던 것 중에 무엇을 안 할까를 생각해보자. 빼거나 축소할 것은 무엇인지 찾아보자.

17. 기억을 떠올려보자. 글의 소재가 되는 일화, 에피소드는 없는지 상기해보자.

18. 확산해보자. 지역-국가-세계, 나-너-우리.

19. 연대기적으로 생각해보자. 과거-현재-미래, 고대-중세-현대, 초등-중등-대학, 유년-중년-노년.

20. 회장, 사장, 기관장 등 높은 사람 위치에서 생각해본다. 이른바 '헬리콥터 뷰'라고 한다. 누구나 가능하다.

21. 평소 아이디어를 잘 내는 사람이라면 뭐라고 할까 생각해본다. 그 사람이라면 이 사안에 대해 어떤 의견을 낼까 예상해본다.

22. 육하원칙에 맞춰 생각해보자. 언제, 어디서, 누가보다 무엇을, 어떻게, 왜에 집중한다. 순서도 무엇을-어떻게-왜가 아니라, 왜-어떻

게-무엇을 순으로 생각해본다.

23. 거시적으로 접근하지 말고 미시적으로 보자. 먼저, 숲이 아닌 나무를 보자.

24. 구름에 떠다니지 말고 땅을 짚고 서자. 이론 말고 실제, 의도 말고 실행, 원칙 말고 실천을 생각해보자.

25. 뭉뚱그리지 말고 개별화해보자. 객관보다는 주관, 현상 말고 해석 등으로 나를 개입시키자.

26. 나열해보자. 브레인스토밍 방식으로 생각나는 것을 모두 써본 후 빠진 것노, 뺄 것도 없이 추려보자.

27. 정-반-합으로 생각해보자.

28. 이어서 생각하며 연상해보자. 마인드맵 방식으로 유추하고 추론해 보자.

29. 정의 내려보자. 한마디로 규정해서 명제화해보자.

30. 가정해보자. 만약에 ~라면. 특히 최선과 최악을 생각해보자.

31. 단계로 구분하거나 수준을 나눠보자. 1단계, 2단계, 3단계 또는 상-중-하.

32. 단편적으로 보지 말고 종합적·입체적으로 보자. 그러기 위해 구조와 시스템을 파악해본다.

33. 기준을 잡아 덩어리로 묶어 분류한 후 차이점과 공통점을 따져보자.

34. 역발상해보자. 위기에서 기회를 찾고, 단점을 장점화해보자.

35. 수치로 환산해서 숫자로 표현할 수 없는지 생각해보자.

생각은 연습이다 – 나를 움직이는 39가지 생각법

생각이 나지 않을 때 실제 해보는 것도 있다. 서른아홉 단어를 떠올려보는 것이다. 나의 생각 도구들이다.

1. '대화'다. 생각해야 할 일이 있으면 누군가에게 말해본다. 말하다 보면 생각이 난다. 그리고 생각이 정리된다.
2. '산책'이다. 나는 산책하려고 신발을 신으면서부터 생각하기 시작한다. 산책하는 길에 보이는 것들, 들리는 소리가 생각을 자극한다.
3. '관찰'이다. 사물, 사람, 사건을 유심히 들여다본다. 관심이 먼저다.
4. '상상'이다. 머릿속으로 가상 시나리오를 써보거나, 시뮬레이션해보거나, 전망, 추측해본다. 이를 통해 상상을 구체화한다.
5. '열거'다. 생각나는 것을 모두 쓴다.
6. '융합'이다. 이 생각, 저 생각을 섞는다. 다른 게 합해지면 새로운 것이 나온다.
7. '연상'이다. 유추하고 추론해본다. 마인드맵 접근법이다.
8. '규정'이다. 한마디로 정의 내려본다.
9. '가정'이다. '만약에 ~라면'이라고 생각한다. 특히 최선과 최악을 가정해본다.
10. '계산'이다. 수치로 환산해 따져본다.
11. '분류'다. 생각을 모두 풀어 놓고 기준을 잡아 덩어리로 묶는다. 4분위 면에 배치해보는 것도 좋다.
12. '구분'이다. 1단계, 2단계, 3단계 혹은 상-중-하로 나눠본다.
13. '낙서'다. 그림을 그리거나 끼적거려본다. 생각을 시각화하는 '비주얼 씽킹(Visual thinking)'이 효과 만점이다.

14. '검색'이다. 자료를 조사하다 보면 생각이 떠오른다.
15. '본질'이다. 군더더기를 다 덜어내고 마지막 남는 핵심을 찾는다.
16. '구조 파악'이다. 겉이 아닌 속을 들여다보고 구조적 요인 등을 밝힌다.
17. '시행'이다. 시제품을 만들어보거나 시험적으로 실행해본다.
18. '관계'이다. 우리 뇌는 아무 일도 하지 않을 때 관계를 생각한다고 한다. 그래서 '사회적 뇌'라고 한다. 인간관계가 풍부하고 좋을수록 더 생각하는 뇌가 된다. 생각은 관계 속에서 나온다.
19. '질문'이다. 뇌는 묻지 않으면 대답하지 않는다. 생각은 질문에 대한 답이다. 사유는 내가 묻고 내가 답하는 과정이다.
20. '모방'이다. 남의 글을 읽고 말을 들으면 내 생각이 만들어진다. 기존에 있는 것을 변형해보는 것도 방법이다.
21. '비판'이다. 의심하고 반문하고 반박하고 반론해본다. 의문을 갖고 뒤집어 생각해본다. 역발상으로 통념이나 고정관념이란 관성에서 벗어나려고 애쓴다.
22. '공부'다. 입력하지 않고 출력은 불가능하다. 내 생각을 만들려면 이미 있는 생각부터 알아야 한다. 독서, 학습은 필수다.
23. '지식과 정보'다. 책에서 배운 지식과 누구에게 들은 정보를 떠올려본다. 이 지식이나 정보를 어떻게 활용할 수 있는지, 현실에 어떻게 접목할 수 있는지 생각해본다.
24. '몰입'이다. 하나의 생각에 사흘 이상 몰두하면 답을 찾는다. 몰입은 행복한 생각하기다.
25. '축적'이다. 생각 위에 생각이 쌓이게 하려면 일정 기간 의도적으로 생각에 집중해야 한다. 생각의 덩어리가 만들어지면 표면적이 생기

고 여기에 생각이 와서 붙는다.

26. '감정'이다. 나는 들떠 있을 때보다는 우울하고 슬플 때 생각이 잘 난다. 나는 생각이 필요한 때, 생각이 잘 나는 감정 상태에 나를 갖다 놓는다.

27. '쓰기'이다. 나는 생각이 정리돼서 글을 쓰지 않는다. 쓰면서 생각을 정리한다. 글쓰기는 시행착오를 통해 생각하는 과정이다.

28. '타협'이다. 양측의 입장과 주장을 생각해보고, 어느 지점에서 타협하는 것이다. 극단에 치우치지 않고 균형감 있는 결론을 내릴 수 있다.

29. '자성'이다. 독단이나 편견에 사로잡히지 않기 위해, 내가 남에게 지적하는 내용을 나는 범하고 있지는 않은지 사고히는 것이다.

30. '목욕'이다. 나는 생각할 일이 있으면 반신욕을 한다. 욕조에 물을 채우면 뇌는 준비한다. 물에 몸을 담그면 생각하기 시작한다. 생각의 트랙 위에 나를 올려놓기만 하면 된다.

31. '협력'이다. 함께 생각해보는 것이다. 청와대 연설비서관 시절, 행정관들과 모여 앉아 함께 생각을 맞춰봤다. 생각하는 일이 재미난 놀이가 된다. 융합과 통섭이 일어났다.

32. '관점'이다. 다양한 각도로 보면 생각이 만들어진다. 깊이 들여다보면 본질이나 원리를 깨닫게 된다.

33. '목적'을 본다. 그 일을 하는 이유와 목적을 생각해본다. 목표도 정해본다. 목표를 이루기 위해 무엇을 어떻게 해야 하는지 생각해본다.

34. '욕구나 요구'를 본다. 독자는 내 글에서 얻고 싶은 니즈가 있다. 책 쓰는 요령 같은 것이다. 현재 상태와 바람직한 상태 사이의 격차를 줄여보고자 하는 요구도 생각을 불러일으킨다. 혁신적 사고는 여기서 일어난다.

35. '문제'를 본다. 나는 일어난 문제에 대한 해법을 찾고, 진행되고 있는 문제에 대한 개선책을 내놓으려고 한다. 문제가 있으면 반드시 답도 있다.

36. '가치'를 본다. 어떻게 가치를 끌어올릴까 고민해보는 것이다. 이를 위해서는 모순되고 충돌하는 가치를 함께 충족시켜야 한다. 글도 마찬가지다. 어떻게 하면 구체적이면서 간결하게, 깊이가 있으면서도 쉽게 쓸 수 있을까 생각해본다.

37. '목록'을 본다. 나는 생각 목록이 있다. 언제, 어디서, 무엇을, 어떻게, 왜, 기회, 위협, 과거, 현재, 미래, 원인, 이유, 실행계획, 추진과제 같은 단어들이다. 나는 이런 단어를 보며 생각할 거리를 찾는다.

38. '근거'를 따져본다. 나는 내 생각을 검증할 때도 세 가지 근거를 들이대본다. 사실근거(사례, 통계, 연구결과 등), 소견근거(명언, 증언 등), 선험근거(이론, 상식 등)이다.

39. '경험'이다. 나는 판단하거나 선택하거나 결정할 일이 있을 때 나의 선행 경험을 불러온다. 선험에서 얻은 교훈이나 시사점이 내 생각의 방향 표지판 역할을 한다.

'펜은 칼보다 강하다.'라는 유명한 말을 남긴 영국의 정치가 겸 소설가 에드워드 불워 리턴(Edward Bulwer Lytton)은 이렇게 말했다. "생각은 인생의 소금이다. 생각이 많으면 인생이 짜고, 생각이 없으면 인생이 싱겁다." 글도 마찬가지다. 적당량의 자기 생각이 들어가야 글이 맛깔 난다. 글에 자신의 생각을 집어넣자. 생각으로 글을 쓰자.

책 읽기가 책 쓰기다

읽기로 쓰자

책으로 책을 쓸 수 있다. 그러기 위해선 세 종류의 빡센 독서가 필요하다. 첫 번째는 쓰고자 하는 분야의 책을 두루 섭렵하는 것이다. 나는 책을 쓸 때 내가 쓰고자 하는 분야의 책, 서른 권 정도는 족히 보는 것 같다. 말이 서른 권이지, 책 내용이 대동소이하기에 대여섯 권 읽고 나면 나머지를 독파하는 일은 그다지 힘들지 않다.

두 번째는 '모델북'을 한 권 찾아 벤치마킹하는 것이다. '나도 이런 책을 한 권 쓰고 싶다.'라는 책을 찾아, 그 책의 제목부터 구성에 이르기까지 철저히 연구해본다. 이런 과정을 통해 쓰고자 하는 책의 꼴을 선명하게 그리고, 집필 의지를 다질 수 있다. 책 쓰는 일은 마라톤 경주 같아서 골인 지점을 명확히 하고 그곳에 이를 때까지 열정을 식히지 않아야 완주할 수 있다. 모델북은 도달해야 하는 골인 지점 역할을 한다.

세 번째는 자신이 좋아하는 작가의 책을 반복해서 읽는 것이다. 한 작가의 책을 여러 권 읽어도 되고, 한 권을 여러 번 읽어도 된다. 중요한 것은 그 작가의 문체를 자신의 것으로 만드는 것이다. 방법은 반복하는 것이다. 반복하면 몰입하고, 몰입하면 빙의될 수 있다. 한 달 정도 한 작가에 빠져 살면 자신도 모르게 그 작가의 문체를 흉내 내게 된다.

이 밖에도 책을 활용해 책을 쓰는 방법은 많다. 가까운 도서관을 정해 놓고 일정 기간 매일 가서 관련 도서를 참고하며 책을 쓸 수도 있고, 대형서점에 가서 경쟁도서를 파악하고 이에 자극받을 수도 있으며, 다른 사람의 책에서 인용 문구를 찾아 재인용하는 방법도 있다.

책으로 책을 쓰는 법, 독서

책은 독자들에게 읽히기 위해 쓴다. 다시 말해 팔기 위해 쓴다. 팔리기 위해서는 다른 책보다 경쟁력이 있어야 한다. 앞서 밝혔듯 나는 내가 쓰고자 하는 분야에 이미 나와 있는 책 가운데, 많이 팔린 책을 골랐다. 고르는 건 어렵지 않다. 온라인 서점이나 포털사이트에 가면 사람들이 많이 검색해본 책이나 많이 팔린 책 목록이 뜬다. 이 책들의 목차만 출력한다.

이렇게 고른 책 30권의 목차를 훑어본다. 이때 할 일은 공통분모를 찾는 일이다. 이 주제에 관해 주로 다루는 내용을 파악한다. 책 쓰기를 밥상 차리기에 비유한다면 이 내용은 밑반찬에 해당한다. 예를 들어 '글쓰기' 책이면 어떤 글이 좋은 글이고, 그런 글은 어떻게 쓰고 고치는지가 들어가야 한다. 진부하지만 반드시 필요하다. 아무리 진수성찬을 차려도 김치같은 밑반찬이 빠지면 서운한 법이다.

다음으로, 30권의 목차 각각에서 글감을 찾는다. 다른 책에선 다루지 않은 그 책만의 신선한 글감을 한두 개씩 캐낸다. 이미 앞에서 전체 목차를 일별해 봤기에 권별로 참신한 글감을 찾는 일은 식은 죽 먹기다. 단, 이때 캐내는 글감은 내가 쓸 수 있고, 쓰고 싶은 내용이어야 한다. 그러니까 참신하면서도 쓸 수 있는 글감을 찾아야 한다. 30권의 책에서 한두 개씩 찾으면 너끈히 책 한 권 분량의 글감을 확보할 수 있고, 그리되면 벌써 절반은 쓴 셈이다. 내가 쓸 수 있는 내용만 골랐으므로 쓰는 데 큰 어려움이 없다.

사실 우리 머릿속에는 이미 쓸거리가 있다. 자신이 모를 뿐. 하지만 다른 책의 목차를 보면 그것이 무엇인지 알 수 있다. 더구나 각 권에서 새롭고 신선한 내용만 추려냈기에 구태의연하지 않다.

나는 책을 쓰려고 마음먹은 후부터 책을 많이 읽게 됐다. 내가 쓰려는 분야의 책에 집중했다. 몰입의 효과를 보기 위해서다. 하루 온종일 내가 쓰고자 하는 주제만 생각하면, 그간 생각지도 못했던 것이 생각나는 경험을 하게 된다. 내가 쓰고자 하는 분야의 책은 모두 보겠다는 각오로 독서했다. 실제로 빠짐없이 봤다. 그러나 모두 읽지는 않았다. 목차와 프롤로그를 보고 도움이 될 만한 책을 선별했다. 읽은 책에서는 반드시 하나라도 얻으려고 했다. 책 한 권을 읽으면 내 책에 써먹을 수 있는 새로운 생각 열 개 정도는 만들어내려고 했다. 그런 조바심으로 읽었다. 하나도 얻지 못하는 책도 있다. 들인 시간이 아깝고 분해서, 생각이 날 때까지 생각하고 또 생각했다. 그러면 반드시 하나는 건질 수 있었다.

책을 읽으면서 다음에 읽을 책을 찾았다. 책을 읽다 보면 자연스럽게 다음에 읽을 책이 잡힌다. 읽고 있는 책에서 소개하는 책이 있기 때문이다. 그렇지 않더라도 책을 읽다 보면 새롭게 알고 싶은 게 생기고, 그것을 충족시키는 책을 찾게 된다. 이렇게 책을 새끼 쳐 가며 읽었다. 계속해서 떠오르는 궁금증과 질문에 답하는 독서를 했다.

내가 읽은 책의 교집합을 찾아봤다. 모든 책에서 중점적으로 다루는 것, 그것이 내가 쓰고자 하는 내용의 정수였다. 고갱이였다. 핵심을 파악하고 나면 머릿속이 훤해진다. 이치를 터득한 것처럼, 내가 쓰고자 하는 내용이 분명해지고, 그 분야에 정통해진다. 당연한 얘기지만, 책을 읽을 때는 메모를 열심히 해야 한다. 특히 내 책에서 써먹을 수 있는 문구를 꼼꼼하게 기록해 둔다.

나의 책 쓰기 스승은 앞서 책을 낸 이들이다

내가 만난 사람 가운데 본받을 게 전혀 없는 사람은 없었다. 더구나 나는 본보기가 되는 분을 많이 만나는 행운까지 누렸다. 김우중 회장, 김대중 대통령, 노무현 대통령뿐 아니라, 그분들과 같이 일하며 만난 많은 분에게 배웠다.

　책 쓰기도 마찬가지다. 책 쓰기는 책 읽기에 길이 있다. 이미 나와 있는 책을 본받으면 된다. 앞서 책을 낸 한 사람 한 사람이 나의 책 쓰기 스승이다. 책을 쓰려고 마음먹었을 때 광화문에 있는 대형서점에 갔다. 글쓰기 책 관련 코너를 둘러보니 많은 책이 나와 있었다. 누군가는 이렇게 생각했을 수 있다. '벌써 다 써놨네. 내가 여기에 한 권 더 보태는 게 무슨 의미가 있을까.' 나는 그렇게 생각하지 않았다. '많은 사람이 이미 길을 내놨구나. 나는 이 길을 따라가기만 하면 되겠네.'

　배우는 방식은 여럿이다. 우선, 가이드가 있다. 큰 방향을 안내해주는 것이다. 두 번째가 코칭이다. 한 수 알려주듯, 그때그때 필요한 것을 하나씩 가르쳐주는 것이다. '레슨'이라고도 한다. 세 번째가 티칭이다. 중고등학교 선생님이 하고 계신 방식이다. 네 번째, 컨설팅이다. 배움을 청해 오면, 답을 해주는 가르침이다. 끝으로, 멘토링이다. 이 단계에서는 가르치지 않는다. 배우는 사람이 멘토를 본받고 좇으면서 깨우침을 얻는다. 사실 멘토링은 따라 하기다. 닮아가면서 배우는 것이다. 가장 손쉬운 멘토링 방법은 바로 독서다. 책 쓰기도 멘토링으로 배우는 게 효과적이다. 비용도 들지 않는다. 본받고 싶은 벤치마킹 모델을 찾아, 그의 글을 반복해서 읽거나 필사해 보는 것이다. 감동적인 문장을 암송해보면 더 좋다.

　가장 먼저 해야 할 것은 멘토링할 대상을 찾는 일이다. 그 대상이 칼럼니스트이면 그의 칼럼을 반복해서 읽고, 소설가면 그의 소설을 찾아 모두 읽고, 시인이면 그의 시를 암송해보라. 수필을 필사하는 것도 나쁘지 않다. 단, 집중적으로 해야 한다. 김훈 선생을 본받으려면 일정 기간 그의 소설에 파묻혀 그의 소설만 읽어야 한다. 작가 중에는 문체가 좋은 사람과 내용이 좋은 사람이 있는데, 문체가 좋은 작가를 골라 그의 책을 읽는 게 바람직하다.

나는 김훈 작가의 소설《칼의 노래》,《남한산성》과 산문집《라면을 끓이며》,《자전서 어행》 등 을 읽었다. 한때는 강준만 교수의 칼럼에 푹 빠져 있은 적도 있었다. 한 작가의 작품에 빠져 읽다 보면 나도 모르게 그 작가의 문장 패턴을 따라 하게 된다. 이런 '전작독서'가 책을 쓸 수 있는 문장력을 키워준다. 동서고금을 막론하고 필사나 초서를 즐겨했던 것도 그런 이유일 것이다.

특정 작가가 쓴 작품을 모두 읽는, 이른바 '전작독서'는 얻는 게 많다. 어떤 작가의 초기작부터 최신작에 이르기까지 모두 섭렵하면 그 작가의 작품 세계가 어떻게 변해왔는지 알 수 있는 것은 물론, 한 사람의 인생 전체가 내 안으로 들어온다. 그래서 문학비평가 중에는 작가 본인보다 그 작가를 더 잘 아는 경우가 많다고 한다. 이렇게 한 사람을 제대로 알면, 그 사람을 통해 알게 된 이치로 다른 작품까지도 관통할 수 있게 된다. 소설가 한 사람에 정통하면 소설 세계 전체가 이해되는 것처럼 말이다. 이것은 비단 문학만이 아닐 것이다. 니체의 책을 모두 읽게 되면 철학이 무엇인지 환하게 보이는 순간을 경험하게 될지 모른다.

전작주의의 대상이 되는 건 글 쓰는 사람에겐 꿈같은 일이다. 내 책을, 내 글을 누군가 모두 읽는 것처럼 행복한 일은 없을 테니까 말이다. 전작주의는 글 쓰는 사람과 읽는 사람 모두에게 의미 있는 접근법이다.

한 작가의 작품을 모두 읽는 게 힘들면, 한 권을 여러 번 읽는 것도 방법이다. 마음에 드는 책을 한 권 골라 최소 5번 이상 읽는 것이다. 단, 조심해야 할 게 있다. 내가 쓰고자 하는 주제와 관련 있는 책은 위험하다. 표절할 가능성이 높아서다.

고전에서 배우는 방법도 있다. 미국의 작가 마크 트웨인(Mark Twain)은 고전을 "누구나 한 번쯤 읽기를 바라지만, 사실은 아무도 읽고 싶어 하지 않는 책"이라고 말했다. 내가 그렇다. 평소 이런 책을 읽지 않았다. 어렵고 딱딱하고 재미없어서다. 하지만 아들에겐 전공이나 영어 공부는 하지 않아도 좋으니 동서양 고전 100권 읽기에 도전해보라고 했다. 실행에 옮길 것이라고 기대하고 한 소리는 아니다. 책을 읽으라는 자극을 주기 위해서다.

미국은 1920년대 컬럼비아 대학에서 고전 읽기 프로그램을 시작했다. 대학 3, 4학년 2년 동안 고전만 읽는 과정을 개설했다. 지금은 세인트존스 대학을 비롯해 많은 대학이 학부 4년 동안 고전 100권을 읽는 커리큘럼을 운영하고 있다고 한다. 내 기억으로 우리나라도 어렴풋이 그런 시도를 했다. 초등학교 다닐 적에 '고전읽기반'이라는 게 있었다. 선생님이 공부깨나 하는 친구들을 모아 《삼국유사》, 《삼국사기》 같은 책을 열심히 읽게 했다. 교육청 주관으로 시험을 봐서 다른 학교와 경쟁해야 했다. 미국이 토론 중심으로 고전 읽기를 한 데 반해, 우리는 외워서 시험을 봤다. 나도 그 틈에 끼어 있었다. 공부를 잘했다는 얘기다.

고전을 소개하는 칼럼을 쓸 일이 있어 읽은 적이 있는데, 그때 느낀 게 있다. 우선, 고전은 생각나게 하고 상상력을 자극한다. 오래된 책이지만 현재를 사는 우리에게 주는 시사가 있다. 쓸거리를 생각나게 한다. 또한, 응용할 수 있는 원리가 담겨 있다. 다른 책에 나온 걸 가져다 쓰면 표절이 되지만, 원리를 응용해서 글을 쓰면 시비 걸 사람이 없다. 마지막으로, 누구나 인정하고 널리 회자되는 명문이 있다. 인용하더라도 고전에서 하면 폼 난다. 어렵더라도 고전 세 권만 읽어보길 권한다. 많이 읽으면 좋겠지만 세 권만 정독해도 서른 권 읽은 것과 크게 다를 바 없는 고전의 프랙탈(fractal·구조)을 확인할 수 있다. 책 쓰기가 달라질 수 있다.

책 한 권 쓰려면 백 권을 읽어야 한다

내가 쓰고자 하는 주제에 관한 책을 모두 읽는 '테마독서'도 필요하다. 이런 독서는 책을 쓰고자 하는 사람의 의무일 수 있다. 첫 책 《대통령의 글쓰기》를 쓰기 전에 서울 국립도서관에 가서, 이미 출간

된 글쓰기 책들을 찾아봤다. 영감을 얻기 위해서였다. 대략 70여 권이었다. 목차를 훑어보니 글쓰기 책은 대략 어떤 내용으로 쓰는지 알 수 있었다. 목차를 보면서 내 책에 쓸 수 있는 내용을 떠올릴 수 있었다.

나는 주로 내가 쓸 책과 관련 있는 책을 골라 읽는다. 책 한 권을 쓰려면 백 권을 읽어야 한다. 이런 목적과 목표를 가진 후부터 책을 읽어야 하는 이유가 분명해졌다. 책 읽기가 즐겁다. 그리고 읽은 내용은 강연을 통해 써먹는다. 그리고 강연한 내용으로 글을 쓰고 책을 쓴다. 그러면서 독서량이 늘었다.

나는 책에서 한 꼭지 글을 읽으면 다음 꼭지로 넘어가기 전에 반드시 메모거리를 챙긴다. 메모거리를 낚지 못하면 재차 읽어본다. 메모거리가 잡혔을 때 그렇게 좋을 수가 없다. 가끔은 메모가 메모를 낳고 메모가 메모를 불러온다.

읽기는 크게 세 방향에서 해왔다. 첫째는 내 문체를 만드는 읽기다. 누구나 그가 쓴 글의 내용이나 세계관과 상관없이 그의 문장과 표현, 문체가 선망의 대상이 되는 사람이 있다. 그런 사람의 글을 읽고 또 읽으면 자기도 모르게 그의 글을 본받고 있는 자신을 발견할 것이다.

두 번째는 내가 쓸 글감을 얻기 위한 읽기다. 나는 쓰기 위해 읽는다. 그러므로 읽으면서 눈을 부릅뜨고 쓸거리를 찾는다. 쓸거리를 얻지 못하면 찾을 때까지 읽는다. 어느덧 내 뇌는 쓰기 위해 읽고, 읽으면 무언가를 기필코 찾아내고야 마는 습성을 갖게 됐다.

세 번째는 벌이를 위한 읽기다. 나는 강의가 주 수입원이다. 강의를 잘하기 위해서는 나만의 콘텐츠가 필요하다. 그런 콘텐츠를 구축하는 유일무이한 길이 독서다. 적어도 내가 강의하는 글쓰기, 말하기, 소통 등에 관해서는 누구보다 많이 읽었다고 자신할 정도의 독서를 하려고 애쓴다.

하지만 나는 독서를 많이 한다고 반드시 글을 잘 쓸 수 있다고는 생각하지 않는다. 독서를 안 하는 것보다는 낫겠지만 말이다. 글쓰기에 도움이 되는 독서를 해야 한다. 나는 필자와 대화하며 읽는다. 필자에게, 자신에게 끊임없이 물어야 한다. 그래야 내 생각이 만들어지고, 그것을 내 글에 쓸 수 있다. 필자의 생각을 주입하기만 하면 아무짝에도 쓸모없다.

필자의 문장을 봐야 한다. 줄거리만 파악하려 하지 말고 쓴 문장을 봐야 한다. 필자의 문체, 필자가 사용하는 어휘, 표현방식을 봐야 한다. 줄거리만 따라가면 글쓰기에는 도움이 안 된다. 필자의 전개방식을 따져봐야 한다. 필자마다 자기 생각과 느낌을 전하는 방식이 있다. 시작하고 끝내는 방법, 설명하고 묘사하고 논증하는 방법이 있다. 그것을 분석적으로 봐야 한다. 나중에 쓸거리를 갈무리하며 읽어야 한다. 방법은 해당 부분에 밑줄을 긋고 그 옆에 내 생각을 적어 둔다. 읽으면서 생각난 것을 써 둔다. 독서는 평소의 자료 찾기이다.

내게 독서는 책을 읽는 것만이 아니다. 보고 듣고 겪는 모든 게 독서요, 학습이다. 따라서 읽거나 듣거나 보거나 겪은 후엔 내 글에 써먹을 거리를 찾는다. 그걸 찾지 않는 독서나 학습은 의미가 없다.

나는 마음이 내키는 것만 읽고 듣고 보고 겪는다. 해야 하고, 하라고 해서 하지 않는다. 책을 읽을 때도 처음부터 읽지 않는다. 읽고 싶은 데만 찾아 읽는다. 강의를 듣는 것도 마찬가지다. 나는 독서량이 많지 않다. 하지만 그것이 내겐 희망이다. 독서량이 많은 데도 지금처럼 글쓰기가 힘들면 얼마나 암담하겠는가. 지금부터 읽으면 된다. 읽는 만큼 조금씩 나아질 것이다. 좋아질 일만 남았다.

왜 잘 듣는 사람이 글도 잘 쓸까

듣기로 쓰자

듣기 역시 말하기의 연장선 상에 있다. 또한 쓰기의 토대다. 잘 듣는 사람이 말을 잘하고, 잘 쓴다. 내가 아는 사람 중에 말을 심하게 더듬는 분이 있다. 교정치료를 받아야 할 정도의 장애를 안고 50년을 살아왔다. 그런 그가 20년 넘게 보험회사 영업왕이다. 비결은 하나. 잘 듣는 것이다. 말을 잘하지 못하기에 열심히 들어줌으로써 고객을 주인으로 만들어 준 결과다.

잘 들으면 생각이 난다. 상대가 말하는데 가로막고 끼어든 적이 있는가. 생각이 났기 때문이다. 들으면 생각이 난다. 듣기를 통해 정보를 얻는다. 말만 하면 정보를 잃지만 들으면 얻는다. 말하기와 글쓰기 밑천을 챙길 수 있다. 잘 들어야 공감할 수 있다. 그럼으로써 관계가 좋아진다. 관계가 좋으면 말하기, 글쓰기가 수월하다.

말하기와 글쓰기의 출발점, 듣기

나는 '듣기'로 글을 쓰고 책을 쓴다. 대표적인 게 인터뷰와 취재다. 가장 생생한 내용은 사람들 머릿속에 있다고 믿는다. 특히 그 분야 전문가의 머릿속에 있다. 그 사람에게 인터뷰를 요청하거나 취재하면 된다. 기자들은 이 방법으로 글을 쓴다. 미리 질문지를 작성하는 건 기본이다. 준비해 간 질문만으로는 깊이 있는 내용을 얻을 수 없다. 호기심을 가지고 파고들며 물어야 한다. 그러기 위해서는 사전에 공부해서 기본 사항을 숙지해야 한다. 아울러 듣기 실력을 키울 필요가 있다. 무슨 말인지 이해하는 수준을 넘어, 중요한 말과 그렇지 않은 내용을 구분하고 요약하는 수준. 나아가 말의 맥락을 파악하고 그렇게 말하는 이유와 배경을 읽는 능력이 필요하다.

듣기 역량은 일곱 단계가 있다. 먼저, 이해력 단계다. 무슨 말을 하는지 알아먹어야 한다. 이를 위해 듣는 내용에 대한 배경지식이 어느 정도는 있어야 한다. 어떤 사람은 실컷 얘기해 주고 이해했느냐고 물으면 알아들었다고 말한다. 하지만 그 내용을 말해보라고 하면 하지 못한다. 그것은 이해한 것이 아니다. 들은 내용을 누군가에게 말할 수 있어야 비로소 이해했다고 할 수 있다.

요약 단계이다. 들은 내용을 압축하고 핵심을 추려낼 수 있어야 한다. 사실 듣기는 요점을 간추리는 행위에 다름 아니다.

유추력 단계이다. 말하는 사람은 다 말하지 않는다. 건너뛰는 게 많고 표정과 감정으로 말하기도 한다. 따라서 듣는 사람은 눈치로 말하지 않는 빈칸을 채우고 비언어적 표현을 읽어낼 수 있어야 한다. 바로 이런 눈치가 '유추능력'이다. 말한 것뿐 아니라, 말하지 않은 것을 알아채는 능력이다. 말하는 사람이 왜 그렇게 말하는지 그 배경과 이유와 목적, 취지, 의도 등을 파악할 수 있는 단계다.

분석력 단계다. 해석, 분류, 평가, 적용이 가능한 수준이다.

비판력 단계이다. 상대의 말을 듣고 받아들이기만 해서는 안 된다. 자기 말도 추기해야 한다. 상대 말에 반발하고 반대하고 이의를 제기하라는 게 아니다. 상대의 생각을 보완해 주고 도움으로써 더 나은 대안이나 제3의 의견을 찾아가라는 뜻이다. 말 그대로 건설적인 비판이 필요하다.

공감력 단계이다. 인터뷰이 입장이 돼서, 그의 심정과 마음, 처지와 사정을 역지사지하며 듣는 것이다. 얘기를 듣고 간추리고 궁금한 걸 물어 대답을 들었으면 그 말에 동의하고 공감을 표해야 한다. 그래야 말하는 사람이 신이 난다.

끝으로, 실행 단계다. 들은 내용을 적용하고 활용하고 응용해서 글을 쓸 수 있어야 한다. 이 단계는 들은 내용을 가지고 창의적인 결과물을 내놓을 수 있는 수준이다. 창의적인 결과물을 내놓은 방식은 네 가지다. 하나, '발상'이다. 인터뷰이가 말한 내용을 낯설게, 다르게, 새롭게 생각해서, 새로운 아이디어를 만들어내는 것이다. 둘, '몰입'이다. 인터뷰이가 말한 내용 가운데 핵심 키워드를 붙들고 계속 생각해

보는 것이다. 셋, '연상'이다. 인터뷰이가 말한 내용을 놓고 상상의 나래를 펼쳐보는 것이다. 넷, '융합'이다. 인터뷰이가 말한 내용의 조각들을 이리저리 연결해보고 꿰어 맞춰보는 것이다. 이런 역량만 있으면 인터뷰를 통해 얘기를 듣고 책을 쓸 수 있다.

청와대에서 글을 쓸 때 세 사람에게 듣고 썼다. 가장 먼저 대통령에게 들었다. 글을 써야 할 때만 들은 게 아니고 평소에 들었다. 대통령 행사에 따라가 듣고, 회의에 배석해 듣고, 다른 사람을 통해 전해 듣고, 대통령이 직접 구술해 주는 내용을 들었다. 다음으로는 전문가에게 들었다. 대통령도 모든 내용을 다 알 순 없다. 설사 알고 있더라도 전문가의 확인이 필요하다. 대통령에게서는 글의 전체적인 흐름과 주제 정도를 파악하고, 구체적인 내용은 전문가의 도움을 받았다. 끝으로, 대통령의 연설을 들을 사람이나 대통령의 글이 주요 독자로 삼고 있는 사람에게 들었다. 예를 들어 경찰의 날이나 무역의 날 연설이면 경찰이나 무역인에게 듣고, 대통령 글의 주제가 환경이나 국방이면 환경단체나 군 관계자들에게 들었다. 대통령에게 무슨 얘기를 듣고 싶은지, 무엇이 궁금한지, 현안은 무엇이고 숙원사업은 무엇이 있는지 들었다.

말 줄이고 듣기를 늘리면 비로소 얻는 것들

책은 내가 쓰지만 독자가 읽는다. 읽히는 책을 쓰기 위해서는 독자가 알고 싶고 듣고 싶은 내용을 써야 한다. 독자가 궁금해할 법한 독자의 질문에 답해야 한다. 그러기 위해서는 독자의 소리를 들을 필요가 있다. 또한 그 대답을 잘하기 위해서는 저자의 힘만으로는 부족하다. 전문가의 도움을 받아야 한다. 전문가에게 듣는 방법은 두 가지다. 유튜브나 오디오클립을 통해 듣는 것이 하나이고, 다른 하나는 직접 찾아가 인터뷰하는 것이다.

기자는 물론 소설가들도 이 방식으로 글을 쓴다. 자료를 참고하긴 하지만 주로 취재에 의존한다. 왜 그럴까. 그 방식이 효율적이기 때문이다. 투입하는 시간 대비 효과가 좋다. 기자들은 시시각각 기사를 써야 한다. 책을 읽고 자료를 찾아볼 시간이 없다. 가장 빠른 방법은 이미 책을 많이 읽고, 정보를 많이 갖고 있는 사람에게 물어보는 것이다. 그리하면 취재 상대가 평생 공부하고 경험한 내용을 단박에 알아낼 수 있다. 얼마나 '가성비' 좋은 방식인가 말이다.

듣기로 책을 쓰려면 세 가지 조건이 필요하다.

첫째, 관계가 좋아야 한다. 책을 쓰겠다고 마음먹은 주제에 관해 잘 알고 경험 많은 사람이 주변에 포진해 있어야 한다. 물론 유튜브로 들을 수도 있지만 깊이 있는 내용을 얻기 위해서는 직접 만나는 방식을 택해야 하는데, 이 경우 어느 정도의 인맥이 있어야 한다.

사람들은 대부분 남의 말을 잘 듣지 않는다. 자기 말하기에 바쁘다. 남이 말하는 사이 할 말이 생각나거나 그 말이 자기 생각과 다르면 말을 자르고 끼어든다. 생각의 속도는 말의 속도보다 빨라서 남의 말을 들으면서 자기 생각에 빠지기 십상이다. 하지만 나는 진득하게 듣는다. 별로 할 말도 없거니와 내겐 말하는 것보다 듣는 게 수지맞는 일이다. 그들의 말에서 뭐라도 알고 배우는 게 좋다. 무슨 말을 하려는지 알아도 혹시 몰라 끝까지 들어본다. 그 덕에 기업 회장과 대통령의 말을 듣는 자리에서 일할 수 있지 않았을까 싶다.

둘째, 말을 최소화해야 한다. 말수를 줄이면 적어도 밑지진 않을 수 있다. 내 말의 바탕색은 늘 침묵이다. 그런데 신기하게도 사람들은 말하지 못해 안달이다. 조용히 남의 말을 들어주는 데 익숙하지 않다. 왜 그럴까. 짐작하건대 몇 가지 이유가 있는 듯하나. 먼저, 자기가 할 말을 준비하느라 잘 듣지 못한다. 듣는 척만 하지 머릿속으로 다음에 할 말을 생각한다. 또한, 남의 말을 듣고만 있으면 자신은 아무것도 모르는 사람, 어떤 의견도 없는 사람으로 비칠까 봐 걱정이다. 또는 듣고 있는 내용이 시답지 않아서, 혹은 다 아는 것이어서 지루하고 따분할 수도 있다. 무엇보다 남의 말을 듣다 보면 자기도 할 말이 생각나고, 남의 말에 반론하고 싶거나, 자신을 변호하고 내가 한 일을 변명해야 하는 상황이 생기다 보니, 이래저래 말을 많이 하게 된다. '투머치 토커'(Too Much Talker)라는 비아냥을 듣고 싶지 않다면, 사람들과 밥 잘 먹고 집에 가서 '이불킥'하고 싶지 않거든 말수를 줄이자.

셋째, 잘 들어야 한다. 김대중 전 대통령은 '대화의 요체는 말하는 수사학에 있는 게 아니라 잘 듣는 심리학에 있다.'라고 했다. 대화를 잘하고 싶은가. 잘 들으면 된다. 김 대통령은 말하기 전에 세 번 생각한다고 했다. 이 말이 꼭 필요한가. 이 말을 해서 얻는 게 무엇인가. 이 말을 안 하면 무슨 문제가 생기는가. 지금 이 상황에서 필요한 말이 아니면, 말해서 얻는 게 없으면, 말을 안 해도 문제가 없으면 하지 말자는 뜻이다.

남의 말을 잘 들으면 얻는 게 많다. 그들이 알고 있는 지식과 정보를 얻을 수 있을 뿐만 아니라, 그들이 내게 무엇을 원하고 기대하는지 알 수 있다. 그걸 알아야 그들이 내게서 듣고 싶은 말을 할 수 있고 글을 쓸 수 있다.

이밖에도 잘 들으면 말하는 사람의 태도나 말하는 방식에서 교훈을 얻어 자신의 말 수준을 높일 수 있다. 또한, 많이 들을수록 내 편이 많아진다. 경청이야말로 말하는 사람에 대한 최고의 예우이고, 가장 효과적인 아부다. 나아가 잘 들어줌으로써 말할 기회를 얻는다. 내가 들어주지 않으면 남도 내 말을 들어주지 않기 때문이다. 이처럼 그 어떤 경우에도 잘 들어서 손해 볼 일은 없다.

일찍이 공자님이 말씀하셨다. '남이 말할 때 끼어들지 마라. 그렇다고 말해야 할 때 피하지도 마라. 그리고 말할 때는 상대의 안색을 살피면서 말해라.'

누구나 말하고, 듣고, 읽고, 쓰면서 산다. 이 가운데 가장 쉬운 게 무엇일까. 또 가장 먼저 시작하고 가장 마지막까지 하는 게 무엇인가. 바로 듣기다. 잘 들으면 쓸 수 있다. 가장 손쉬운 듣기를 통해 책을 써보자.

글쓰기의 씨앗, 메모

메모로 쓰자

책을 쓰는 데 가장 필요한 것은 글감이다. 책을 쓰려면 자기 생각이 있어야 하는데, 책 쓸 때 생각하려고 하면 이미 늦다. 없는 것을 만들어 쓸 수 없다. 이전에 해놓은 생각을 써먹는 게 책 쓰기다. 책을 쓰려면 쓸 말을 평소에 만들어 두어야 한다. 어휘력이나 문장력도 있어야 하고, 글을 구성하고 전개하는 능력도 필요하지만, 이 또한 글감이 있다는 전제 위에서 의미 있는 것들이다. 메모로 글감을 모아 두지 않으면 책을 잘 쓸 수 없다. 평소에 써 두는 글이 메모다.

책을 한 권 쓰려면 글감이 얼마나 필요할까. 내 기준으로는 메모 1,000개 정도다. 하나의 단어나 한 문장으로 쓴 메모가 아니라 몇 줄의 짧은 글을 1,000개 정도 쓰는 것이다. 서너 줄이나 네댓 줄짜리 메모 1,000개 정도면 책 한 권 분량이 된다. 책 한 권을 쓰려면 50개 정도의 글이 필요하고, 글 한 꼭지를 쓰는 데는 15개 정도의 문단이 필요하기 때문이다. 1,000개 정도의 짧은 글을 써서, 이 글을 조립해 50개의 글을 만들고, 이 글을 결합해 책을 내면 된다. 책을 써야 한다고 생각하면 엄두가 나지 않지만 매일 짧은 글을 한두 개씩 쓰는 일은 크게 부담되지 않는다. 그래도 그리 만만한 일은 아니다. 하루에 한 개 이상 1년에 500개 정도를 쓴다 해도 1,000개를 쓰려면 2년 정도는 공들여야 하는 작업이다.

책 쓰기의 출발점, 메모

나는 2014년 초부터 블로그, 페이스북, 카카오스토리 등에 문단 수준의 짧은 글을 썼다. 누군가에게 보여주기 위한 글이 아닌 개인적인 기록이자 메모였다. 목적은 강의에서 사용할 수 있는 내용을 모아 두는 데 있었다. 같은 말을 되풀이하는 건 나도, 강의를 듣는 사람도 못할 일이었다. 하루 두세 개의 할 말을 찾았다. 그게 가능하기 위해서는 해야 할 일이 있다. 독서와 사색이다. 다른 사람의 강의를 듣는 학습도 필요하다. 책을 읽고 학습한 후 사색하면 메모할 거리가 만들어졌다.

2018년 중반, 네이버 블로그에 써놓은 1,700개의 메모를 각기 한 장씩 프린트했다. 그리고 사흘간 집필 여행을 떠났다. 호젓한 곳에 방 하나를 잡아놓고 방바닥에 1,700장을 분류했다. 비슷한 내용끼리 묶는 작업이었다. 50개 정도의 덩어리로 묶는 게 목표였다. 덩어리가 너무 크면 주제를 세분화해서 나누고, 몇 장 안 되는 덩어리는 다른 덩어리와 합쳤다. 그렇게 50여 개가 만들어졌다.

나는 각각의 덩어리 하나씩을 가지고 글을 한 편씩 썼다. 그 과정에서 책의 목차가 세워졌다. 그리고 대략 어떤 방향으로 써야 할지 감이 잡혔다. 책이란 숲의 모양이 그려진 것이다. 그 뒤 나무 하나하나를 심는 과정도 쉽진 않았지만, 메모라는 비빌 언덕이 있어 터무니없진 않았다. 그렇게 쓴 책이 《강원국의 글쓰기》다. '강원국의 글쓰기'는 네이버 블로그 제목이기도 했다. 책이 나왔을 때 블로그 이웃들이 너나없이 책을 사주었을 뿐 아니라 열심히 홍보까지 해주었다. 블로그에 한 메모가 일석삼조의 효과를 거둔 셈이다.

처음부터 블로그에 글을 쓰진 않았다. 먼저 휴대전화에 단어로 메모했다. 메모하는 내용은 지식, 정보, 생각, 기억, 느낌 등이다. 그 가운데는 읽은 것도 있고 들은 것도 있고 본 것도 있고 떠오른 것도 있다. 밖에 있는 걸 그대로 받아 적은 것도 있고, 내 안에서 나온 것도 있다.

셀 수 없이 많은 메모를 휴대전화 메모장에 메모해 두었다가 주변 사람들에게 말해본다. 메모장에 적을 때까지만 해도 어설펐던 게 말하면서 또렷해진다. 그 내용의 값어치도 알 수 있다. 이렇게 말의 체로 걸러봐서 먹히는 얘기를 블로그에 썼다. 메모장에 쓴 게 1차 메모라면 이건 2차 메모인 셈이다.

메모는 나의 일상이다. 강의나 방송을 하면서 메모하는 습관이 생졌다. 나는 글에 가까운 말이 좋은 말이라고 생각한다. 이렇게 말하기 위해서 반드시 필요한 게 메모다. 메모는 말을 잘하기 위한 필수 준비물이다. 메모로 말할 거리를 수집하고, 메모하면서 말할 내용을 정리해본다.

메모상은 가장 믿음만한 글감 창고

직장을 나오기 전까진 메모하지 않았다. 받아쓰기했다. 학교 다닐 적엔 선생님 말씀을, 직장 다닐 적엔 상사의 말을 받아 적었다. 남의 말을 적으면 받아쓰기이고, 내 말을 적을 때 메모가 된다. 메모를 많이 하기 위해서는 읽기, 듣기, 보기, 겪기를 많이 해야 한다. 그렇게 만들어진 것이 내 생각이고 감상이며 철학이다. 나는 그렇게 만들어진 메모를 가지고 강의도 하고 방송도 한다. 일 처리, 시간 활용, 인맥 관리가 메모를 통해 이루어진다. 뿐만 아니라 메모는 나를 생각하게 한다. 나는 메모하기 위해 책을 읽고 강의를 듣고 사람들을 만난다. 읽고 들으면서 메모할 거리를 얻는다.

내게 메모는 일상적인 습작 활동이고, 언젠가 써야 할 글쓰기의 재료를 장만하는 일이다. 읽고 들은 내용을 그대로 메모하는 일은 거의 없다. 인용하기 위해 메모한 것은 나중에 찾아봐야 하는 번거로움이 있고 자주 사용할 수도 없다. 내 글에서 남의 글 인용 비중은 크지 않다. 나는 읽고 들은 것 중에 내 것을 찾거나 내 것으로 만들어 그것을 메모한다. 그건 메모하는 과정에서 이미 내 것으로 체화된 것이다. 굳이 나중에 찾아볼 필요도 없고 내 글에 내 것으로 써먹을 수 있다.

메모를 생활화해야 한다. 글은 써야 할 때 쓰면 이미 늦다. 평소에 써 둬야 한다. 글쓰기는 모듈 조립과 같다. 다양한 모양의 모듈을 얼마나 많이 갖고 있느냐가 관건이다. 많은 사람이 글을 써야 할 때 이런 모듈을 만들거나 찾으려고 한다. 그러면 안 된다. 평소 만들어 둬야 한다. 이렇게 만들어 둔 것을 써먹는 게 글쓰기다.

나는 메모할 요량으로 글을 읽고 남의 말을 들으므로, 메모는 글을 읽고 말을 듣는 목적이 된다. 만약 메모하시 않고 읽고 들으라고 하면, 나는 읽기와 듣기를 지속하지 못할 것이다. 그만큼 메모는 읽기와 듣기를 이끄는 견인차이다. 메모가 늘어날수록 나는 더 읽고 더 듣고 싶다. 그럴수록 메모를 더 모을 수 있기 때문이다. 메모해 둔 분량이 늘어나면 메모끼리 연결되고 결합해 새로운 메모거리를 던져준다. 메모가 메모를 낳는 선순환이 만들어진다.

메모하지 않으면 뇌는 생각하지 않는다. 메모는 생각하는 뇌를 칭찬하고 격려해 주는 일이다. '어떻게 그런 생각을 다했어. 아주 좋아.' 받아 적어 줘야 신이 나서 생각을 던져준다. 메모는 그 자체가 생각하는 과정이다.

메모는 완전하지 않다. 그런 메모를 시간이 흐른 뒤 보면 과거에 한 생각을 낯설게 봄으로써 객관적으로 재평가해 볼 수 있고, 설익은 생각을 숙성시켜 표현하고, 당시 고무됐던 감정을 순화해서 재현하게 된다. 나는 글감이 떠오르지 않을 때 메모해 둔 것을 본다. 메모할 당시의 느낌까지 얼려 뒀다가 글 쓸 때 녹여 내면 생생함이 살아난다.

메모의 가장 큰 효용은 글을 쓰게 한다는 점이다. 메모한다는 것은 언젠가 이것을 써먹겠다는 자신과의 약속이다. 나는 지금까지 메모해 둔 것은 거의 글로 써먹었다. 평소 써 둔 메모장이 가장 믿을만한 글감 창고다. 독서와 학습을 열심히 해도 메모하지 않으면 소용없다. 메모하지 않은 것은 모두 잊힌다. 메모는 그 행위 자체가 글쓰기다. 메모하면 이래저래 글솜씨가 좋아지는 건 틀림없다. 매일매일 글쓰기 연습을 하니까 그렇다.

짧은 메모가 나만의 글이 되기까지

메모하는 일은 어려운 일이 아니다. 누가 하라고 해서 하는 일도 아니다. 자청해서 하는 일이다. 하다 보면 재밌다. 메모하기 위해 공부하는 시간이 즐거워진다.

메모는 나의 외장하드이다. 손에 늘 쥐고 다니는 휴대전화에 또 하나의 뇌를 가동하고 있는 것이다. 메모는 글 쓸 양식의 곳간이기도 하다. 나는 농부의 심정으로 곳간을 채우기 위해 매일 씨를 뿌리고 밭을 간다. 공부하는 지식자작농으로 하루하루를 보내면서, 거둬들인 곡식을 곳간에 쌓을 때 느끼는 충만감은 말로 형용할 수 없다. 이런 일상만으로도 고맙기 그지없는데, 마침내 책이라는 귀한 열매까지 주니 얼마나 감사한지 모르겠다.

다산 정약용 선생은 유배지에서 500권의 책을 썼다. 다산은 책을 읽거나 길을 걷다가도, 심지어 흔들리는 배 위에서도 끊임없이 메모했다. 이런 메모를 '질서(疾書)'라고 했다. 그의 메모 방법은 유명하다. 첫째, 책은 눈으로 읽지 말고 손으로 읽어라. 부지런히 메모해야 생각이 튼실해지고 주관이 확립된다. 둘째, 필기도구를 두고 늘 고민하라. 깨달음이 있으면 즉시 메모하라. 셋째, 기억을 믿지 말고 습관처럼 메모하라. 메모가 있어야 기억이 복원된다. 넷째, 관심 있는 사물이나 일에 대해 관찰해서 메모하고 거기에 의미를 부여해라. 다섯째, 메모 중 쭉정이는 솎아내고 알갱이를 추려 세목별로 분류하라. 그것을 자신이 정리한 지식체계와 연관시키고 현실에 적용하라.

　나는 오늘도 메모거리를 찾기 위해 남의 말과 글 구석구석을 기웃거리며 동분서주한다. 그러다 모르던 걸 알았을 때, 잊고 지냈던 기억이 떠올랐을 때, 새로운 깨달음을 얻었을 때, 그때마다 반갑고 기쁘다. 메모는 또한 감정을 정리하고 스스로 성찰하는 도구가 된다. 과거에 상처받았던 기억이나 현재 느끼는 감정에서 벗어나게 한다. 느끼기만 하는 감정은 왜곡되고 증폭되기 쉽지만, 글로 썼을 때 객관화되고 정화된다. 내가 한 일과 앞으로 할 일도 메모하면 이미 한 일에 의미를 부여하거나, 할 일을 계획하고 준비할 수 있다. 무엇보다 메모하면서 공부가 재밌어졌다. 혼자 생각하는 시간도 즐겁다. 그 무엇에 관해 내 생각을 정리하는 일은 안온하고 충만한 시간을 선사한다.

거인의 어깨에 올라타자
모방으로 쓰자

초등학교 3학년 어머니날, 교장 선생님이 우셨다. 내가 쓴 글을 운동장 조회시간에 읽어주다 흐느끼셨다. 그것은 한 해 전 돌아가신 엄마에 관한 얘기였다. 담임 선생님은 내게 교실에 남아 있으라고 했다. 내가 부끄러워할 것을 염려한 배려 아니었을까 싶다. 그날 교실에 앉아 마이크로 전해지는 교장 선생님의 이야기를 들으며 나는 우쭐했다. 글의 힘, 글쓰기의 즐거움을 알게 된 순간이었다.

그런 글을 쓸 수 있었던 비결이 있다. 초등학교 교사였던 어머니는 학생들이 쓴 문집을 죄다 집에 가져다 놓으셨다. 거기에는 일기, 기행문, 독후감, 편지 등 다양한 글이 담겨 있었다. 읽을 거리가 부족하던 시절, 그 책을 줄잡아 백 번은 읽은 것 같다. 글짓기할 일이 있을 때마다 그 책을 떠올리면 쉽게 해결되었다. 그 책이 나의 글짓기 보물창고

였던 셈이다.

고등학교 1학년 담임이 국어 선생님이었다. 시인이셨는데, 도통 수업을 하지 않았다. 학생들에게 교과서를 읽으라 하고 수업시간 내내 창밖을 내다봤다. 마흔 중반임에도 180㎝가 훌쩍 넘는 키에 긴 머리, 그 옆모습이 멋있었다. 그는 담임으로서 응당 해야 할 종례도 하지 않았다. 교무실 옆에 붙어 있는 방송실 마이크에 대고 "1학년 8반은 집에 가라." 이게 전부였다. 나는 그런 선생님이 좋았다.

그때부터 국어 공부를 열심히 했다. 고3 때는 그분이 가르치진 않았지만 나는 이미 국어에 푹 빠져 있었다. 3학년 국어 교과서에 '한국의 현대시'란 단원이 있었는데, 거기에 나오는 시를 거의 다 외웠다. 하굣길에도 그 시들이 입에서 맴돌았다. 급기야 내 시를 쓰기 시작했다. 친구들이 야간 자율학습을 위해 저녁 먹으러 간 사이 칠판에 자작시를 썼다. 나중에 보니, 내가 쓴 시 모두 '한국의 현대시'에 나온 시들의 조합이었다. 시뿐 아니다. 그 시절 왜 그리 '예찬'이 들어간 글들을 좋아했는지. 인생예찬, 신록예찬, 청춘예찬 등등. 이런 글들을 읽고 또 읽었다.

조선 시대 선비들은 글을 암송했다. 장문의 과거시험을 그 힘으로 썼다. 독서백편의자현(讀書百遍義自見)이라고 했다. 백 번 읽었으니 외울 수 있었고, 쓸 수 있었을 것이다. 초등학교에 들어가면 구구단을 외운다. 그때 외운 것으로 평생을 살아간다. 나는 초등학교 저학년 때 구구단뿐 아니라 좋은 문장 20~30개는 외어야 한다고 주장한다. 좋은 문장만 엄선하면 그 안에 우리가 쓰는 모든 문장 형식과 수사법을 포함할 수 있다. 그리고 그것만 외우면 평생 글쓰기 고통의 상당 부분을 덜 수 있다고 생각한다.

해 아래 새것은 없다, 모방의 힘

청와대에 들어가서는 김대중, 노무현 대통령을 흠모했다. 자연스럽게 이분들의 글과 글 쓰는 방식을 흉내 냈다. 김대중 대통령은 말하기 전에 글을 썼다. 글로 말을 준비했다. 그래서 그분 말에는 빈틈이 없다. 군더더기도 없다. 노무현 대통령은 글을 쓰기 전에 말을 먼저 해봤다. 말이 글이 됐다. 나는 이런 두 분이 경이로웠다. 그분들처럼 되고 싶었다.

책 쓰기에 필요한 게 '모방'이다. 사람을 모방하는 방법에는 두 가지가 있다. 스승을 찾아가 가르침을 받는 사사(師事)와 직접 가르침을 받지는 않으나 마음속으로 그 사람을 본받는 사숙(私淑)이다. 나는 운 좋게도 직장 초년병 시절부터 글 쓰는 조직에서 훌륭한 선배들에게 직접 첨삭지도를 받았다. 과정은 힘들었지만 그런 연마 과정을 거치다 보니 어느덧 선배들의 글을 흉내 내게 됐다. 모방의 대상이 한 사람일 필요는 없다. 글쓰기 모임에 나가 보면 여러 사람에게서 배울 수 있다. 모임에 참여한 한 사람 한 사람에게 각각의 장점을 하나씩만 찾아내 배워도 글이 일취월장할 수 있다.

이런 사사의 기회를 가질 수 없는 경우에는 사숙하기를 권한다. 누구에게나 본받고 싶고 흉내 내고 싶은 사람이 있고, 그 사람의 글이 있다. 가장 빠른 시간 안에 책을 쓰는 방법이 여기에 있다. 책을 쓸 때 모방할 작가나 책을 한 권 고른다. 그의 글을 따라 쓰거나 반복해서 읽는다. 마음에 드는 구절은 외워서 자신의 글에 써먹어본다. 글뿐 아니라 그 사람의 말을 듣는 것도 효과가 있다. 영상 강의를 되풀이해서 들어보라. 어차피 그 사람이 쓰는 어휘나 문장은 말이나 글이나 같다. 이런 과정을 통해 나는 다섯 가지를 얻는다. 우선, 잘 쓰지 않는 어휘를 얻는다. 멋진 문장을 찾는다. 내 글에 인용할 거리를 찾는다. 글의 구성을 참고한다. 글을 읽으며 영감을 얻는다.

사숙하는 방법으로 가장 좋은 건 필사다. 베껴 쓰기라고도 한다. 이렇게 하면 독서보다 짧은 시간에 문장력을 키울 수 있다. 책이나 영화 대사 가운데 멋있는 말을 뽑아 자기만의 사전을 만들어보라. 또한, 이것을 그때그때 페이스북이나 트위터에 공유해 보라. 역으로, 페이스북이나 트위터의 멋있는 말도 초서(抄書·중요 부분만 뽑아서 씀)해 보라. 그렇게 놀아보라. 1년만 하면 자기만의 거대한 문장 저장고를 갖게 될 것이다.

암기는 더욱 강력하다. 좋은 문장을 외우는 것이다. 대형서점에 가서 좋은 문구만을 담은 책을 한 권 골라 읽어보라. 그것조차 번거롭다면 포털사이트에서 명언이나 명시를 검색해 암송하는 것도 좋다.

두 번째 모방법은 그 대상이 사람이 아니라 내용이다. 그게 누가 쓴 글인지를 불문하고 좋은 글을 흉내 내는 것이다. 내용을 모방하는 방법은 이렇다. 쓰고 싶은 주제 관련 글을 여러 편 읽는다. 읽은 내용을 머릿속에 넣고 일정 기간 숙성, 발효시켜 내 글로 부화해 내놓는다. 내용뿐 아니라 형식을 빌려올 수도 있다. 다른 글의 구성 틀에 구성요소만 내 것으로 바꾸는 것이다. 정리가 잘 됐거나 재미있는 구성 틀을 발견하면 그걸 잘 기억해 뒀다가 이 틀에다가 내가 쓰고자 하는 내용을 들이붓는다.

모방은 곧 배움. 따라 쓰기로 시작하자

나는 칼럼으로 글쓰기를 공부했다. 전북대 강준만 교수의 칼럼을 벤치마킹 모델로 삼았다. 그의 칼럼을 여러 번 읽으면서 필자가 전하려는 메시지는 무엇이고, 그에 관한 내 생각은 무엇인지 생각했다. 이밖에도 각 칼럼을 어떻게 시작해 어떻게 마무리했는지 살펴봤다. 눈에 띄는 낱말을 눈여겨봤다. 멋진 문장은 두세 번 써보기도 했다. 칼럼 제목을 주의 깊게 보기도 했다. 마음에 드는 글은 그 글의 구성을 따라 내 글을 써보기도 했다. 이렇게 따라 쓰다 보니 강준만 교수의 글 전개 방법과 글쓰기 기법을 알게 됐다.

요즘도 칼럼 읽기를 즐긴다. 나는 칼럼을 읽으면서 내 글에 써먹을 수 있는 소재를 발굴한다. 칼럼을 읽다 보면 내가 모르는 사실도 알게 되고, 내 글에 인용할 수 있는 내용도 얻게 되며, 무엇보다 내 생각, 내 의견, 내 주장을 정리하게 된다. 기억이 떠오르기도 한다. 나는 글을 쓰기 전에 내가 써야 할 주제의 칼럼을 몇 편 읽는다. 이게 나의 글쓰기 루틴이다. 칼럼은 내 생각을 쪼아주고, 생각을 길어 올려준다. 글쓴이의 머릿속을 여행하며 내 것과 맞춰보는 즐거움을 준다.

단, 표절해선 안 된다. 글의 내용이건 형식이건 남의 것을 빌려왔으면, 거기에 반드시 자신의 것을 추가한다. 그리고 빌려온 것과 자신의 것을 섞어서 비비고 푹 삶는다. 기존에 있던 것을 형체를 알아볼 수 없을 때까지 고아야 한다. 이때 남의 것과 내 것이 상호작용하게 된다. 여기에 필요한 화력은 물론 자신의 것이어야 한다. 내 시간, 내 머리로 불을 때야 한다. 하나를 베끼면 표절이지만, 여러 개를 베끼면 '리서치'라고 한다.

모방하는 힘을 키우려면 어떻게 해야 할까. 남의 것, 이미 있는 것을 본뜨거나 흉내 내는 능력, 즉 모방력은 독서와 사색, 습작으로 키워진다. 모방 능력에도 단계가 있다. 1단계는 변형하는 수준이다. 예를 들어 원래 글의 틀은 그대로 두고 내용만 내 것으로 바꿔 A를 A′로 만든다. 2단계는 서로 다른 것을 결합하는 단계다. A와 B를 합해 A+B를 만든다. 자료를 열심히 찾으면 가능하다. 3단계는 서로 다른 것을 융합하는 차원이다. A와 B를 녹여 AB를 만든다. 읽거나 보거나 들었던 내용이 많지 않으면 가능하지 않다. 4단계는 있는 것을 발전시켜 심화하는 레벨이다. 논문 쓰듯 A를 A+로 만든다. 5단계는 이미 있는 A와 내가 가진 B를 부딪쳐 C를 만든다. A는 자연이나 물건일 수도 사람이나 사건일 수도 있다. 이밖에도 A를 반박하거나 재해석하는 내용으로 B라는 글을 쓸 수 있고, A와 B를 비교하는 방식으로 C라는 글을, A글의 형식에 B글의 내용을 담아 C라는 글을 쓸 수도 있다. 이 모두가 모방능력이 있으면 가능한 일이다.

세계적인 마케터 조 비테일(Joe Vitale)은 《꽂히는 글쓰기》에서 이렇게 말한다. '당신이 거장의 글을 선택하여 한 글자도 놓치지 않고 그대로 베낀다면 그 글쓰기에 사용된 미묘하고 복잡한 의미를 내재화할 수 있다. 모방은 훔치는 것이 아니다. 모방은 곧 배움이다.' 무에서 유를 창조하기는 어렵다. 이미 있는 것 위에 올라타자. 대신 기존에 있는 것보다 나으면 된다. 후퇴하지 않고 발전시키면 된다. 글의 역사는 어차피 이전 것을 딛고 한발 한발 전진해 왔다.

나는 요즘 한강 작가에 빠져 있다. 그녀를 닮고 싶다. 그녀가 그랬다. "글쓰기는 결단하는 일이고, 독자적인 일이다. 자신의 영혼을 캐내는 일이다. 일상 속에 묻혀 있는 깊은 진실을 발견하고 경험하는 일이다." 나도 그녀처럼 그런 일을 하고 싶다. 예순을 훌쩍 넘어서도 말이다. 당신에게 그런 사람이 있는가. 그 한 사람만 있어도 누구나 책을 쓸 수 있다.

책은 시간을 먹고 자란다
시간으로 쓰자

책을 쓰는 데 가장 필요한 것 하나만 고르라면 나는 단연 시간을 꼽는다. 내가 책을 쓸 수 있는 자신감의 원천은 시간이다. 나는 시간에 의지해 책을 쓴다. 내게 시간이 있다는 건 늘 희망이었다. 시간이 지나면 써지는 게 책이다. 책은 시간이 주는 선물이다.

나는 글재주와 재능이 없다. 그럼에도 책을 쓸 수 있었던 건 시간이다. 남들이 한 시간에 쓸 수 있는 글을 두 시간, 세 시간 썼다. 시간이 있어서 다행이었다. 청와대에서 글을 쓸 때는 일주일에 하루이틀은 집에 가지 않았다. 집에 간 날도 새벽에 출근하기 일쑤였다. 글을 쓰는 데 시간을 들여야 했다. 혼자 있는 시간에 익숙해져야 했다.

책은 시간이 주는 선물

시간을 들이지 않고 책을 잘 쓸 방법은 없다. 하루 10분이건 30분이건 글 쓰는 데 필요한 시간을 확보해야 한다. 아울러 글 쓰는 시간대를 정한다. 새벽녘, 직장 출근 직후, 잠들기 전 어느 때라도 상관없다. 가장 편한 시간을 정해 정해진 분량만큼 글을 쓰는 게 중요하다. 작가들이 새벽에 쓰는 이유가 있다. 방해받지 않는다. 스케줄이 비어 있다. 집중이 잘된다. 누구나 시간을 들이면 못 쓸 사람이 없다. 시간을 늘이면 되는 이유는 간단하다. 시간이 지나면 생각이 나기 때문이다. 아침에 없던 생각이 오후에는 난다. 쓰려고 할 때는 나지 않던 생각이 길을 가다가 문득 떠오른다.

사람마다 글이 잘 써지는 상황도 다르다. 자기 방에 혼자 있을 때 잘 써지는 사람이 있는가 하면 여럿이 있는 카페에서, 아니면 사람들이 오가는 거리의 벤치에서 잘 써지는 이가 있다. 나는 글을 써야 하는 시간에는 잘 써지지 않는다. 글을 쓰는 시간이 아닌, 다른 일하는 시간에 오히려 잘 써진다. 예를 들면 카페에서 누군가를 기다리거나, 지하철을 타고 이동하는 시간 같은 경우다.

시간과 글쓰기 관계는 묘하다. 시간을 제약할 때 잘 써지는 글이 있다. 그런 글은 시간을 한정해 놓고 쓴다. 욕심을 버리고 써야 하는 글, 영감과 직관이 필요한 글이 그렇다. 스스로 위기의식을 조장한다. 쓰면 다행이다, 쓰기만 하자고 마음먹는다. 잘 쓰겠다는 욕심은 뒷전이다. 아니, 아예 없다. 그런 글은 촉박한 마감이 필요하며 욕심을 버리고 써야 한다.

　대부분의 글은 마감이 있다. 글쓰기는 시간과의 싸움이다. 정해진 시간 안에 써야 한다는 것 때문에 글쓰기가 힘들다. 오죽하면 마감 시간을 '데드라인'이라 하겠는가. 어차피 시간의 굴레를 벗어나기 어렵다면 적극적으로 활용하는 것도 방법이다. 기업과 청와대에서 썼던 모든 글에는 마감 시한이 있었다. 나는 마감 시한 하루 전날 저녁에 들어와 글을 썼다. 대신 세 가지는 반드시 지켰다. 우선 착수는 최대한 빨리했다. 글을 써야 할 상황이 생기면 노트북을 열고 문서부터 만들었다. 그리고 써야 할 게 있다는 사실을 잊지 않았다. 잊지 않은 정도가 아니라 걱정했다. 시시때때로 '쓸 게 있는데 참 걱정이다. 어떻게 쓰지?' 고민했다. 마지막으로 써야 하는 날 저녁은 완벽하게 비웠다. 그 시간에는 어떤 것도 하지 않았다. 오로지 글 쓰는 데만 전심전력했다. 그러면 써졌다. 당연하다. 안 쓰면 안 됐다. 대통령님께 쓰지 못했다고 할 수 없었다. 마감일이 가까워질수록 위기감이 고조된다. 공포감 수준이다. 그러면 뇌는 쓴다. 살기 위해 쓴다. 쓰다가 잠깐 졸면 꿈을 꾸면서도 쓴다. 위기의식이 최고조에 다다랐을 때 무의식까지 동원된다. 평소 생각해보지 않았던 것까지 길어 올리고 끄집어낸다.

　마감 시한이 글쓰기를 독려하는 힘이 된다. 특히 의지만으로는 글을 쓰지 못하는 사람, 글쓰기가 고통과 공포인 사람에게는 효과 만점이다. 나는 책을 쓸 때, 마감 시한을 만들었다. 온라인 매체에 글쓰기 칼럼을 게재하기로 약속했다. 무슨 일이 있어도 매주 한 편씩 써야 하는 글 감옥에 스스로를 가둔 것이다. 그 당시, 일요일 밤 개그콘서트가 끝나갈 무렵이면 왠지 기분이 나빠지기 시작했고, 왜 그럴까 생각해보면 원고 마감 전날이었다. 할 수 없이 컴퓨터를 켜고 앉아 꾸역꾸역 글을 썼다. 어느 때는 '못 쓰면 어떡하지.'라는 공포심에서, 또 어떤 때는 '웬일로 이렇게 술술 써지지?'라고 의아해하며 글을 썼다.

책은 들인 시간만큼 좋아진다

나는 책을 쓰기 위해 다음과 같이 시간을 활용한다.

첫째, 책 쓰는 시간을 낸다. 책을 쓰려면 일정 정도 이상의 시간을 내야 한다. 적어도 책을 쓰는 동안에는 책 쓰는 시간을 가장 우선순위에 둬야 한다. 책은 들인 시간만큼 좋아진다. 당신은 글을 쓰는 데 시간을 얼마나 할애하는가? 하루에 몇 시간씩 글을 쓰라는 게 아니다. 나도 그렇게 하지 못한다. 다만 나는 하루에 몇 줄이라도 쓰려고 노력한다. 글을 전혀 쓰지 않는 날은 없다. 이것이 중요하다.

둘째, 자투리 시간을 활용한다. 나는 짬짬이 글을 쓴다. 글을 써야겠다고 정색하면 잘 안 써진다. 굳이 글을 쓰지 않아도 되는 시간에 오히려 글이 잘 써진다. 학교 다닐 적에도 시험 기간에는 공부하기 싫다가 시험이 끝나고 놀아도 되는 시간에 하는 공부는 꿀맛이었다. 누구에게나 짬이 난다. 그 시간에 글을 써보라. 쓰고 있는 자신이 대견하고 쓰는 행위에서 뿌듯함을 느낄 것이다.

　셋째, 시간을 촉박하게 정해 놓고 쓰는 것도 방법이다. 시간이 많으면 쓸데없는 욕심을 내게 된다. 일부러 시간을 짧게 잡고, 그때까지는 하늘이 두 쪽 나도 마친다는 생각으로 쓴다. 그러면 오히려 글이 좋아지기도 한다. 야구선수가 방망이를 짧게 잡고 출루만 하겠다고 마음먹을 때 공을 잘 칠 수 있는 것처럼.

　나는 청와대에서 스톱워치를 켜놓고 글을 쓰곤 했다. 그야말로 순식간에 써야 할 상황. 시간을 지키는 게 가장 중요한 덕목이고, 시간을 어기면 모든 것이 소용없어지는 질박한 순간에 이렇게 썼다. 스톱워치를 보면서 쓰면 욕심을 부리지 않는다. 관심이 온통 시간에만 있다. 얼마나 시간이 지났는지, 시간 내에 어떻게든 쓰겠다는 마음뿐이다.

　넷째, 시간의 양을 많이 확보하는 것 못지않게 시간을 효율적으로 쓰는 것도 중요하다. 사람마다 글이 잘 써지는 시간이 있다. 그 시간을 찾아서 공략하자. 그 시간이 새벽녘일 수도, 심야일 수도 있다. 우울하거나 심심할 때일 수도 있고, 텐션이 올라 의욕 충만한 시간일 수도 있다. 나는 도서관에 앉아 있을 때가 그 시간인 적도 있고, 카페에서 그런 시간을 만나게 된 때도 있다. 무언가를 읽거나 들은 직후에 그런 시간이 온다는 걸 알게 된 후부터는 글을 쓰기 위해 책을 읽거나 강의를 듣는다.

　다섯째, 글을 완성하는 버릇이 필요하다. 쓰다가 마는 게 아니라 끝까지 써보는 습성을 길러야 한다. 그러기 위해선 데드라인을 두고 써야 한다. 언제까지 글을 완성한다는 마음으로 쓰고, 실제로 그것을 지켜야 한다. 블로그에 사흘에 하나씩 글을 쓰겠다고 마음먹었으면 그렇게 하고, 브런치에 한 달에 한 편씩 글을 올리겠다고 약속했으면 그것을 지키는 것이다.

여섯째, 오래 쓰는 것이다. 어제 쓸 수 없던 글이 오늘은 써지기도 하고, 청년 시절 쓸 수 없던 내용을 노년에는 쓸 수 있다. 글을 잘 쓸 수 있는 길은 천재적 재능을 타고났거나 아니면 부지런해서 글을 여러 번 고치거나, 이도 저도 아니면 오랫동안 쓰는 수밖에 없다. 이것도 써보고 저것도 쓰다 보면 잘 쓰게 된다. 그러기 위해 오래 살아야 한다. 오래 쓰면 잘 쓸 수 있다.

동서양을 막론하고 예순 넘어 본격적으로 글을 쓰기 시작하고, 칠순을 넘겨 빛을 본 작가들이 부지기수다. 보리스 파스테르나크가 쓴 유일한 장편소설이자, 그에게 노벨문학상을 안겨준 《닥터 지바고》는 그의 나이 63세에 완성했다. 《로빈슨 크루소》를 쓴 대니얼 디포는 예순이 다 돼서 글을 쓰기 시작했고, 세르반테스는 《돈키호테》를 58세에 썼다. 전업주부로 살던 박완서 선생도 마흔 살에 등단했다. 글쓰기, 책 쓰기에 늦은 때란 없다. 책을 쓰고자 하는 마음만 있으면 저자는 늘 청춘이다. 작가의 세계만큼 '늦깎이', '대기만성형'이 통용되는 분야도 드물다. 나는 매일 걷고 뛰면서 쓸 수 있는 날을 늘린다. 당장은 잘 쓰지 못해도 오래 살기만 하면 언젠가는 글을 잘 쓰게 될 것이라는 희망으로 오늘도 쓴다.

끝으로, 독자의 시간을 존중하는 글을 쓰자. 글은 읽는 사람의 시간을 빼앗는다. 독자의 시간을 먹고사는 게 글이다. 프랑스의 철학자 블레즈 파스칼(Blaise Pascal)은 어느 날 장문의 편지 말미에 이렇게 적었다. '미안합니다. 편지를 짧게 쓸 시간이 없어서 길게 씁니다.' 글은 간결할수록 좋다. 간결하기 위해서는 그만큼 내 시간을 더 써야 한다. 머릿속 숙성 시간과 퇴고 시간을 충분히 가져야 한다. 그런 시간이 되기 전에 설익은 글을 내놓으면 독자들 머릿속이 캄캄해진다.

실력은 시간을 역행하지 않는나. 결과는 시간을 배반하지 않는다. 시간이 지나면 실력이 늘고 결과가 나온다. 시간만 들이면 책은 언제든 쓸 수 있다. 써질 때까지 쓰면 써지는 게 책이니까 그렇다. 아는 게 부족하다고? 글쓰기 실력이 없다고? 시간은 이 모든 걸 채워주고 키워준다. 시간은 누구에게나 공평하게 주어진다. 하루 30분이라도 시간을 정해 글을 쓰고 있다면 이미 당신은 작가다. 자, 이제 쓸 시간이다.

내 안팎에서 쓸거리를 찾아라
자료로 쓰자

조정래 선생께 물었다. "어떻게 해야 선생님처럼 잘 쓸 수 있습니까?" 그의 대답은 간단했다. "취재와 자료 찾기를 잘하면 됩니다."였다. 그러면서 덧붙이길, "간혹 이런 노력 없이 썼다고 자랑하는 분들이 있는데, 그거야말로 무책임한 것이고 독자에 대한 모독입니다." 실제로 그는《정글만리》를 쓰기 위해 중국을 열여섯 번이나 다녀왔다. 수집한 자료만도 수첩 100권 가까이 됐다고 한다.《태백산맥》이나《한강》역시 이러한 취재와 자료 찾기의 결과이다.

자료를 모아라, 생각이 따라온다

책은 자료로 쓸 수 있다. 글쓰기는 자료의 요약이기도 하니까. 자료는 어딘가에 있다. 자료가 없어서 글을 못 쓰진 않는다. 분명히 있다는 확신을 갖고 찾으면 반드시 나타난다. 지금 글을 못 쓰고 있다면 아직 자료를 찾지 못했을 뿐이다. 자료가 있는 데를 찾아 머릿속, 인터넷, 책, 들과 산, 영화, 음악 속으로 들어가라.

검색 능력이 글쓰기 실력이다. 자료는 늘 찾는 데서만 찾아선 안 된다. 찾는 데를 새롭게 개척하고 넓혀나가야 한다. 자료는 또한 공감각적으로 찾아야 한다. 읽기만 할 것이 아니라 보고 듣기까지 해야 한다. 아울러 자료 찾기는 양보다 질로 승부해야 한다. 내가 자료에서 얻는 것은 인용거리가 아니다. 내가 자료를 읽는 목적은 내 안에 있는 생각을 불러내기 위해서다. 자료를 보다 보면 내 생각이 난다.

결론적으로, 어떤 분야나 주제에 관해 우리나라에서 가장 많은 자료를 확보하고 있으면 그 분야나 주제에 관한 책을 쓸 수 있다고 믿는다. 모은 자료보다 한 뼘이라도 더 나은 수준의 글을 쓸 수만 있다면 말이다. 직장에서 썼던 대부분 글은 자료로 썼다. 자료 찾기로 30년 넘게 글을 써오면서 깨달은 게 있다. 지식정보화 시대인 지금은 검색 능력이 글쓰기 실력이란 사실이다. 그리고 자료를 잘 찾는 법을 알게 됐다.

나는 책장을 뒤지는 마음으로 자료를 찾는다. 무엇에 관해 쓸지 구상하는 단계에서는 관련 분야 책의 목차를 본다. 어떻게 쓸지 정리하는 단계에서는 칼럼을 읽는다. 개략적인 글의 구성이 서면 본격적으로 관련 자료를 검색한다. 검색으로 부족한 부분은 인터뷰로 해결한다.

그리고 평소 써 둔 메모장이 든든한 자료창고다.

자료는 다양하다. 심지어 내 머릿속에 있는 것도 중요한 자료다. 아니 가장 중요한 자료다.

자료 먼저 찾아놓고 글을 쓰기 시작하는 사람들이 있다. 이건 효율적이지 않다. 불필요한 자료를 많이 찾게 된다. 나는 일단 글을 쓰기 시작한 후 필요한 자료를 찾는다. 자료는 입체적으로 찾는다. 어떤 내용에 관한 자료를 평면적으로 넓혀가는 방식이 아니라 입체적으로 파고든다. 예를 들면 어떤 내용을 길거리에서 보면 그 내용을 백과사전에서 확인하고, 관련 논문을 찾아 깊게 들어간다.

대우에서 직장생활 하던 1990년대 초반 나는 기업문화에 관심이 많았다. 그 주제에 심취해 있었다. 거기에 내가 살 길이 있다고 믿었다. 나는 스트레스에 취약했고, 스트레스는 조직문화에서 기인한다고 생각했기에, 스트레스 덜 받는 기업문화를 만드는 게 내가 사는 길이라 믿었다. 그래서 기업문화에 관한 자료를 모았다. 투명 비닐이 들어 있는 파일을 서른 개 넘게 자료로 채웠다. 그리고 세월이 흘러 2014년 《회장님의 글쓰기》란 책을 쓰게 됐다. 90년대 초반 모았던 자료가, 자료를 모으면서 공부했던 경험이 고스란히 책에 녹아 들어갔다.

2000년 8월 청와대에 첫 출근날이었다. 그날 중으로 대통령 연설문 2개를 쓰라는 지시를 받았다. 황당했다. 김대중 대통령을 TV나 신문에서만 봐왔던 사람에게 첫날부터 연설문을 쓰라니. 그것도 두 개씩이나. 더욱이 그날은 토요일이었다. 상견례 하는 날로 생각하고 가벼운 마음으로 출근했는데 말이다. 제대로 된 글이 나올 리 만무했고, 핀잔을 들어야 했다.

그날부터 열흘간 집에 가지 못했다. 자의 반 타의 반으로 대통령 어록을 만들었다. 김대중 대통령이 직접 쓴 책 여덟 권을 속독하면서 대통령 생각을 정리했다. 예를 들어 '행정은 이런 것이다', '복지에 관해 나는 이렇게 생각한다.'라고 언급한 부분이 있으면, '행정', '복지'란 키워드를 생성하고 그에 관한 대통령의 생각을 쳐서 넣는 식이다. 열흘 만에 작업을 마쳤다. 사전 두께 분량 두 권의 어록집이 만들어졌다. 키워드는 800여 개가 정리됐다.

그 후로 대통령 연설문이나 기고문을 쓰는 데 큰 어려움이 없었다. 모든 글에는 주제어가 있다. '환경의 날' 기념사에는 '환경'이란 키워드가 있고, '바다의 날'에는 '바다', '해양', '수산'이라는 핵심단어가 있다. 어록집을 열고 환경이나 해양에 관한 대통령 생각을 찾는다. 그러면 글의 절반은 쓴 셈이다. 필요한 것은 대통령의 생각 한 줄이다.

9.11 테러가 발발했다. 급하게 담화문을 작성하라는 지시를 받았다. 어록집에서 '테러'를 쳐봤다. 거기에 대통령 생각이 있었다. '테러는 빈곤이 부른다. 빈곤이 근본주의를 부추기고, 테러로 이어진다. 빈곤 문제를 해결해야 테러를 근절할 수 있다.' 어록집 덕분에 어려운 과제를 해결했다. 대통령이 놀랐을 수도 있다. '내가 1980년대 옥중

에 있을 때 했던 생각을 어떻게 알고 썼을까.' 검색해서 알 수 있는 시대가 아니었다. 《옥중서신》이란 책에서 발췌해 둔 내용이었다.

책 쓰기는 자료 싸움

글 쓰는 데 가장 필요한 건 자료다. 나는 대통령의 생각을 써야 했기에 대통령의 생각이 필요했다. 대통령의 생각을 정리한 어록집이 있으니 대부분의 글을 쓸 수 있었다. 그렇다면 자기 글을 쓰려면 어떻게 해야 할까? 자기 생각이 있어야 한다. 그래야 책을 쓸 수 있다. 적어도 글을 써야 할 때 머릿속이 하얘지지 않는다. 자기 생각이 풍부한 사람은 글 쓰는 일을 즐긴다. 글을 써야 할 일이 생기면 흥분하기까지 한다.

하지만 내 것만으로는 글을 쓸 수도 없고, 그럴 필요도 없다. 남의 말이나 글을 빌려 쓰면 된다. '인용'이 그것이다. 인용은 설득력을 높이고 분량을 채워준다. 쓸거리가 빈약한 사람에게 인용은 기댈 언덕이요, 든든한 구원자다.

인용할 거리는 지천에 널려 있다. 책을 읽으며 밑줄 긋거나 포스트잇을 붙여 부지런히 모으고 비축해 놓으면 된다. 인터넷이 없을 땐 스크랩이란 걸 했다. 신문은 막대기에 철해 보관했고, 신문기사나 칼럼은 오려서 스케치북에 풀칠해 붙여 놓았다. 요즘 세상이 얼마나 좋아졌는가. 인터넷 안에 모든 게 있으니, 손품만 열심히 팔면 된다. 평소 인용거리를 모아 놓자. 이렇게 모아 놓은 것이 바로 자료이다. 그런 후 네 가지 방식으로 읽은 걸 응용한다. 출처를 밝히는 인용, 원전을 비트는 변용, 영감을 빌려오는 차용, 영향을 받는 원용이 그것이다.

책을 쓰기 시작한 지 12년. 이제는 인터넷 검색이 글쓰기의 동반자가 됐다. 여기에 인공 지능까지 가세했다. 인공 지능에게 물으면 웬만한 내용은 충분하게 자료를 제공해준다. 책 쓰기는 자료 싸움이다. 글의 주제와 관련한 양질의 자료를 얼마나 많이 모으느냐가 관건이다. 논문이나 수필, 연설문은 말할 것도 없고, 크리에이티브가 강조되는 소설, 각본 같은 것도 마찬가지다.

그대로만 베끼지 않으면 된다. 다른 사람이 쓴 것을 보고 상상하고 변형하고 살을 붙여라. 사례, 통계 수치, 속담, 격언…. 많이 찾으면 찾을수록 글이 풍성해진다. 그러므로 책 쓰기는 막노동이다. 성실하고 부지런한 사람이 책도 잘 쓴다. 극소수 천재적인 저술가들을 제외하면 말이다.

독자와 사랑에 빠져라

독자로 쓰자

 책은 독자를 위해 쓴다. 독자에게 읽히는 게 최종 목표다. 책 쓰기가 보편화된 시대에 반드시 지켜야 할 금도가 있다. 바로 읽는 사람을 배려하는 책 쓰기다. 어차피 책을 쓰는 목적은 소통하고자 하는 것이고, 전하려는 뜻이 제대로 전달되어야 쓰는 목적을 이뤘다고 할 수 있다. 읽는 상대를 배려한 책 쓰기는 너무도 당연한 얘기다.
 캐나다의 평론가 마샬 맥루한(Marshall McLuhan)이 이런 얘기를 했다. "훌륭한 커뮤니케이터는 모두 상대방의 언어를 사용한다." 그렇다. 상대의 수준에 맞게 얘기해야 한다. 그리고 상대가 듣고 싶어 하는 얘기를 해줘야 한다. 초등학생들에게 전문용어를 남발하거나, 상대는 관심도 없는 자기 얘기만 늘어놓은 글은 공해에 가깝다.
 책을 쓰기 전에 반드시 물어야 할 질문이 있다. 이 책은 누구를 위한 책인가. 전문가를 위한 책인가. 초보자를 위한 책인가. 직장인을 위한 책인가, 아니면 20~30대를 위한 책인가, 50~60대를 위한 책인가. 독자를 넓게 잡으면 판매에 도움이 될 것 같지만, 그렇지 않다. 죽도 밥도 안 되기 십상이다. 독자를 한정하는 게 쓰기도 쉽고 파는 데도 유리하다.

독자 반응을 상상하며 써라

책이 읽히기 위해선 어떻게 해야 하는가. 우선, 독자가 누구인지 알아야 하고, 그 독자의 문제와 욕구가 무엇인지 파악해야 하며, 그런 문제와 욕구를 해결하기 위한 해법을 찾아야 한다. 그러기 위해선 독자를 위하는 마음이 있어야 하고, 독자를 좋아해야 한다. 한마디로 독자와의 관계가 좋아야 한다. 그래야 그를 위해 쓰고 싶은 마음이 들고, 독자가 원하고 기대하는 내용을 쓸 수 있다. 뿐만 아니라 관계가 좋으면 독자의 피드백이 친절하고 다정하다. 다정한 피드백은 글쓰기 실력을 높이는 지름길이다. 무엇보다 자신이 좋아하지 않는 사람을 위해 글을 쓰는 일은 얼마나 고단한가. 가뜩이나 쓰기 싫은 게 글인데 말이다.

그렇다면 어떻게 해야 독자와 좋은 관계를 맺을 수 있을까. 두 가지 조건만 갖추면 된다. 나를 낮추고, 상대를 높이는 것이다. 나를 낮춰 배우는 자세를 취하고, 상대를 위해 노력하면 관계는 좋아진다. 직장

생활을 돌이켜보면 동료들과 관계가 좋을 때 열심히, 행복하게 일했다. 성과도 좋았고, 나 자신도 크게 성장했다. 이런 관계를 무기로 글을 써야 한다.

<mark>관계로 글을 쓰는 첫 번째 방법은 독자를 정하고 쓰는 것이다.</mark> 김우중 회장의 글을 쓸 때 독자는 여럿이었다. 김우중 회장뿐 아니라 나와 회장 사이에 세 사람이 더 있었다. 이들을 통과해야 내 글이 회장에게까지 갈 수 있었다. 처음에는 이 모든 사람을 만족시키려고 했다. 하지만 아무도 만족하시 않았다. 내 그대 주피수를 맞추는 일은 애초 불가능했다. 과녁이 네 개면 어디를 겨냥해야 한단 말인가. 이를 알고 난 후부터는 독자를 한 사람으로 정했다.

독자를 정한 후에는 첫째, 그 독자가 내 글에서 원하는 것, 기대하는 것을 찾았다. 무엇을 담아야 독자가 만족할까, 무엇을 좋아할까 생각했다. 그러면 쓸 게 생각났다. 생각난 것을 쓸 때는 이 사람이 내 글에 어떤 반응을 보일까, 귀 기울여 들었다. 문자, 메일, 보고서 할 것 없이 글을 쓰는 사람은 그것을 읽을 사람의 반응이 어떠할까를 염두에 두고 써야 한다. 아니, 어떠한 반응이 나오게 할 것인가를 생각해보고, 그러한 반응이 가능한 쪽으로 글을 써야 한다. 무턱대고 자기감정과 자기 논리에 빠지거나, 자기만 만족하는 글은 일기에나 쓸 일이다. "하고 싶은 말이 뭔데?", "이 글은 왜 쓴 거야?" 이에 답할 수 있는 글을 써야 한다. 글을 쓰기 전에 전달하고 싶은 한 단어, 혹은 하나의 문장을 먼저 만든다. 그것이 떠오르지 않으면 아직 글 쓸 준비가 안 돼

있는 것이다. 그 상태에서는 넋두리 글밖에 못 쓴다. 자신과 독자의 시간만 낭비할 뿐이다.

둘째, 독자의 의견을 수렴하여 쓰는 것이다. 읽을 사람을 머릿속에 앉혀 놓고 편지 쓰듯 쓴다. 글을 쓰면서 내 글을 읽을 사람이 보일 반응을 생각하면서 쓰는 것이다. 벽에 대고 말하듯 쓰는 게 아니라 리액션이 좋은 사람을 앞에 두고 말하듯 쓴다. 국군을 생각하며 위문편지 쓰지 말고, 군대 간 자식에게 편지 쓰듯 글을 쓰면 된다.

내가 잘 아는 사람 한 명을 머릿속에 앉혀 놓고 쓰면 된다. 취향, 수준, 서시, 심성을 잘 알고 있는 사람을 앞에 놓고 쓰면 그 사람의 소리가 들린다. 반응을 알 수 있다. 그 반응에 반응하면서, 또 그 반응을 반영하면서 글을 쓰면 된다. 버지니아 울프(Virginia Woolf)가 그랬다. "독자가 누구인지 알면 어떻게 써야 하는지 알 수 있다."

이 방식은 노무현 전 대통령에게 배웠다. 그는 다섯 가지를 포함해 글을 썼다. 먼저 자기 생각을 밝힌다. 다음으로 왜 그렇게 생각하는지 이유와 근거, 사례를 들어 설명한다. 그리고 자기 생각의 허점, 약점을 고백한다. 내 생각이 모두 맞는 건 아니라고 말한다. 그런 후 자신과 다른 생각을 소개한다. 마지막으로 자기 생각과 다른 생각을 합해 결론을 낸다. 여기서 다른 생각은 독자의 생각이다.

글은 자기와 다른 생각을 가진 사람에게 동의를 구하고 동조를 얻어내기 위해 쓰는 경우가 많다. 자기와 의견이 같은 사람의 생각을 강화하고, 주장의 논거를 제공해 주기 위해 쓰기도 하지만 이는 부수적이다. 그런 점에서 노무현 대통령의 글쓰기 방식으로 쓰면 설득력이 높아진다. 자기와 다른 의견을 끌어들임으로써 객관성을 확보할 수 있고, 다른 의견에 대한 논박이 들어가 박진감이 있다.

셋째, 독자의 말을 듣고 쓰는 것이다. 잘 들으면 그 사람이 원하는 글을 쓸 수 있다. 나는 김대중 대통령의 글을 쓸 때는 김대중 대통령이 되고, 노무현 대통령의 글을 쓸 때는 노무현 대통령이 됐다. 김대중 대통령이 한마디 하면 뒤를 이어서 쓸 수 있었다. 친구들을 만나면 "너는 노무현 대통령과 똑같이 말한다."라는 소리를 들었을 정도다.

넷째, 독자의 구미에 맞춰 쓰는 것이다. 글은 보여주기 위해 쓴다. 좋은 반응을 기대하며 쓰는 게 글이다. 글 쓰는 사람이 의식하든 그렇지 않든 간에 그것이 글의 본질이다. 반응이 없는 글, 읽히지 않는 글은 무의미하다. 반응을 얻기 위해서는 독자가 읽고 싶은 글을 써야 한다.

글은 독자가 있고, 독자는 내 글에 감 놔라 대추 놔라 상관할 권한을 갖고 있다. 이에 시비를 걸어서는 안 된다. 다행히 대다수 글 쓰는 사람은 그럴 생각이 없다. 오히려 여기에 손뼉을 맞추기라도 하듯, 독자에게 잘 보이기 위해 안달이다. 이런 조바심이 글 쓰는 사람으로 하여금 독자 앞에 머리를 조아리게 한다. 문제는 주눅이 들면 글을 잘 쓸 수 없다는 점이다. 잔뜩 얼어붙은 손으로는 자판을 두드릴 수 없다. 이 눈치 저 눈치 보느라 머릿속으로만 썼다 지웠다 반복한다.

겁이 많고 남을 과도하게 의식하는 나는 늘 독자 앞에 서면 오금이 저린다. 그런 내가 글쓰기에 어느 정도 자신감을 가질 수 있었던 건 두 가지를 시도하면서다. 그 하나는 아내를 글동무로 두면서부터다. 아내는 내 글을 늘 칭찬한다. 물론 눈에 거슬리는 부분이 있으면 기탄없이 지적하지만, 대부분은 괜찮다며 격려한다. 나는 이 말에 기대어 글을 쓴다. 아내에게 보여줄 요량으로 후다닥 글을 쓴다.

독자에게 주눅 들지 않기 위해 활용하는 또 하나의 방법은 독자를 특정하는 것이다. 불특정 다수의 독자는 두려움의 대상이다. 하지만 내가 잘 알고, 내게 우호적인 한 사람을 정해서 내 머릿속에 앉혀 놓고 쓰면, 그 독자는 무섭지 않다. 그 독자를 잘 알기 때문이다. 그리고 이 사람에게 얘기한다 생각하고 조곤조곤 쓴다. 이렇게 쓰면 독자가 두렵기는커녕 그들이 원하는 내용이 무엇인지, 가려운 곳이 어디인지 알 수 있고, 이들에게 도움을 주겠다는 간절함까지 더해져 좀 더 나은 글을 쓸 수 있다.

미국의 베스트셀러 작가이자 《유혹하는 글쓰기》의 저자인 스티븐 킹(Stephen E. King)은 '글을 쓸 때는 문을 닫고 쓰고, 고칠 때는 열고 고치라.'고 했다. 쓸 때는 독자를 의식하지 말고 쓰고, 고칠 때는 독자와 만나라는 뜻이다. 하지만 내 생각은 다르다. 쓸 때도 만나야 하고, 쓰고 나서도 만나야 한다. 아니 쓰기 전부터 만나야 한다. 글쓰기는 내 글에서 독자가 무엇을 찾는지 아는 것으로 시작해, 독자가 그것을 잘 받아 갔는지 확인하는 것으로 끝나야 하기 때문이다.

끝으로, 독자보다 먼저 고려해야 할 것은 자기 자신이다. 글쓰기야말로 자기와의 싸움이다. 두려움을 이겨내고 욕심을 내려놓아야 쓸 수 있다. 글을 쓰는 사람은 자신을 믿는다. 자신을 믿는 사람은 자기 안에 쓸거리가 있고, 자기가 쓸 수 있다고 믿는다. 그렇지 않으면 자기 안에 있는 쓸거리를 길어 올리지 못한다. 쓸거리를 밖에서 찾는다. 밖을 두리번거리며 허둥댄다. 중심을 잡지 못한다. 또 자신을 믿지 못하는 사람은 끊임없이 눈치를 본다. 자기 검열을 심하게 한다. 결국 진도가 나가지 않는다.

글을 쓰려면 마음 근육이 단단해야 한다. 마음 근육이 단단하다는 의미는 무엇인가. 우선 글 앞에서 주눅 들지 않아야 한다. 또 잘 써지는 경험을 많이 해봐야 한다. 그러면 자신감이 붙는다. 욕심이 많은 것도 주눅 드는 이유이다. 자신의 실력 이상으로 보여주고 싶은 부담 때문에 글 앞에서 얼어붙는다. 나는 욕심을 내려놓기 위해 글을 자주 쓴다. 자주 쓰면 곧장 또 쓸 것이기에 욕심을 부리지 않을 수 있다. 욕심을 내려놓고 자신감을 키우면 누구나 쓸 수 있다. 자신이 아는 만큼, 쓸 수 있는 만큼 쓰면 쓰지 못할 이유가 없다.

좋은 관계가 좋은 글을 만든다

우리는 살면서 많은 사람을 만난다. 가족에서부터 교우관계, 남녀관계, 사회생활 관계에 이르기까지 우리네 삶은 관계가 전부라고 할 수 있다. 60대 중반을 지나는 나도 관계 덕분에 여기까지 왔다. 관계는 크게 두 부류로 나눌 수 있다. 주어진 관계와 만들어가는 관계이다. 부모나 자식과의 관계는 주어진 관계이다. 학교 동창이나 직장 상사도 마찬가지다. 내가 어찌할 수 없다. 운명처럼 주어진다. 그에 반해 연인이나 배우자는 내가 만드는 관계이다. 이런저런 모임에 나가 새로운 사람을 만나거나, 직장에서 다른 부서 사람들과 긴밀하게 접촉하는 것도 내가 만드는 관계이다.

젊은 시절에는 주어진 관계를 좀 더 친밀하게, 만드는 관계는 좀 더 폭을 넓히기 위해 노력한다. 그런데 나이를 먹으면서 주어진 관계에 손상이 가고, 관계의 폭을 넓히는 일도 시들해진다. 가성과 직장에서 늘 만나는 사람만 만나고, 일부러 약속해야 만나는 관계는 점점 소원해진다.

풍경(風磬)은 처마 끝에 다는 작은 종이다. 바람이 부는 대로 흔들리면서 소리가 난다. 소리 나지 않는 풍경, 바람이 불지 않는 곳의 풍경은 더 이상 풍경이 아니다. 글도 그렇다. 글은 풍경이다. 독자의 반응이 바람이다.

나는 사람을 만나면서 깨달은 게 있다. 처음 만나서 좋은 사람 없고, 오래 만나서 나쁜 사람 없다는 사실이다. 누구나 처음 만나면 어색하고 불편하지만, 지속적으로 만나다 보면 서로를 이해하게 되기에 어느 누구도 나쁘지만은 않다. 또한, 누구를 만나든 전혀 도움되지 않는 사람은 없다. 모든 사람에게는 배울 게 있고, 위로와 용기, 분발의 계기를 얻게 된다. 정현종 시인의 시 '방문객'에 빗대어 표현해 보면, '한 사람을 만난다는 건 실로 어마어마한 일이다. 그의 과거와 현재, 그리고 그의 미래와 함께 만나기 때문이다.'

잘 쓴 책은 없다. 잘 고쳐 쓴 책만 있다

퇴고로 쓰자

'처음부터 잘 쓴 책은 없다. 잘 고쳐 쓴 책만 있을 뿐이다.' 이 말은 책을 쓰는 사람에게 희망을 준다. 잘 고치기만 하면 잘 쓸 수 있다니. 잘 쓰기는 어렵지만, 고치는 것은 시간과 정성만 기울이면 잘할 수 있는 것 아닌가. 글에 정답은 없다. 무에서 유를 창조하는 작업이기 때문이다. 글을 잘 쓰려면 오답을 줄여야 한다. 오답을 줄이는 과정이 퇴고다. 없는 걸 만드는 게 어렵지 있는 걸 고치는 것이야 쉬운 일 아닌가 말이다. 맞다. 고치는 일은 어렵지 않다. 틀린 걸 발견하는 재미가 있다. 글이 개선되어 가는 것을 보는 즐거움이 있다.

퇴고로 쓰는 방법은 간단하다. ◆허접하게 하나 쓴다. ◆묵혀 둔다. ◆꺼내서 전체적으로 훑어본다. ◆어휘, 문장 등 고칠 게 없는지 세심하게 따져가며 고친다. ◆소리 내어 읽어본다. ◆다른 사람에게 보여줘 피드백을 받는다.

글을 잘 고치려면 어떻게 해야 하는가. 우선 여러 번 고쳐야 한다. 퇴고는 오래 고치는 게 아니라 여러 번 고치는 게 중요하다. 또 잘 고치려면 무엇을 고쳐야 하는지 알아야 한다. 글을 고치는 위치에 있는 사람에게는 퇴고 체크리스트가 있어야 한다. 그래야 고칠 게 보인다. 그렇지 않으면 우리의 뇌는 다 좋다고 하면서 대충 넘기며 직무 유기 한다. 하나씩 챙겨보라고 임무를 줘야 한다.

글을 잘 고치기 위해서 필요한 게 하나 더 있다. 자기만의 정오표다. 잘못된 글자나 문구를 바로잡는 일람표가 머릿속에 있어야 한다. 노무현 대통령이 취임하고 얼마 지나지 않아 나를 관저로 불렀다. 인수위 시절에 내가 쓴 연설문을 예로 들면서 그렇게 쓰지 말라고 했다. 그건 내 글이 아니라고 했다. 나는 이렇게 쓴다고 가르쳐 줬다. 2시간 넘게 32가지에 관해 말해줬다. 오답이 있는지, 빠진 부분은 없는지, 체크리스트로 하나씩 점검하면서 고치는 게 그분의 방식이었다.

글쓰기의 절반은 고치기다

우선, 자신이 쓴 어휘와 문장을 고쳐보자. 글의 가장 기본 단위는 어휘, 즉 낱말이다. 낱말은 무수히 많다. 그 자리에 딱 맞는 낱말이 있다. 문맥에 부합하는, 다시 말해 질 좋은 그 낱말을 찾아 써야 한다.

어떻게 찾아 쓸 것인가. 포털사이트 국어사전을 활용하면 된다. 글을 쓰면서 떠오르는 단어를 곧장 쓰지 말고, 포털사이트 국어사전에

쳐 보면 유의어들을 보여준다. 비슷한 말들이다. 그 가운데 문맥에 더 맞는 낱말을 골라, 그것을 쓰면 된다.

다음은 문장을 고칠 차례다. 써 놓은 문장이 마음에 들지 않을 때, 표현하고 싶은 내용이 머릿속에 맴돌 뿐 문장으로 만들어지지 않을 때 어떻게 할 것인가. 문장을 잘 만들지 못하는 이유는 세 가지가 아닐까 싶다. 첫째는 문장의 형식, 즉 문형에 대한 학습이 미진한 탓이다. 중학교에 들어가 처음 영어를 배울 때 문장의 5형식부터 익혔다. 국어 시간에도 제1유형 주어+서술어, 제2유형 주어+보어+서술어, 제3유형 주어+부사어+서술어, 제4유형 주어+복적어+서술어, 제5유형 주어+목적어+부사어+서술어에 관해 배웠다. 문형은 또한 주어+서술어의 개수에 따라 단문과 복문으로 나뉘고, 복문에는 중문(이어진 문장)과 포유문(안은 문장)이 있다. 나는 가급적 단문 쓰기를 권한다. 주어+서술어가 2개 이상인 복문은 쓰기도 어렵고 잘못 쓸 가능성도 높으며 읽기도 편치 않아서다.

문장을 잘 만들지 못하는 두 번째 이유는 문법 공부의 부족이다. 문법을 잘 알지 못하면 문법에 맞지 않는 문장, 비문(非文)을 남발하게 된다. 문장의 구성요소인 주어, 목적어(보어), 서술어가 서로 호응하지 않는 경우가 대표적이다. 문장을 잘 만들지 못하는 세 번째는 수사법 활용에 익숙하지 않아서다. 국어에는 무려 50개가 넘는 수사법이 있고, 이를 잘 활용하면 문장이 쉽고 유려해진다.

문형, 문법, 수사법을 제대로 공부하지 않아서 오는 세 가지 애로를 단박에 해결하는 길 또한 포털사이트 국어사전에 있다. 표현하고자 하는 내용의 키워드를 국어사전에 쳐보면 '예문'이 뜬다. 그 낱말을 넣어 쓸 수 있는 문장을 다양한 예시로 보여준다. 써 놨던 문장도, 문장에 쓰인 핵심 낱말을 쳐보면 얼마든지 더 낫게 고칠 수 있다. 그 낱말을 어떤 단어로 수식했는지, 주어와 서술어는 무얼 썼는지, 문장의 구성 성분 순서를 달리할 수는 없는지, 평서문으로 쓰인 문장을 의문문이나 감탄문, 명령문, 청유문 등으로 바꿀 순 없는지 알 수 있다.

자기만의 체크리스트를 가져라

지금까지 어휘력과 문장력이 부족해서 잘못 쓴 글을 고치는 방법에 관해 알아봤다. 이제는 어휘와 문장을 포함해 총체적으로 고쳐볼 차례다. 나는 글을 쓰고 나면 대략 27가지를 체크해 본다.

1. 전하고자 하는 메시지가 분명히 드러나는가.
2. 글의 첫 문장과 마지막 문장은 알맞은가. 도입부가 읽는 사람을 끌어들이는가. 마지막 단락이 지지부진하지 않은가.
3. 문장성분 사이가 호응하지 않는 문장은 없는가.
4. 고유명사는 맞게 들어갔는가.
5. 빼도 되는 내용은 없는가. 하지 말아야 할 말, 해봐야 좋을 게 없는 말, 불필요한 부사나 형용사를 남발하고 있지는 않은가.
6. 오탈자는 없는가.
7. 복수 접미사 '들'을 남용하지 않았는가.

8. 인용은 정확한가. 표절 위험은 없는가.
9. 제목은 괜찮은가.
10. 문단 구분은 적절한가.
11. 문단과 문단의 연결은 매끄러운가.
12. 띄어쓰기와 맞춤법의 잘못은 없는가.
13. 문장이 너무 긴 부분은 없는가.
14. 근거를 대지 않고 주장한 대목은 없는가.
15. 쓸데없이 '을' '를' '이' '가'를 남발하고 있진 않은가.
16. 좀 더 구체적으로 써야 할 대목은 없는가.
17. 빠트린 내용은 없는가
18. 여러 가지로 해석될 수 있는 구석은 없는가.
19. 전개 순서를 바꿀 필요는 없는가.
20. 더 간결하게 표현할 수 있는 대목은 없는가.
21. 상호 모순되는 부분은 없는가.
22. 한 번만 읽고도 이해가 되는가.
23. 글이 독자에게 무엇을 주고 있는가.
24. 독자에게 지적을 당한다면 어떤 내용일까.
25. 통계, 수치 등 사실의 오류는 없는가.
26. 다른 단어로 대체해야 하는 부분은 없는가.
27. 지금까지 체크한 것 말고 놓친 것은 없는가.

글을 고치는 방법은 다양하다. 자기 글을 자신이 고칠 수도 있고, 남에게 고쳐 달라고 부탁할 수도 있고, 여럿이 모여 서로 고쳐줄 수도 있다. 자기 글을 자신이 고칠 때 중요한 것은 세 가지이다. 첫째, 쓰고 난 뒤 잠시라도 묵혀 뒀다가 고쳐야 한다. 쓰자마자 고치면 고칠 게 잘 보이지 않는다. 글을 쓴 필자에서 글을 읽는 독자로 변신할 시간이 필요하다. 독자의 눈으로 봐야 고칠 게 보인다. 나는 적어도 하루 정도를 묵힌다. 시간이 허락하면 더 놔뒀다 고친다.

둘째, 고칠 때는 오래 보는 것보다 여러 번 보는 게 중요하다. 잠깐씩 여러 번 봐야 한다. 여러 번 볼 때도 시간과 장소를 달리하면 더 좋다. 컴퓨터 화면이나 휴대전화에서도 보고, 출력해서 종이로도 읽어 보자. 눈으로만 보지 말고 소리 내 읽어도 보자. 술술 읽히면 잘 쓴 글이다.

셋째, 한 번에 하나씩 목적의식을 갖고 보자. 바꿔야 할 단어가 있는지 어휘에 주목하여 보고, 손볼 문장은 없는지 문장을 눈여겨보고, 문단 단위로 떼어서 하나의 문단이 하나의 완결된 글인지 점검해 보자. 전체 문맥을 살펴볼 필요도 있다. 앞서 체크리스트에 있는 내용을 하나씩 점검해 보는 것도 중요하다.

다음으로, 남의 힘을 빌려 글을 고칠 수 있다. 나는 글을 쓰고 나면 아내에게 소리 내어 읽어달라고 부탁한다. 내 글을 읽는 아내의 소리를 듣다 보면 어느 부분이 어색한지, 어떤 부분을 고쳐야 할지 금세 알아차릴 수 있다. 무엇보다 내 글을 읽어줄 사람이 곁에 대기하고 있다는 것만으로도 글 쓰는 두려움이 덜하다. 글 쓰는 사람에게는 어떤 식으로든 도움받을 수 있는 글동무가 있는 게 바람직하다. 또한, 글동

무의 지적을 기꺼이 받아들이는 자세를 가져야 한다. 그래야 힘든 글쓰기 여정을 견뎌낼 수 있고, 글의 수준을 높여갈 수 있다.

끝으로, 함께 모여 글을 고칠 수 있다. 문예창작과나 국문과에서 신춘문예를 준비하거나 습작 활동을 하는 학생들은 합평하는 시간을 갖는다. 서로의 작품을 호되게, 가차 없이 비판한다. 미국의 소설가 어슐러 르 귄(Ursula Le Guin)은 《글쓰기의 항해술》이란 책에서 망망대해를 떠도는 작가들에게 함께 쓰기를 권한다. 합평하면 상호적 격려, 우호적 경쟁, 고무적 토론, 비평을 통한 훈련, 시련을 이겨낼 버팀목이 마련된다는 것이다.

일단 쓰고, 고치고 또 고쳐라

이제는 인공 지능의 도움까지 받아 고칠 수 있는 세상이 됐다. 잘 쓰고 싶은 마음과 고치는 열정만 있으면 얼마든지 잘 쓸 수 있다. 단번에 쓸 필요 없다. 꿰맨 흔적이 없는 글을 쓸 필요도 없다. 일단 쓰고 꼼꼼하게 고치면 된다.

그렇다면 글을 어느 수준까지 고쳐야 하는가. 세계적인 소설가 무라카미 하루키가 그랬다. "나는 아무리 퇴고를 많이 해도 목적지에 이르지 못한다. 그렇게 오랫동안 글을 썼는데 여전히 그렇다." 일본의 노벨문학상 수상 작가 가와바타 야스나리도 《설국》의 도입부를 고치고 또 고쳤다고 했다. 그렇게 해서 나온 첫 문장이 '국경의 긴 터널을 빠져나오자, 눈의 고장이었다.'였다. 김훈 작가도 《칼의 노래》의 첫 문장 '버려진 섬마다 꽃이 피었다.'를 쓰기 위해 몇 주 동안 고치고 또 고쳤다.

    책 쓰기는 초벌 쓰기를 한 후부터 시작된다. 책을 다 썼다는 건 이제 비로소 고칠 준비가 됐다는 것에 불과하다고 생각해야 한다. 퇴고하지 않은 글을 내놓는 것은 속옷만 걸치고 거리로 나가는 것과 같다. 어젯밤 감정에 겨워 써 놓은 연애편지를 다음날 아침 맨정신에 다시 보는 모습을 상상하는 것만으로도 보고 또 봐야 하는 이유는 분명하다.

당신 곁에 글동무가 있는가

함께 쓰자

책은 혼자 써야 한다는 것도 고정관념이다. 다른 사람과 함께 쓰면 훨씬 용이하게 쓸 수 있다. 더불어 쓰는 첫 번째 방법은 공저를 내는 것이다. 함께 쓰는 사람의 숫자를 늘릴수록 내가 써야 하는 글의 편수는 준다. 어떤 책은 각자의 글을 한 편씩 모아 내기도 하고, 다섯 명 정도가 대여섯 편씩을 써서 엮기도 한다.

더불어 쓰는 두 번째 방법은 대담 형식의 공저이다.《말하기의 태도》란 책은 MBC 김민식 PD와 함께 썼다.《글쓰기 바이블》도 옛 청와대 동료였던 백승권 대표와 서로 묻고 답하는 방식으로 썼다. 10여 차례 만나 얘기를 나누고, 이를 녹취해서 글로 푼 후 각자 읽어보고 자신이 말한 부분을 보완하는 식으로 진행했다.

더불어 쓰는 세 번째 방법은 각자 단독 저서를 내되, 쓰는 과정만 함께하는 것이다. 책을 쓰는 동안 단톡방을 만들어 각자 쓴 글을 수시로 올려 의견을 수렴하고, 정기적으로 만나 서로를 응원하고 독려하는 시간을 갖는다. 그리하면 나중에 책을 팔 때도 십시일반 소화하기 쉽고, 공동 출간기념회를 열 수도 있다.

공저에서 집단 창작까지, 협업의 다양한 방식

회사에서 글을 쓸 때도 나는 함께 썼다. 조력자와 함께 글 쓰는 방법은 많다. 누군가 써온 초안을 고쳐주다. 일반적으로 가장 많이 쓰는 방법이다. 하지만 이러한 1대 1 작업에서 벗어나 집단 창작 방식을 활용해 보길 제안한다. 예를 들면 이렇다. ◆팀 토론을 주재하고 토론 결과를 요약하도록 한다. ◆누군가 쓴 초안을 팀 회의에 올려 수정 보완한다. ◆팀원 각자에게 하나씩 쓰도록 해 가장 좋은 안을 선택한다. ◆팀원 한 사람 한 사람에게 자신이 잘할 수 있는 부분을 맡겨 쓰게 한 후 취합해 완성한다. 글의 성격에 따라 이들 방법 가운데 하나를 활용하여 글을 쓸 수 있다.

함께 모여 고치려면 각자 하는 일에 방해가 되지 않을까 우려한다. 하지만 하다 보면 그렇지 않다. 모여서 고치는 시간이 점점 줄어든다. 어느 시점부터는 고칠 게 없을 만큼 알아서 초안을 쓴다. 어떻게 써야 하는지를 서로 잘 알기 때문이다. 남의 글을 지적하는 게 쉽지 않아 고치는 자리가 불편할 수 있다. 하지만 해보면 안다. 누군가 문제점을 지적해줘 내 글이 좋아지면 고맙다. 나도 도움을 주고 싶다. 그래서 열심히 지적한다. 이런 분위기가 선순환한다.

참여정부 때 연설비서관이 됐다. 연설비서관은 행정관이 쓴 글을 고치는 사람이다. 고칠 자신이 없었다. 행정관 4명이 국정 전 분야를 나눠 맡고 있다. 내가 고친 것이 그들이 쓴 초안보다 나을 것이란 확신이 없었다. 회사 다닐 때도 실무자가 초안을 쓰면 층층이 고치면서 올라가 최고경영자에게 글이 갔다. 어떤 경우에는 실무자가 쓴, 그러나 중간 누군가에 의해 사라진 내용을 최고경영자가 요구하기도 했다. 함께 고치자고 했다. 대신 나도 초안을 썼다. 각자 자기 분야의 초안을 쓰고 초안이 나오면 모두가 둘러앉아 초안 쓴 사람이 한 문단씩 읽고, 나머지 사람이 의견을 내는 방식으로 고쳤다. 비서관과 행정관이 모여 함께 고쳤다.

국민의 정부 때는 행정관이었다. 4명의 행정관이 자기 분야의 연설문을 담당했고, 나는 경제 분야를 썼다. 매일 시험을 치르는 심정이었다. 매번 비서관과 대통령의 평가를 받았다. 점수를 매기진 않았지만, 얼마나 고쳤는지가 평가 점수다. 누군가는 칭찬을, 또 누군가는 지적을 받는다. 초안을 쓸 때 손가락이 오그라들었다. 이렇게 쓰면 비서관이 어떻게 고칠까, 대통령께 누가 되진 않을까.

그러나 참여정부 때 독회 제도를 도입하고는 동료를 믿고 자신 있게 썼다. 불필요한 자기 검열을 하지 않기에 보다 창의적인 글쓰기가 가능했다. 대충 쓰지도 않았다. 그러면 동료들이 고생할 게 뻔했다. 동료에게 민폐 끼치지 않으려고 밤늦게까지 썼다. 내가 잘 못 쓰면 동료의 시간을 빼앗게 된다는 생각으로 쓰고 또 고쳤다. 그래도 힘들지 않았다. 내가 혼나지 않기 위해 일할 때보다 덜 피곤했다. 독회에서 동료들이 내 글을 지적해도 기분 나쁘거나 찜찜하지 않았다. 도리어 고마웠다. 보답하기 위해 나도 열심히 지적했다. 서로의 지적이 상승작용을 일으켜 글이 좋아졌다. 독회가 치열한 만큼 결과물도 좋았다.

누군가 쓰는 길 힘들어하거나, 그가 쓴 글의 독회가 매번 길어져 기죽어 있으면 또 다른 누군가가 그의 글을 미리 봐줬다. 독회에서 줄 의견을 미리 줌으로써 그를 도왔다. 어느 조직이나 뒤처지는 사람은 있기 마련이다. 각자 초안을 쓰고 함께 모여 고치는 방식만 고집한 건 아니었다. 모일 시간이 없으면 초안을 돌렸다. 그 초안에 각자 의견을 붙였다. 여럿이 각 부분을 나눠 작성하여 합한 경우도 있었다. 초안 없이 모여서 토의하며 함께 쓰기도 했다. 반짝이는 아이디어가 필요한 짧은 글은 이런 방식이 효과적이다.

돌이켜 보면 국민의 정부 때는 잘하는 사람이 견인해서 일의 효율을 높였다. 잘하는 사람이 앞에서 끌어줬다. 중요한 연설이 벽에 부딪치면 구성원 중 실력자가 나타나 해결했다. 한편으로 고맙기도 했지만, 다른 한편으로 미안하고 기가 죽었다. 그를 본받으라 하지만 그게 쉬운 일은 아니었다. 누구도 원하진 않았지만 자연스럽게 경쟁관계가 됐다. 서로의 장점을 공유할 통로가 막혀 있으니 잘하는 사람은 계속 잘하고 못하는 사람은 못했다. 부익부 빈익빈이다.

참여정부 때는 모여 앉아 글을 고치는 시간이 학습하는 시간이었다. 서로가 서로에게 배웠다. 토론하면서 많이 가진 사람의 것이 적게 가진 사람에게 소리없이 흘러갔다. 시간이 지나니 실력이 상향 평준화됐다. 어느 시점부터는 고칠 게 없어졌다. 어떻게 써야 하는지를 서로 잘 알기 때문이다. 어떻게 쓰자는 합의가 소리 없이 이뤄진 것이다. 효율이 올라갔다. 독회 시간이 점점 짧아졌다.

결과에 대해서도 누구는 좋고 누구는 나쁘지 않았다. 모두가 뿌듯하고 대견해했다. 대통령에게 칭찬을 받건 꾸중을 듣건 모두의 일이었다. 서로를 격려하고 서로에게 공을 돌렸다. 우리는 그렇게 공동체가 됐다. 일이라고 생각하지 않았다. 모여 앉아 말하는 게 전부였다. 서로 공감하고 배려했다. 서로에게 못할 말이 없었다. 실력을 포장하려고 하지 않았다. 기탄없이 얘기했다. 무슨 얘기를 해도 다 받아들여졌다. 이심전심으로 통하는 '라포르(rapport)' 상태가 됐다.

함께 고치며 같이 성장하는 기쁨

누가 글쓰기를 '고독한 자기와의 싸움'이라고 했는가. 굳이 혼자 쓸 필요 없다. 함께 쓰면 더 잘 쓸 수 있다. 외로운 싸움이기에 벗이 있으면 훨씬 낫다. 직장에 다니는 분이면 직장 동료들끼리, 아니면 친구들끼리 혹은 마을 분들끼리 모임을 만들어볼 것을 제안한다. 일종의 글쓰기 마스터마인드그룹이다. 마스터마인드그룹은 자기 계발서 원조 격인 미국의 작가 나폴레옹 힐(Napoleon Hill)이 저서 《놓치고 싶지 않은 나의 꿈, 나의 인생》에서 주창한 개념이다. 보통 3~7명이 정기적으로 모여 아이디어와 정보를 교환하고 토론을 벌이며 서로를 격려하고 자극하는 모임이다. 앤드루 카네기, 헨리 포드 등 성공한 사람 배후에는 예외 없이 이들 마스터마인드그룹이 있었다.

책을 쓰다가 혼자로는 도저히 힘이 부칠 때, 누군가의 도움이 필요할 때 이 모임을 소집한다. 멀티태스킹이 되지 않는 뇌의 한계를 극복하는 방법으로 여러 뇌가 함께 머리를 맞대는 것이다. 토론식으로 집단 창작하거나, 집합 지혜를 모으면 기대 이상의 좋은 결과가 나온다. 한 번 도움을 받은 사람은 다른 사람의 요청에 흔쾌히 응하고 성심껏 고쳐준다. 이렇게 부정기적으로 만날 수도 있고, 일정 주기로 순수한 책 쓰기 모임을 할 수도 있다. 단, 멤버를 잘 짜야한다. 격의 없이 비판할 수 있어야 한다. 그런 비판을 선의로 받아들일 수 있어야 한다. 실력 격차가 크지 않아야 한다. 모임에 기대려고만 하기보다는 작은 힘이라도 보태려 하고, 서로에게 도움을 주겠다는 간절한 마음이 있는 사람들이 모여야 한다. 규칙도 필요하다. 글을 써오지 않으면 커피값을 낸다든가, 다른 사람의 글에 관해 한 가지 이상씩 의무적으로 칭찬해야 한다든가.

물론, 함께 쓰는 게 도움만 되는 것은 아니다. 이런 경우는 독이 된다. 그 하나는, 두루뭉술하게 과도하게 요구하는 조언이다. 구체적으로 말해주지 않고 이해할 수 없는 선문답을 한다. '감동적으로 써 달라', '격조 있게 써 달라'…. 무엇이 감동적이고, 어떻게 써야 격조 있는지는 알려주지 않는다. 그런 요구를 하는 사람은 자문해봐야 한다. 나는 그렇게 쓸 수 있나. 다른 하나는, 비판 일색의 조언이다. 그래도 찾아보면 잘한 구석이 있을 텐데 비판 일변도다. 감정적이기까지 하다. 대개 이런 경우, 마치 자기가 정답을 알고 있는 것처럼, 자신의 말이 진리인 것처럼 착각한다. 명백한 오류가 아닌 바에는 맞고 틀리고의 문제가 아닐 수 있다. 단지 다를 뿐이다. 이런 경우 도움이 되기는커녕 의욕만 떨어뜨린다.

도서관에 갔다가 오택환 작가의 책《협동작문의 이론과 실제》를 발견했다. 함께 쓰는 방식에 관해 연구한 책이다. 이 책에서 밝히는 함께 쓰기의 장점은 이렇다. ◆구성원의 인간적 관계가 증진된다. ◆글쓰기가 본질적인 문제 해결 과정으로 기능한다. ◆경쟁적 구조의 폐해로부터 자유롭다. ◆참여자의 글쓰기 실력과 사회성이 신장된다. ◆효과적인 의사소통과 토론 능력이 향상된다. ◆서로에게 배우고 가르치는 능력이 생성된다. ◆효과적인 피드백 방식을 터득한다. ◆글의 품질이 좋아진다. ◆긍정적인 상호의존성이 생겨난다. ◆공동체 의식이 함양된다. 나와 같은 생각을 하는 누군가가 있다는 것을 발견하는 기쁨은 크다. 내 방법이 결코 엉뚱하지 않다는 사실을 확인하고, 내 방식의 효과를 공인받은 기분이었다.

사실은 누구나 함께 쓴다. 함께 모여 쓰지 않을 뿐. 누구나 무언의 대화를 나누며 쓴다. 글을 쓰면서 상사의 지적을 떠올리는 것, 이전에 누군가 써 놓은 글을 참고하는 것, 글을 쓰다가 인터넷을 검색하거나, 관련 서적을 읽거나, 옆자리 동료에게 물어보는 모든 행위가 함께 쓰는 과정이다. 그런 점에서 완벽하게 혼자 쓰는 글은 없다.

책 쓸 사람을 규합하거나, 그런 모임에 나가서 함께 써보자. 찾아보면 주변에 책 쓰기 모임이 의외로 많다. 책을 쓰고 싶은 사람끼리 모여 서로의 글을 봐주면서 용기도 북돋워 주고 권면하는 모임, 같은 주제로 고민하는 사람끼리 모여서 공저를 쓰는 모임을 만들면 혼자 쓰는 것보다 성공 확률도 높고 훨씬 수월하게 쓸 수 있다.

우리 곁에는 글쓰기 광야를 함께 가는 글동무가 있다. 서로 길을 물으며 길을 찾아가는 동행이 있다. 마음이 편안하다. 힘이 솟는다.

대충 써도 된다, 대신 자주 써라
마음으로 쓰자

책을 쓰려면 마음 근육이 단단해야 한다. 우선 글을 쓰겠다고 마음먹어야 한다. 마음먹어도 될까 말까인데, 마음조차 먹지 않으면 아무것도 되지 않는다. 그리고 글을 잘 쓰고 싶은 마음이 있어야 한다. 나아가 독자와 소통하고 싶은 마음이 있어야 한다. 그런 마음이 있어야 의욕이 생기고, 책 쓰기에 도전할 수 있다. 이에 더해 자신감을 가져야 한다. 그러기 위해 어떻게 해야 하는가.

자신감을 키우는 일곱 가지 훈련법

첫째, 강약 조절을 하자. 모든 글을 잘 쓸 순 없다. 힘줘야 할 때 주고, 뺄 때는 빼자. 모든 글에 최선을 다하려고 하지 말자. 어떤 글은 열심히 쓰고 어떤 글은 대충 쓰자. 최선을 다한다고 좋은 글이 나오란

보장도 없고, 때론 대충 쓴 글이 더 호평받기도 한다.

둘째, 여유를 갖자. 가진 것 중에 안 보여준 게 있으면 여유가 생긴다. 갖고 있는 것을 늘리거나 가진 것 중 일부만 써먹음으로써 여유를 만들자. 더 보태려고 안간힘 쓰지 말자. 안 보여준 것을 간직하고 스스로 뿌듯해하자. '내가 당신들이 생각하는 것보다 훨씬 나아.', '당신들은 아직 나를 몰라.' 사람들은 그런 당신에게서 내공을 느낄 것이다.

셋째, 자신감을 기우리면 실패에 대한 두려움을 이겨내야 한다. 동트기 전이 가장 어두운 것처럼, 나는 글쓰기에 착수하기 전이 가장 무섭다. 막상 글을 쓰기 시작하면 마음이 편해진다. 그래서 글쓰기가 두려우면 두 눈 딱 감고 일단 쓰기 시작한다. 실패하면 어떤가. 할 수 있는 만큼 했는데도 실패하면 어쩔 수 없는 일 아닌가.

넷째, 칭찬을 듣고 인정받을 때 자신감이 생긴다. 글은 지적 앞에 움츠러든다. 칭찬과 인정을 먹고 자라는 게 글이다. 주변에 높은 수준을 요구해 힘들게 하는 사람이 있다. 강점보다는 단점만 보는 사람도 있다. 내 글을 시샘하고 질투하는 사람도 있다. 어떤 이유에서건 내 글을 폄훼하는 사람을 가까이 두지 마라. 그의 말은 무시하라. 어쩔 수 없이 들어야 한다면 한 귀로 듣고 한 귀로 흘려라.

다섯째, 성공경험을 쌓아라. 포기하거나 중단하지 않고 끝까지 가보면 반드시 얻어걸린다. 성공의 희열과 성취감을 맛볼 수 있다. 그런 짜릿한 경험을 하고 나면 자신감이 샘솟는다. 더 도전할 용기가 생긴다.

그런 용기와 자신감으로 지속적으로 시도하면 점점 성장하는 자신을 발견하게 된다. 단 성공경험에 도취해선 안 된다. 그러면 자만하게 된다. 자만하려거든 차라리 자신감 없는 게 낫다.

여섯째, 남과 비교하지 말자. 남이 쓴 글을 보면 다 잘 쓴 것 같다. 그래서 위축된다. 절대 남과 비교하지 마라. 자신의 과거 글과 비교해라. 이전에 자기가 쓴 글을 보면 대부분 허접하다. 그만큼 자신의 글이 발전한 것이다. 그럴 수밖에 없다. 글은 후퇴하지 않는다. 글쓰기 실력은 퇴보하지 않는다.

일곱째, 글쓰기 모임에 나가는 것도 방법이다. 나는 글쓰기 고통에 대한 역치(閾値)가 낮은 편이다. 작은 어려움에도 힘듦을 과장한다. 엄살떨고 징징대고 죽는소리를 한다. 그런 내게 글쓰기 모임은 큰 도움이 됐다. 그래서 권한다. 글쓰기 모임에 가입해서 외롭고 쓸쓸한 글쓰기 여정에 동무를 만들어보기 바란다.

마음 근육을 단단하게 만들기 위해서는 자신감과 함께 자존감을 키워야 한다. 자존감이 낮으면 스스로를 과소평가하고, 남을 과도하게 의식한다. 또 자존감이 낮을수록 남에게 잘 보이려 하고, 남의 눈치를 본다. 글을 잘 쓰려면 스스로를 존중해야 한다. 자신을 사랑하는 자기연민이 필요하다. 자존감이 있어야 하는 것이다.

자신을 믿는 사람은 다섯 가지 특징이 있다. 첫째, 자기 생각을 잘 길어 올린다. 자기 안에 길어 올릴 생각이 있다고 믿는다. 그래서 주변을 기웃거리지 않는다. 자기 안에 무슨 생각이 있는지 탐색하는 걸 즐긴다. 그리고 기어코 끄집어낸다.

둘째, 눈치 보거나 자기 검열이 심하지 않다. 실패를 두려워하지 않는다. 위험을 감수한다. '그까짓 거 쓰면 되지.'라는 생각으로 쓴다. 하지만 자신을 못 믿는 사람은 쓸까 말까 망설인다. 머릿속으로만 썼다 지웠다를 반복한다. '이렇게 쓰면 남들이 뭐라 할까.'끼며 과도하게 의식한다. 그리고 나중에 쓴 걸 후회한다.

셋째, 자신을 솔직하게 드러낸다. 글을 잘 쓰려면 투명해야 한다. 그래야 쓸 말이 많다. 감추기 시작하면 쓸 말이 없다. 자신의 약점과 허물을 써야 한다. 사람들은 그런 글을 읽고 싶어 한다. 그런 글에서 위안과 용기를 얻기 때문이다. 먼저 속내를 털어놓아 보라. 감정과 느낌을 솔직하게 얘기하고 빈틈도 보여줘라. 상대는 나의 실패담을 읽으며 경계를 풀고 오히려 인간미를 느낄 것이다.

넷째, 자신을 믿는 사람은 남의 평가에 일희일비하지 않는다. 호평을 받았다고 우쭐하지도, 혹평에 의기소침하지도 않는다. 받아들일 건 받아들이고 무시할 건 무시한다. 그래서 쭈뼛쭈뼛하지 않는다. 기탄없이 쓸 수 있다.

끝으로, 자신을 믿는 사람은 과욕을 부리지 않는다. 가진 것보다 더 많이 가진 것처럼 보이려고 무리하지 않는다. 더 많이 아는 것처럼 꾸미지 않는다. 자신을 있는 그대로 보여줘도 괜찮다고 생각한다. '이것이 나고, 내 수준이 이 정도인데 어쩔 수 없는 것 아닌가.'라는 생각으로 그냥 쓴다. 나를 부끄러워하지도, 남을 부러워하지도 않으면 편안하게 쓸 수 있다.

직장생활하며 글을 써야 할 때 나는 늘 최선을 다하려고 했다. 글쓰기에 최대한의 시간을 확보하고, 찾아볼 수 있는 자료는 다 찾아보며, 더 이상 고칠 게 없을 때까지 고친다는 생각으로 썼다. 그런데 그러면 그럴수록 자신감은 떨어졌다. 자신감이 떨어지면 잘하는 일만 하려고 하고, 새로운 일은 시작할 엄두를 내지 못하며, 남의 도움도 기피한다. 공부하고 노력해서 내 수준과 실력을 높이거나, '이게 내 수준인데 어쩔 거야.' 하면서 나답게 써야 하는데, 나는 이 둘 다 못하고 어정쩡하게 직장생활을 했다. 그래서 힘들었다.

글쓰기에 필요한 마음 근육 단단하게 기르는 법

직장을 나와서는 그런 상태로는 글을 쓸 수 없었다. 그래서 스스로 자신감을 북돋우기 위해 이런 노력을 한다. 첫째, 일단 쓰고, 자주 쓴다. 글은 막상 쓰기 시작하면 그전보다 몇 배는 자신있어진다. 쓸거리도 생기고 쓰고 싶은 마음도 든다. 자주 쓰지 않으면서 자신감을 키울 길은 없다. 자주 쓰면 익숙해지고, 익숙하면 자신감이 붙는다. 반복하다 보면 미세한 차이만큼 점차 나아지고 거기서 자신감이 샘솟는다.

둘째, 남들의 평가에 대한 기대 수준을 낮춘다. 평가에 연연하지 않을 순 없다. 연연하되 기대치를 낮추자는 것이다. 남들에게서 좋은 평가를 끌어내는 건 내 뜻대로 되지 않지만, 스스로 기대 수준을 낮추는 건 얼마든지 할 수 있다. 기대 수준을 낮추면 보다 쉽게 그 수준에 도달할 수 있고, 그만큼 자신감도 생긴다.

가능하다면 남들의 평가에 둔감해질 필요가 있다. 사실 남들은 내게 그다지 관심 없다. 어떤 평가는 깊은 생각 없이 무심코 던질 수도 있고, 평가했다가도 곧 잊어버린다. 근본적으로는 남들의 평가에 의존해 나의 가치를 인정받으려는 생각에서 벗어나야 한다. 그러면 남들의 평가에 우쭐하거나 의기소침하지 않을 수 있다.

셋째, 모든 걸 덤이라고 생각한다. 그러면 실패에 대한 두려움에서 벗어나 자신감을 가질 수 있다. 나는 지금까지 과분한 대접을 받았다. 내가 가진 실력, 내가 들인 노력 이상으로 평가받으며 살아왔다. 그것에 만족하고 감사한다. 이제는 힘을 빼고 있는 그대로를 보여주자. 이렇게 마음먹으니 두려울 일도, 자신 없어 할 일도 없다.

넷째, 단점을 보완하려고 애쓰지 말고, 장점을 살리고자 한다. 학교 다닐 적부터 부족한 부분을 채우고, 모르는 걸 알아야 성장한다고 배웠다. 이제부턴 잘하는 걸 더 잘하자고 마음을 고쳐먹었다. 내 장점을 키우자고 생각하면 자신 없을 이유가 없다.

다섯째, 하나에 집중한다. 재능 있는 사람은 여러 개를 섭렵해도 두루 잘할 수 있지만, 나는 그럴 자신이 없다. 대신 하나에만 힘을 모은다. 글의 주제와 장르도 자신 있는 것에 집중한다. 이를 통해 나만의 콘텐츠를 만들고 나다운 스타일을 구축한다.

여섯째, 완벽주의에서 벗어난다. 가진 역량에 비해 완벽함을 추구하면 필요 이상으로 노력하게 되고, 일의 진척도 느리다. 새로운 시도를 두려워할 뿐 아니라, 완벽하게 하지 못하는 자신을 자책한다. 방법은 완벽 대신 완성을 추구하는 것이다. 조금 허술하더라도 끝내는 게 중요하다는 생각으로 임한다.

일곱째, 성공을 경험하고 칭찬을 듣는다. 글쓰기의 성공경험은 끝까지 쓰는 것이다. 잘 쓰건 못 쓰건, 끝까지 쓰고 나면 뿌듯함과 함께 자신감이 차오른다. 끝까지 가보는 경험이 중요하다. 직접 성공경험을 못하더라도 칭찬을 자주 들으면 자신감이 생긴다.

여덟째, 말로 자기 암시를 한다. 스스로 자신감을 북돋우기 위해 되뇌는 말들이 있다. ◆끝날 때까지 끝난 게 아니다. ◆어딘가에 답이 있다. 아직 못 찾았을 뿐이다. ◆한 번에 풀리는 일은 없다. 여러 번 해서 안 되는 일도 없다. ◆시작이 어렵지 뒤로 갈수록 쉬워진다. ◆언제 끝날까 싶은 일도 반드시 끝이 온다. ◆모두에게 잘 보일 필요 없다. ◆최선이 아닌 차선도 괜찮다. ◆언제든 그만두면 된다. 할 수 있는 만큼만 하자. ◆힘든 일은 지나간다. 내일은 내일의 해가 뜬다. ◆내 인생 최고의 순간은 오지 않았다. 누가 알겠는가. 나이 먹어 최고의 작품을 쓸 수 있을지. ◆누구나 죽는다. 죽음을 생각하면 두려울 게 없다. ◆나는 나를 믿는다.

4장

책 쓰기는 삶 쓰기

책을 다 썼다고 끝난 게 아니다. 이제 저자로서의 삶이 기다리고 있다. 당신의 글쓰기는 지금부터 본격적으로 시작된다. 말과 글이 순환하고, 책과 삶이 함께하는, 내 인생의 주인으로서 나답게 사는 당신의 내일을 응원한다.

내 글이 독자에게 말을 건다

좋은 글의 여섯 가지 조건

출판사에 있으면서 얻은 가장 큰 소득은 독자의 심리를 어렴풋이나마 알게 됐다는 점이다. 독자는 어떤 글을 원하며, 어느 대목에서 흥미를 느끼고, 어느 지점에서 지루해하는지 깨닫게 됐다. 독자는 글에서 다섯 가지를 기대한다. ◆새로운 사실 혹은 유용한 정보 ◆참신한 시각이나 관점, 해석 ◆재미있는 이야기 ◆인상적인 인용구 ◆멋있는 표현이다. 내 책을 읽는 사람에게 이를 선사해야 한다. 이 가운데 한 가지도 찾지 못하면 독자는 언짢아한다. 만약 이 모두를 충족하면 독자는 포만감과 뭉클한 감동을 느낀다.

새로운 사실과 정보는 넘쳐난다. 열심히 찾기만 하면 된다. 참신한 시각이나 관점 역시 어렵지 않다. 자료를 이것저것 찾다 보면, 여러 사람의 생각과 의견을 듣거나 읽다 보면 자연스럽게 생긴다. 결국 이것도 열심히 읽고 취재하면 해결될 문제다.

재미있는 이야기도 많다. 전래동화, 이솝우화, 그리스신화, 고사성어, 영화 줄거리 등 모두가 이야기다. 물론 내 이야기가 가장 좋다. 생생하고 구체적이다. 하지만 자기 이야기가 없어도 상관없다. 남의 이야기, 즉 사례를 들면 된다. 인용구는 명언, 격언과 같이 기억해서 써먹기 좋은 짧은 구절을 말한다. 이것이야말로 널려 있다. 대신 누구나 아는 것이 아니어야 한다. 끝으로, 멋있는 표현은 남의 글을 읽을 때 틈틈이 메모해 둬야 한다.

독자가 원하는 글, 잘 읽히는 글이란

이제 쓰는 일만 남았다. 나는 책을 쓸 때, 독자가 내 책에서 얻게 될 것은 무엇인가 생각한다. 위에 언급한 것 중에 하나라도 충족시키려고 한다. 또한, 독자가 흥미로워할 지점, 지루해할 대목을 찾아본다. 그리고 독자가 기억하고 싶은 한 줄은 무엇일까, 독자가 내 책에 설득되고 공감해야 할 이유와 근거는 있는지 살펴본다. 아울러, 독자가 예상하는 책의 시작과 끝을 생각해보고, 가능한 거기에서 벗어나려고 노력한다.

글을 어떻게 써야 하는지 조언한 말이 많다. 그중에 나는 퓰리처상을 만든 조셉 퓰리처(Joseph Pulitzer)의 말이 마음에 든다. "짧게 써라. 그러면 읽힐 것이다. 명료하게 써라. 그러면 이해될 것이다. 그림같이 써라. 그러면 기억 속에 머물 것이다." 많은 사람이 말해서 진부하지만, 이처럼 글쓰기의 정수를 꿰뚫는 말이 없다. 단 하나 아쉬운 게 있다. '노래처럼 써라.'가 추가됐으면 좋겠다. 글은 눈으로 읽지만, 소리 내어 읽는다. 그러므로 리듬을 타는 글이 잘 읽힌다. 잘 읽히는 글이 좋은 글이다.

《문화유산답사기》를 쓴 유홍준 선생의 글쓰기 조언도 새겨들을 만하다. 첫째, 주제에 집중하고 주제를 장악하라. 그러기 위해 제목을 정하고 써라. 제목을 정하고 문장이 떠오르면 일사천리로 써진다. 둘째, 잠정적 독자를 염두에 두고 써라. 셋째, 긴 글은 하나의 곡조가 반복적으로 나와야 한다. 잊을 만하면 나오고 또 나오고, 하지만 그대로 나오지 않고 변주하며 나와야 한다. 그래야 독자의 관심을 계속 끌 수 있다. 넷째, 형용사는 묘사로 풀어 써라. 다섯째, 구어체의 생동감을 살려라. 여섯째, 접속사 없이 써봐라. 일곱째, 옆 사람에게 소리 내 읽어줘라. 부드럽게 술술 읽히지 않고 막히는 부분은 고쳐야 한다. 자연스럽게 읽히는가. 어색하지 않은가. 호흡에 무리는 없는지 잘 살펴라. 말과 글은 일맥상통한다. 말을 잘하는 사람이 글도 잘 쓴다. 여덟째, 설계 후 시공하라. 개요를 짜 놓고 써라. 아홉째, 사실은 정확해야 한다.

좋은 글의 조건으로 나는 여섯 가지를 꼽는다. 쉽고 간결하고 명료하면서 구체적이고 재밌고 정확한 글이다.

첫째, 읽고 싶고 읽기 쉬운 글이 좋은 글이다. 그런 글은 어려운 내용도 비유, 예시, 사례를 들어 쉽게 설명한다. 알은체하기보다는 독자들이 알고 싶어 하는 것을 찾아 알려주려고 노력한다. 쉽게 쓰려면 먼저 잘 알아야 한다. 글을 읽다가 어렵게 느껴진다면 읽는 사람의 책임이 아니다. 나는 고전을 읽다가 알아듣지 못하는 내용이 나와도 주눅 들지 않는다. 다만, 나는 쉽게 써야지 생각한다. 확실히 알 때까지 쓰는 걸 늦추려고 노력한다. 잘 알지 못해 어렵게 써 놓은 글은 읽는 사람에게 재앙을 안겨주는 것이다. 그의 시간을 빼앗고 이해하지 못하는 자신을 자책하게 만들 테니 말이다.

쉽게 읽히는 글은 어떤 글인가. 우선, 전문용어, 어려운 한자어를 쓰지 않는다. 어려운 개념이나 복잡한 내용은 부연해서 설명한다. 문장 길이가 짧고 구조가 단순하다. 한 문장 안에는 하나의 메시지만 담는다. 용어나 개념을 알기 쉽게 정의해 준다. 배경과 맥락 설명에 충실하다. 문어체보다는 구어체로 쓴다. 추상적·현학적 표현을 삼간다. 쉬운 것부터 쓰고 어려운 것으로 나아간다. 독자가 놀라지 않게 복선을 깔아준다. 적절한 접속사 사용으로 가고 있는 방향을 알려준다. 첫째, 둘째, 셋째로 정리해 주고, 중요한 내용은 앞, 중간, 끝에 여러 번 강조한다. 혹시라도 이해하지 못한 독자를 위해 마지막에 요점을 정리해 준다. 한눈에 읽힐 수 있도록 편집에도 신경 쓴다.

둘째, 간결하게 쓴 글이 좋은 글이다. 짧은 글 안에 깊은 뜻을 쉽게 담아내는 게 고수다. 짧게 쓸 수 있는 것을 길게 말하는 것은 하수다. 설명은 간단할수록 좋다. '너 자신을 알라.', '산은 산이요, 물은 물이다.' 간결한 글은 중언부언하지 않는다. 수식어나 수사법이 과하지 않다. 힘이 있다. 직관적이고, 응축과 비약의 미가 있다. 여운이 있어 생각하게 한다.

잘 쓰려고 하지 말고 담백하게 써야 한다. 명문을 쓰려고 하지 말고 자기의 생각을 편안하게 말하듯이 서술하면 된다. 미사여구가 많은 글은 결코 좋은 글이 아니다.

글쓰기 최고의 적은 중언부언이다. 한 말 또 하고, 또 하고. 왜 그런 현상이 벌어지는가? 이유는 두 가지다. 우선, 쓸데없는 욕심을 내기 때문이다. 이 얘기도 하고 싶고 저 얘기도 하고 싶고, 그러다 보니 뒤죽박죽이다.

또 하나는 할 얘기가 분명하지 않아서다. 할 얘기가 분명하면 횡설수설하지 않는다. 머릿속에 쓰고자 하는 내용이 일목요연하게 잘 정리되어 있어야 간결한 글이 나온다. 간결하게 쓰기 위해서는 여러 글쓰기 소재 중에 중요한 것을 추려내는 능력, 구체적인 사항은 생략하고 핵심을 잡아내는 능력, 사물의 특성이나 속성을 추출하는 능력, 사안이나 관계의 본질을 파악하는 능력이 필요하다.

글은 고치기보다는 빼서 해결되는 경우가 많다. 대안이 없으면 끙끙대지 말고 과감하게 버려라. 군더더기만 없어도 좋은 글이다. 중복되거나 글의 맥락과 동떨어진 내용은 뺀다. 결론만 말해도 되는 것은 결론만, 부연설명이 필요하면 거기까지, 한마디 한마디를 아껴가며 꼭 해야 할 말만 해야 한다.

셋째, 명료하게 써야 좋은 글이다. 무엇을 전하려고 하는지를 명확히 하라. 글을 읽는 사람에게 딱 한 가지만 기억에 남기려 한다면 그것이 무엇인지를 먼저 생각하라.

흔히 명료하지 않다는 뜻으로 '애매모호하다.'라는 말을 쓴다. 그런데 '애매'와 '모호'는 적용되는 상황이 다르다. 애매가 광범위하고 포괄적이어서 명확하지 않다는 뜻이라면, 모호는 협소하고 한정적이어서 명확하지 않다는 뜻으로 쓴다. '자유', '평등', '민주주의' 같은 단어들이 애매한 단어이다. 손에 쥐어주듯 설명하기가 쉽지 않다. 이에 반해 '됐어요.' 같은 말의 뜻은 어떤가? 너무 협소하여 뜻이 모호한 말이다. 난 어렸을 적 할머니 손에 자라면서 '됐어요.'라는 말을 입에 달고 살았다. 할머니가 밥 먹었냐고 물어봐도 "됐어요.", 할머니가 뭐 필요한 거 없냐고 물어봐도 "됐어요."라고 답했다. 할머니가 힘드실까 봐, 돈도 없는데 사주지 못하는 마음이 아플까 염려되어 늘 됐다고 했다. 돌아가신 할머니는 '됐어요.'란 이 말을 어떻게 이해하셨을까. 이젠 여쭤볼 수가 없다.

우리는 이리저리 에둘러 표현하려는 경향이 있다. 내가 하고 싶은 말을 하기보다는 상대가 듣고 싶은 말을 하려고 노력한다. 어떤 경우에는 그 말을 끝내 하지 않고 듣는 사람의 몫으로 남겨두기도 한다. 말 자체보다 상대와의 관계, 상대에 대한 배려, 상황과 분위기, 맥락을 중시한다. 이는 명료한 글쓰기를 저해한다.

명료한 글을 쓰기 위해선 세 가지가 분명해야 한다. 정의, 주체, 상황이다. '글이 싫어졌다.'라는 문장이 있다고 하자. 이때 글이 읽는 글을 의미하면 독서가 싫어진 것이고, 쓰는 글을 뜻하면 작문이 싫어진 것이다. 글의 정의에 따라서도 뜻이 달라진다. 싫어진 주체가 학생이라면 공부가 싫어진 것이고, 작가라면 문학이 싫어진 것이다. 주체에 따라서도 달라진다. 일제강점기 때 글이 싫어졌다면 글이 부역의 수단으로 전락했기 때문일 것이고, 독재 치하라면 행동하지 않는 글이 싫어진 것일 수 있다. 상황에 따라서도 달라진다. 정의, 즉 의미나 뜻을 분명히 전제하고 주체를 명시해야 하며, 상황을 구체적으로 서술해 줘야 글이 명료해진다.

넷째, 구체적으로 써야 좋은 글이다. 구체적으로 쓰라는 의미는 뜬구름 잡듯 쓰지 말라는 뜻이다. 가능한 자세히 쓰라는 의미다. 빠진 것 없이 꼼꼼하게 쓰라는 뜻이다. 어떻게 써야 하는가. '나무'보다는 '마을 어귀에 서 있던 버드나무'가 낫고, 그보다는 '어렸을 적 마을 어귀에서 어른들이 개를 매달아 잡던 버드나무'가 더 낫다. 좀 더 구체적으로, 최대한 개인적으로 쓰자.

다섯째, 재밌기까지 하면 금상첨화다. 대다수는 완벽한 사람을 좋아하지 않는다. 농담도 하고 인간적인 사람에게 호감이 간다. 때로는 일부러 허점을 보여 독자를 재밌게 해줄 필요도 있다. 재미없는 글은 읽히지 않는다. 재밌는 글의 범위는 넓다. 내가 모르던 것을 알게 해주는 글은 재미있다. 재미있는 글을 쓰려면 글 쓰는 것 자체를 어렵게 생각하지 않아야 한다. 머릿속에 있는 것을 우리가 쓰는 글자로 옮겨 놓으면 된다는 생각으로, 처음 본 연인에게 무슨 말을 할까 궁리하는 심정으로 쓰는 게 재미있어야 한다. 창의와 창조는 엄숙함에서 나오지 않는다. 근엄함은 즐겁지 않다.

글 쓰는 사람이 예능감까지 갖추면 천하무적이다. 예능감은 남을 즐겁게 해주는 능력이다. 재밌게 쓰는 실력이기도 하다. 이런 능력이 있는 사람은 다음 열거하는 것 가운데 한두 가지 특징을 보인다. 남과 어울리는 것을 좋아한다. 놀이를 즐긴다. 순발력이 있다. 엉뚱하다. 호시탐탐 남을 웃기려 든다. 관심 대상이 되는 걸 마다하지 않는다. 적어도 남 앞에 서는 걸 두려워하지 않는다. 꺼리는 듯싶다가도 막상 시키면 재밌게 한다. 무엇보다 유머 감각이 있다.

여섯째, 정확성은 기본이다. 정확한 글은 수치나 법적 근거 등에 오류가 없고, 단어 하나를 쓰더라도 뉘앙스 차이를 구분해 사용한다. 전문용어나 개념의 뜻을 분명하게 전하기 위해 온라인 백과사전 찾는 수고를 마다하지 않는다. 저자에게 가장 중요한 건 사실 확인이다. 수

치나 이름, 연도, 지명 등 사실의 오류는 치명적이다. 잘 알고 있는 사실도 원점에서 다시 확인해야 한다. 사실의 진위 여부 확인에만 그쳐서도 안 된다. 과장과 왜곡이 없어야 한다.

리영희 선생이 《우상과 이성》에서 이렇게 말하지 않았던가. '내가 글을 쓰는 유일한 목적은 진실을 추구하는 것, 오직 그것에서 시작하고 그것에서 그친다. 또한, 글을 쓴다는 것은 우상에 도전하는 행위이다. 그것은 언제나 어디서나 고통을 무릅써야 한다. 과거에도 그랬고 지금도 그렇고 영원히 그럴 것이다.'

노무현 대통령의 연설문을 쓸 당시, 대통령은 늘 사실을 갖고 말하자고 했다. "사실이 먼저다. 증거로, 지표로, 객관적 사실에 입각해서 말하자. 우리에게 아무리 유리한 내용도 또 상대에게 제아무리 불리한 내용도 사실 확인부터 하자. 판단은 그다음이다. 이것은 양심의 문제다." 그렇다. 생각과 의견도 사실에 기반해야 한다. 사실과 의견을 뒤섞어선 안 된다. 주관적인 판단이나 감정에서 나온 의견을 사실로 둔갑시키거나, 객관적인 사실을 부정하고 왜곡하려고 해선 안 된다. 의견을 말하기에 앞서 팩트파인딩(사실 찾기)과 팩트체크(사실 확인)가 선행되어야 한다. 모호한 느낌과 직관에 기대기보다는 구체적이고 명확한 사실 위에서 생각하고 주장해야 한다.

사실 확인은 글쓰기 출발점이며, 작가의 책무

우리는 사실을 최고의 가치로 삼아야 한다. 엄연한 사실을 찾고 사실을 밝히는 글쓰기를 해야 한다. 이와 함께 거짓을 판독하는 안목을 갖춰야 한다. 옳고 그름에 앞서 맞고 틀림을 식별할 수 있어야 한다. 그래야 거짓을 이길 수 있고, 거짓에 놀아나지 않을 수 있다.

《팩트풀니스》의 저자 한스 로슬링(Hans Rosling)은 "우리 뇌는 극적인 소재에 열광할 가능성이 높기 때문에 사실을 보는 연습을 해야 한다. 그리고 아이들에게 사실에 근거한 사고의 기본을 가르치고 사실과 경험을 바탕으로 생각하는 법을 훈련시켜야 한다. 그래야 주변 세계와 관련한 뉴스를 들어도 전후 맥락을 고려할 수 있고, 주위에서 극적인 이야기로 극적 본능을 자극할 때도 그 사실을 눈치챌 수 있다."라고 말한다.

한강 작가가 물었다. '과거가 현재를 도울 수 있는가? 죽은 자가 산 자를 구할 수 있는가?' 맞다. 역사에서 진실이 밝혀질 것이다. 거짓과 진실이 가려질 것이다. 하지만 그러기엔 피해가 너무 크다. 역사에서 교훈을 얻는 건 늦다. 현재의 진실이 우리의 미래를 구원해야 한다. 오늘을 사는 우리가 다음 세대를 도와야 한다. 모든 사실은 명명백백하게 밝혀진다는, 이 당연한 진리를 거스를 수 없는 도도한 흐름으로 만들어야 한다. 진실이 승리하고 거짓이 패배하는 역사를 지금 우리가 만들어나가야 한다.

나는 어떻게 욕심을 이겨 냈나
내려놓아야 쓸 수 있다

책 쓰기는 나의 민낯을 드러내는 일이다. 책은 내가 아는 지식과 정보의 수준, 내 생각의 깊이와 감정의 변화, 내가 살아온 여정을 만천하에 공표한다. 책은 또한 내 생각을 쓴다. 내 생각이 나다. 그러므로 내 책이 나다. 나를 보여주는 일은 누구에게나 두렵다. 책 쓰기는 내면의 나를 발가벗겨 보여주는 일이다. 부끄럽다. 벌거벗고 남들 앞에 서는 일이 어찌 쉽겠는가. 이를 극복해야 책을 쓸 수 있다. 더욱이 책은 평가가 따른다. 말처럼 흩어지고 사라지지도 않는다. 기록으로 남아 있다. 책 쓰기는 또한 이런저런 역량을 요구한다. 어휘력, 문장력, 논리력 등등. 집중력과 끈기도 필요하다. 사람이 하는 일 가운데 가장 지적인 부하가 걸리는 작업이다.

책 쓰기 본질은 나를 드러내는 일

책 쓰기가 두렵고 힘든 이유는 잘 써야 한다는 부담이 커서다. 잘 써서 좋은 평가를 받고 싶은데, 준비가 안 돼 있는 것이다. 그러면 두려울 수밖에 없다.

욕심부린다고 책이 써지지 않는다. 공부하지 않고 시험을 잘 볼 순 없다. 그것은 욕심이다. 아무리 욕심을 부려도 모르는 것이 불현듯 떠오르거나, 없는 글쓰기 실력이 생겨나지 않는다. 그렇게 쓴 글은 좋지도 않다. 많이 아는 것처럼 보이고 싶어, 찾아 놓은 자료가 아까워 욱여넣다 보면 중언부언하게 된다. 글 잘 쓰는 사람인 것처럼 보이려다 보면 형용사, 부사를 남발하고 문장이 길어져 읽는 사람을 짜증 나게 할 뿐이다. 물론 의욕은 있어야 한다. 그래야 글쓰기 실력이 자라난다. 그러나 그것은 욕심과 다르다. 의욕은 다음 글을 잘 쓰겠다는 욕심이다. 지금 쓰는 글이 아닌 것이다. 가진 것을 내려놓으면 누구나 책을 쓸 수 있다. 하지만 누구도 갖고 있는 걸 내려놓으려 하지 않는다. 욕심을 버리려 하지 않는다. 어떻게 욕심을 다스릴 수 있을까. 나는 여덟 가지 방법을 쓴다.

첫째, 자주 쓰면 된다. 글쓰기가 두렵고 힘든 이유는 잘 써야 한다는 부담이 커서다. 기대 수준을 낮추면 누구라도 쓸 수 있다. 곧장 또 쓸 것이므로 지금 쓰는 글에 목숨 걸지 않는다. 지금 못 보여준 것이 있으면 다음에 보여주면 된다. 지금 못 써도 다음에 만회할 기회가 있기에 그냥 쓴다. 하지만 가끔 쓰면 그냥 쓰기 어렵다. 모처럼 주어진 기회를 잘 활용해야 한다는 강박을 갖기 마련이다. 물론 글을 자주 쓰다 보면 또 다른 욕심이 생기기도 한다. 작가들은 이런 욕심 앞에서 낙심하고 좌절하기도 한다. 쓰면 쓸수록 더 잘 쓰고 싶은 마음이 생기기 때문이다. 이런 욕심은 있어야 한다. 하지만 이는 차후 문제다. 우선은 자주 쓰는 것으로 욕심을 잠재워보자.

둘째, '이번이 마지막이 아니다.'라고 생각한다. 실제로 그렇다. 쓸 기회는 얼마든지 있다. 굳이 이번에 다 쏟아부을 이유가 없다. 글쓰기는 에너지가 필요하다. 한 번 쓰고 말 일이 아니다. 뇌는 몸무게의 2%에 불과하지만, 산소와 혈액의 20%를 사용할 만큼 많은 에너지를 소모한다. 배터리가 방전되면 아예 시동이 걸리지 않는다.

글을 쓰다 보면, 좋은 아이디어가 떠오른다. 글이 글을 불러오는 경우다. 그런데 애초 쓰고자 하는 주제에서 빗나간 내용이다. 과거에는 이것을 버리는 게 아까워서 어떻게든 욱여넣었다. 하지만 이젠 조급하게 생각하지 않는다. 메모해 뒀다 다음에 쓰자고 생각한다. 글 쓰는 과정은 혹시 어느 한구석에 미처 끄집어내지 못한 생각이 있는지 찾아보며 욕심내는 시간이다. 찾고 있는 게 애초에 없다면 부질없이 시간만 보낸 것이고, 있다면 나중에 보여주면 된다.

이밖에도 버려야 할 욕심은 또 있다. 백 번은 써야 제대로 쓸 수 있는데, 쉰 번만 쓰고도 글을 잘 쓰고 싶어 하는 것, 열 번은 고쳐야 제대로 글이 되는데, 다섯 번만 고치고 제대로 안 고쳐졌다 푸념하는 것이다. 심지어 글을 써보지도 않고 글이 안 써진다고 하는 사람도 있다. 이 또한 할 일은 하지 않고 다한 것처럼 보이려는 욕심이다.

<mark>셋째, 내가 쓸 수 있는 게 이것밖에 없고, 내 글솜씨가 이 정도인데 어쩔 수 없다고 생각한다.</mark>

사람의 욕심은 끝이 없다. 욕심은 천성이다. 가만 놔두면 발호한다. 우선, 자료에 관한 욕심이다. 자료를 찾다 보면 더 찾고 싶어진다. 더 찾으면 더 좋은 자료가 나올 것 같아서다. 그러다 보면 한이 없다. 어느 지점에서 자신과 타협해야 한다. 아는 것을 표현하는 데도 욕심이 끊임없이 개입한다. 이 글에서는 이것만 써야 하는데, 저것도 안다고 말하고 싶다. 좀 더 멋있게 표현하고 싶은 욕심도 크다. 이런 욕심을 부리다 보면 진도가 나가지 않을뿐더러 글도 나빠진다. 핵심에서 벗어나 한 말 또 하게 되기 십상이고, 글이 느끼해진다. 힘을 빼야 한다. 나를 있는 그대로 보여주겠다고 마음먹어야 한다. 나는 욕심을 내려놓기 위해 한 문장만 쓰자고 마음먹고 시작해서 조금씩 더해 간다.

결국 욕심과 실력의 함수관계다. 채우기 아니면 비우기다. 실력을 높이거나 욕심을 줄이거나 둘 중의 하나를 선택해야 한다. 욕심이 많아도 실력이 있으면 상관없다. 또한, 실력이 없어도 욕심부리지 않으면 괜찮다. 욕심은 많은데 실력이 없는 경우가 문제다. 실력이 없으면 이렇게 생각해야 한다. '이 정도면 훌륭해. 내가 이 정도

썼으면 잘한 거야.' 자신을 직시해야 한다. 그래도 욕심이 나면 실력을 쌓아야 한다.

독자와의 관계에서도 그렇다. 내 역량이 독자의 기대보다 높은 수준에 있을 때는 문제없다. 독자가 나를 알아주지 않는다고 치부하면 될 일이다. 이런 경우 오히려 투지를 불태우게 된다. 이런 투지는 글쓰기에 약이 된다. 역량은 없는데 독자가 과한 기대를 할 때가 문제다. 내 수준보다 높은 결과물을 기대하는 상황이 난감하다. 준비는 안 돼 있는데 기회가 왔을 때 나는 좌절한다. "가난의 고통을 없애는 방법은 두 가지다. 자기의 재산을 늘리는 것과 욕망을 줄이는 것이다. 전자는 우리 힘으로 해결할 수 없지만, 후자는 언제나 우리의 마음가짐으로 가능하다." 레프 톨스토이(Leo Tolstoy) 말이다.

넷째, '나중에 고치면 된다.'라고 생각한다. 토해 놓는다는 마음으로 쓰면 금세 쓸 수 있다. 일단 쓰는 것은 고치기 위해서다. 고치기 위해서는 '일단 쓴 것'이 필요하다. 잘 쓰겠다는 욕심을 버리고, 고칠 것을 마련한다는 생각으로 쓰자.

다섯째, '남겨 둬야 다음이 있다.'라고 생각한다. 글쓰기는 에너지가 필요하다. 한 번 쓰고 말 일이 아니다. 쓸 수 있다고 다 써버리면 회복 불능 상태가 될 수 있다. 어느 작가는 가장 왕성하게 생각날 때 글쓰기를 중단했다고 한다. 다음날 또 쓰기 위해서.

여섯째, 욕심나는 지점보다 더 높이 올라가서 보는 것도 방법이다. 상사에게 잘 보이고 싶은 욕심이 들면 그보다 더 윗사람의 높이에서 글을 써보라. 그래도 상사에게 잘 보이고 싶은지. 바닥까지 내려가 쓰는 것도 욕심을 다스리는 길이다. 오늘 출근하다 교통사고로 죽을 수도 있었는데, 나는 지금 글을 쓸 수 있다. 그저 감사할 뿐 무슨 욕심을 부리겠는가.

일곱째, 단순화나. 욕심은 여러 가지를 잘하고 싶은 마음이다. 그래서 글쓰기가 어렵다. 나는 글을 쓸 때 주제에 집중한다. 하고자 하는 말을 어떻게 잘 전달할 것인지에 몰두한다. 감동? 재미? 논리? 이 모든 것은 다음 문제다. 여력이 있을 때 신경 쓴다. 오직 내가 전하고자 하는 메시지만 생각한다. 하나에만 집중하면 욕심이 사라진다. 주제가 실종되는 경우도 욕심이 앞설 때다. 찾아 놓은 자료에 멋진 표현과 좋은 내용이 많아 여기저기 밀어 넣을 때, 모호함을 심오함으로 착각해서 관념적, 피상적으로 흐를 때, 잘 써보려는 욕심에 수사법과 수식어를 과하게 썼을 때 나는 애초 생각했던 길을 잃고 미로를 헤맨다.

글은 한정식이 아니라 일품요리로 써야 한다. 방법은 몽땅 써 놓고 과감하게 버리는 것이다. 버리는 것을 아까워하지 않아야 한다. 또한, 하나의 생각에서 출발하여 그것과 관련 있는 내용만 덧붙이는 방법도 있다. 곁가지를 뻗지 않는 것이 핵심이다. 글쓰기도 미니멀리즘을 지향할 수 있다.

여덟째, 말하듯이 쓴다. 말과 글은 같다. 어휘력과 논리력 등 요구하는 역량이 같다. 결정적 차이는 시간문제다. 말은 곧장 하고, 글은 시간이 주어진다. 글을 쓸 때는 시간이 주어지기 때문에 욕심을 부린다. 잘 쓰려고 한다. 그래서 어렵다. 말은 욕심낼 여지없이 즉각적으로 한다. 과다한 수식이 붙을 틈 없이 핵심으로 곧장 간다.

글을 말처럼 쓰는 방법이 있다. 시간을 정해 놓고 쓰는 것이다. 일부러 시간을 짧게 잡고 그때까지는 하늘이 두 쪽 나도 마친다는 생각으로 쓴다. 그러면 욕심부릴 엄두를 내지 못한다. 촉박하게 쓰는 것과 함께 분량을 제한하는 것도 방법이다. 분량을 200자 원고지 1매로 한정해 놓고 써보라. 200자가 그렇게 짧은지 새삼 실감하게 된다. 평소엔 그렇게 부담스러웠던 '만주 벌판 같던 분량'이 그립다. 욕심부릴 여지가 없다.

《그리스인 조르바》를 쓴 니코스 카잔차키스(Nikos Kazantzakis) 묘비석에 이런 글귀가 쓰여 있다고 한다. '나는 아무것도 두려워하지 않는다. 아무것도 바라지 않는다. 나는 자유다.' 모름지기 책을 쓰는 자세는 이러해야 한다고 생각한다. 글을 무서워하지 않고, 글에 바라는 것이 없으면 글에서 자유로워질 수 있다. 즐겁고 가벼운 마음으로 글을 갖고 놀 수 있다.

당신의 잘못이 아니에요
작가가 가야할 길, 용기

책 쓰는 사람에게는 용기가 필요하다는 것을 보여준 분은 김대중 대통령이다. 김 대통령 이전까지 용기 있게 말하는 사람이 없었던 건 아니다. 하지만 우리 역사를 보면 대체로 용기가 없을수록 득세했다. 힘센 사람에 빌붙어 승승장구했다. 용기 있는 사람은 오히려 시련을 겪고 핍박받았다.

이제 국민은, 청중은, 독자는 누구의 말에 맹종하지 않는다. 그들의 말을 평가한다. 평가 항목 가운데 중요한 것이 용기의 유무다. 용기의 있고 없음을 모를 것 같지만 그건 착각이다. 속일 수 없다.

김 대통령은 이런 사실을 알고 있었다. "국민은 언제나 현명한 것은 아닙니다. 그러나 민심이 마지막에는 가장 현명합니다. 국민은 언제나 승리하는 것은 아닙니다. 그러나 최종 승리자는 국민입니다."

작가는 용기로 쓰는 사람이다

책을 쓰는 사람은 자신의 약점과 부족함을 드러내는 용기가 있어야 한다. 노무현 대통령은 그런 용기가 있었다. "아내를 버리란 말입니까?" 이렇게 묻고 스스로 답했다. "장인의 과거가 대통령을 하지 못할 만큼 큰 허물이라면 후보를 그만두겠습니다."

그는 완벽한 체하지 않았다. 주변 사람들로 하여금 도와주고 싶게 했다. 그의 첫 책 제목도 《여보, 나 좀 도와줘》였다. 출판사의 반대에도 불구하고 이렇게 지었다. 그를 보면서 나는 깨달았다. 따르게 하기보다는 돕고 싶은 마음이 들게 하는 것. 그것이 저자가 갖춰야 할 덕목이구나.

부족함을 드러내는 말은 듣는 사람에게 희망과 용기를 준다. '사람 사는 거 다 거기서 거기구먼. 나라고 못할 게 없네.' 이런 생각으로 분투하게 만든다. 또한, 아랫사람의 숨통을 틔게 한다. 부족함을 드러내는 말은 말한 사람에게도 마음의 평안을 준다. 자신을 치장하는 부담, 그걸 들킬지 모른다는 불안감에서 벗어나게 한다. 그런 편안함이 일을 더 잘할 수 있게 만든다.

하지만 부족함을 드러내기가 쉽지 않다. 왜? 무엇이 부족한지 잘 모른다. 아니 알고 싶지 않다. 자신의 부족함과 마주하는 용기가 부족해서다. 그래서 외면한다. 다른 사람이 그걸 지적하거나 건드리면 도리어 화를 낸다. 그런 사람일수록 부족함을 과장해서 '내가 그 정도는 아니다.'라고 스스로 위안 삼거나 남들에게 솔직한 척, 겸손한 체하기도 한다. 부족한 걸 알고 있어도 사람에 대한 믿음이 부족하면 말하지 못한다. 누군가에게 동정의 대상이 될 수 있다는 노파심에서다.

작가는 따라가는 사람이 아니다. 이끌어가는 사람이다. 그런 점에서 작가에게 도전은 필연이다. 작가에게는 도전하는 용기가 필요하다. 하지만 작가라고 노선이 두렵지 않은 게 아니다 김 대통령도 그랬다.

"나도 두렵습니다. 두렵지 않아서 나서는 것이 아닙니다. 두렵지만 나서야하기 때문에 나섰습니다. 두렵다고, 겁난다고 주저앉아 있으면 아무것도 변화시킬 수 없습니다. 용기만이 공포와 유혹과 나태를 물리칠 수 있습니다. 용기는 모든 도덕 중 최고의 덕입니다."

한때 모신 적이 있는 김우중 회장도 이렇게 말했다. "앞서는 사람은 남들이 가지 않는 길을 갑니다. 남들이 하지 않는 일을 합니다. 이런 개척자가 역사를 만들어갑니다. 실패에 대한 두려움 말고, 실패할 용기를 가집시다. 그런 사람에게 세계는 넓고 할 일은 많습니다."

독일의 문호 괴테(Johann W. von Goethe)의 말대로 배는 항구에 정박해 있을 때 가장 안전하다. 그러나 그것은 배가 아니다. 바다에 떠 있을 때가 배다. 그것이 배의 존재 이유다. 작가도 마찬가지다. 도전을 두려워하는 사람은 작가가 아니다. 독일의 철학자 니체(F. W. Nietzsche)가 '풍파는 전진하는 자의 벗'이라고 했듯, 작가는 역경과 시련을 친구로 삼아야 한다. 배를 묶어 둔 밧줄을 풀어야 한다. 안전한 항구를 떠나야 한다. 늘 성공할 수 없다. 넘어지고 쓰러지지만 다시 일어서 나아가야 한다. 포기하지 않고 끝까지 가야 한다. 그것이 작가의 숙명이다.

작가는 옳고 그름을 말하고, 도전하는 사람

나는 실패가 두렵다. 그래서 도전하지 않았다. 그런데 나이를 먹을수록 생각이 바뀐다. 어차피 얼마 남지 않았다. 잃을 것도 없다. 마지막 순간이 왔을 때 못해 본 것에 관한 아쉬움과 미련이 더 크게 나를 괴롭힐 것 같다. 아니면 말고다. 해보는 거다. 후회 없이 살자.

나는 할 수 있다, 나는 무슨 일이든 감당할 수 있다고 믿는다. 믿음만이 아니라 믿음을 현실화하기 위해 혼신의 힘을 다해 준비하고 연습한다. 이와 함께 가급적 긍정적으로 생각한다. 실수하거나 실패했을 때, 오늘 또 하나를 배웠다고 생각한다. 지금은 시작에 불과하고 앞으로 더 잘할 수 있을 것이고, 아직 내 삶의 최고 순간은 오지 않았다고 생각한다. 마지막으로 감사한다. 최악의 상황이나 과거 어려웠던 일을 상기하고, 그렇지 않은 데 감사한다. 이렇게 생각하면 두려움이 설렘으로 바뀐다.

나는 겁이 많다. 불의에 저항하고 약자 편에 선다는 것은 강자와 싸워야 한다는 걸 의미한다. 용기가 있어야 한다. 용감하지 못한 나는 애초부터 작가를 꿈꾸지 않았다. 늘 참모이거나 비서였다. 대부분 비겁했고 가끔 비굴하기도 했다. 하지만 비열하진 않았다. 작가는 스스로 불의하지 않아야 한다. '비열한 작가'는 형용모순이다. 이 말 자체가 성립하지 않는다. 불의한 사람은 아무리 그가 힘이 세고 영향력이 있다손 치더라도 이미 작가가 아니기 때문이다. 두목이거나 악당이라고 해야 할 것이다.

불의에 저항하고 약자 편에 서는 사람의 공통점이 있다. 사람을 사랑한다. 사람을 사랑하는 사람은 상식과 공정을 추구하고 불합리한 점을 개선하려고 한다. 보다 나은 세상을 위해 변화와 개혁을 시도한다. 그 과정에서 위험해질 수 있고 손해볼 수도 있지만, 그것을 감내한다. 사람을 사랑하면 용기가 생긴다.

용기는 혼자 자라지 않는다

용기는 사회적으로 북돋워줄 필요가 있다. 누구나 처음부터 용기를 낼 순 없기 때문이다. 용기는 키워가는 것이다. 인간은 위험, 비난, 실패에 두려움을 느끼는 존재이다. 모두가 겁쟁이다. 또 누군가 해도 되는 일은 굳이 내가 용기를 낼 이유가 없다. 누군가에게 미루고 싶은 게 인지상정이다. 그러므로 사회적 신뢰가 중요하다. 용기를 발휘한 사람이 불이익과 억울함을 당하지 않을 것이라는, 의롭게 싸운 사람이 대접받는다는 믿음을 공유해야 한다. 내가 이번에 용기를 내면, 다음에는 또 다른 사람이 용기를 내어줄 것이라는 신뢰가 있어야 한다. 불의에 영합하고 약자를 핍박하는 걸로 권세를 누려온 사람이 참회하기는커녕 여전히 호의호식하고 거들먹거리는 사회, 누리는 사람은 계속 누리고 당하는 사람은 계속 당하는 사회에서는 누구도 용기를 내지 않는다.

작가는 자기 진영을 설득하는 용기도 있어야 한다. 모든 사람에게 사랑받고 싶은 욕심, 모든 관계에서 성공하고 싶은 욕구를 절제할 수 있어야 한다. 때로는 미움받을 용기로, 욕먹을 각오로 자기 진영에도 싫은 소리를 할 수 있어야 한다. 무엇보다 거북한 문제에 침묵하지 말아야 한다.

노무현 대통령은 이라크 파병, 한미 FTA 등 진보 진영에서 반대하는 의제를 정면 돌파했다. 지지율 하락 등 손해를 무릅쓰고 대연정 제안 등 해야 할 말은 했다. 그러면서 이렇게 말했다.

"지도자는 여론에 영합해선 안 됩니다. 듣기 좋은 소리만 하는 건 지도자의 역할이 아닙니다. 왕께 상소하는 신하의 심정으로 아닌 건 아니라고 말해야 합니다. 갈등이 무서워서, 싫어할 게 분명하기에 할 말을 하지 못하는 건 지도자의 자세가 아닙니다. 그것이 해야 하는 일이라면 제안하고 건의할 수 있어야 합니다. 국민에게 최선을 다해 설명하고 설득한 후에도 하지 말라고 하면 못하는 것이지요."

가장 큰 용기는 관용과 용서가 아닐까 싶다. 용기란 두려움이 없는 게 아니다. 그것은 만용이다. 두렵지만 꿋꿋하게 나아가는 것이 용기다. 용기는 또한 굽히지 않는 게 아니다. 그것은 아집이다. 굽혀야 할 때 굽히는 게 진정한 용기다.

  책을 쓰는 것도 마찬가지다. 책 쓰기를 주저하게 만드는 걸림돌을 극복하는 용기가 필요하다. 책을 쓰는 사람에게는 여러 감정이 뒤범벅되어 있다. 내 안에 쓸거리가 없을 수도 있다는 의구심, 끝까지 완성하지 못하면 어떡하지 하는 불안감, 책에 대한 평가가 좋지 않을지 모른다는 두려움이 있다. 이를 이겨내는 건 저자의 용기이다. 그리고 실제로 기대에 못 미치는 결과가 나오거나, 자신을 깎아내리고 헐뜯는 반응이 나왔을 때조차도 이를 끌어안는 용기를 발휘할 책임도 저자에게 있다. 이렇게 용기 있는 사람이 있는 한 우리에겐 아직 희망이 있다.

완벽하지 않아도 괜찮다
글쓰기에 중요한 단 한 가지, 자신감

초등학교 들어가기 전부터 시작해서 평생 쓰고 사는 게 글이다. 그럼에도 '글쓰기에 자신 있다.'라고 말하는 사람은 참 드물다. 왜 그럴까? 명문을 쓰려고 하기 때문이다. 명쾌하고, 감동적인 글을 써야 한다는 부담감이 글쓰기를 주저하게 만든다. 그럴 필요 없다. 마음을 비우고 담백하게 쓰면 된다. 욕심을 버리고, 자신 있게 키보드 앞에 앉아라.

회사 다닐 적에 우울증으로 사표를 낸 적이 있다. 무엇도 할 자신이 없었다. 숟가락을 들 수도 손톱을 깎을 수도 없었다. 내가 아무것도 하지 못하는 사람이란 걸 확인하기 싫었다. 차라리 안 하는 사람으로 남고 싶었다. 그래서 손가락도 까딱하지 않았다. 극도의 무력감 상태, 사람들은 그걸 우울증이라고 했다.

나이를 먹으면서 드는 생각이 있다. 글을 쓰려면 갖춰야 할 게 많다는 것이다. 우선, 외로움을 견뎌야 한다. 끝까지 혼자 감당해야 하는 일 가운데 대표적인 일이 글 쓰는 것이다. 또한 책을 쓰려면 겸손해야 한다. 자신이 모른다고 생각해야 하고, 알고 싶은 욕구가 강해야 한다. 그중 가장 중요한 건 자신감이다. 책을 쓰는 사람들의 공통점은 그런 자신감이 있다는 것이다. 반대로 자신감이 없으면 책을 쓸 수 없다.

   나는 실력이 없으면 없는 대로, 포장하지 않고 가진 것을 있는 그대로 보여준다는 자세로 쓴다. 그렇지 않으면 글을 쓸 때마다 힘들고 괴롭고 지친다. 그리고 쓴 글을 되도록 많이 보여준다. 지적당하는 것을 두려워하지 않고 고마워한다. 지적은 혼내는 게 아니라 가르쳐주는 것이라고 생각해야 속 편하다. 지적당한 내용은 반드시 따라야 할 불문율이 아니다. 지적한 사람의 취향일 뿐이다. 그러니 자존심 상할 문제도 아니다. 그렇게 생각하고 글을 여러 사람에게 보여준다. 그래야 글이 좋아진다.

자신감 없이 쓸 수 없다. 글 위에서 호령하라!

   나는 '글쓰기'에 관해 말하고 글을 쓴다. 나는 이 일을 통해 사람들에게 자신감을 불어넣고 싶다. 어떻게 해야 잘 쓸 수 있는지 알려주기는 어렵다. 나도 잘 쓰지 못하기 때문이다. 하지만 나는 자신감을 키움으로써 글을 써왔다. 나처럼 타고난 기질이나 환경이 아닌 순수한 노력으로 자신감을 키운 사람도 없을 것이다. 그러므로 자신감을 키워 글을 쓰는 방법에 관해서는 말할 수 있다.

《죽음의 수용소에서》를 쓴 빅토르 프랭클(Vikor E. Frankl)이 그랬다. "두려움은 두려워하는 것을 현실로 만든다."라고. 글을 쓰는 일은 뇌의 입장에서 두려운 일이다. 그런 일에 자신감조차 없으면 안 쓰게 되고 안 쓰면 못 쓰게 된다. 그리고 못 쓰면 더욱 두렵다. 글 앞에 주눅 들어선 글을 쓸 수 없다. 글 위에서 호령해야 한다. 글을 한 손에 틀어쥐고, '남들 다 쓰는데 나라고 못 쓸라고.' 하는 마음으로 주도해야 한다.

글쓰기에 자신이 없는 이유는 두 가지다. 그 하나는 자신보다 나은 글을 쓰려하기 때문이다. 본시 글이란 쓴 사람보다 낫다. 그래서 자신보다 나은 글을 써야 한다는 부담에 시달린다. 자신만큼 써도 된다면 두려워할 까닭이 없다. 자신감 가지기 어려운 또 하나의 이유는 남이 쓴 글 때문이다. 남이 쓴 글은 잘 쓴 것 같다. 그도 그럴 것이 그런 글은 숱한 퇴고 과정을 거쳐 나온 글이다. 우리는 이런 글을 보고 자신의 수준과 비교하면서 자신 없어한다. 그 글도 초고는 엉망이었을 텐데 말이다.

자신감을 키우는 방법이 있다. 첫째, 아는 것을 쓴다. 모르는 것은 쓰지 못하지만 아는 것은 쓸 수 있다. 모르는 것을 아는 체하려니 힘든 것이다. 아는 것은 누구나 쓸 수 있다. 특히 직접 겪고 느낀 것은 자신이 가장 잘 안다. 그것을 쓰자. 아는 만큼만 쓰자.

둘째, 많이 읽는다. 가리지 않고 읽는다. 무턱대고 많이 읽는 것은 누구나 할 수 있다. 많이 읽으면 쓰고 싶은 순간이 온다. 토해내지 않고는 못 배기는 때가 온다. 반드시 온다. 그때 쓰면 된다.

셋째, 단문으로 쓴다. 복문, 중문, 포유문 이런 것들은 쉽지 않다. 수식어가 많은 글을 쓰는 것도 어렵다. 나쁜 수사법을 구사하는 글쓰기는 한층 더 어렵다. 그러나 단문을 쓰는 건 쉽다. 초등학교 저학년은 그렇게 쓴다. 그런 글은 쓰기도 쉽지만, 읽기도 좋다.

넷째, 남의 글을 흉내 낸다. 좋은 글은 이미 누군가 다 써 놓았다. 그런 글을 모방하자. 맘먹고 베껴 쓰자. 나는 어떤 주제의 글을 쓰려고 하면, 그에 관한 글 스무 편 이상을 찾아본다. 어느 글에서는 전개 형식을 빌려온다. 또 어느 글에서는 인용구를 차용한다. 또 다른 글에서 시작과 끝내는 방식을 참고한다. 이런저런 글에서 관점과 시각을 가져와 융합한다. 어느 누구도 모방에서 시작하지 않은 사람은 없다.

다섯째, 이것저것 쓰지 않고 하나만 쓴다. 나는 여러 주제를 다루지 않는다. 글쓰기, 말하기 등 자신 있는 주제를 반복적으로 다룬다. 그러면 적어도 그 주제에 관해 쓰는 건 자신 있게 쓸 수 있다.

끝으로, 이도 저도 안 되면 시간을 들인다. 써질 때까지 쓴다. 이 방법이야말로 누구나 할 수 있다. 부지런하기만 하면 된다. 시간만 들이면 언젠가는 쓴다. 빨리 쓸 자신이 없으면 일찍 시작하면 된다. 쓰고 고치고 쓰고 고치다 보면 틀림없이 써진다. 쓰다듬고 어루만지면 글도 안다. 지성(至誠)이면 감문(感文)이다.

감사함과 시간, 경험이 키운 자신감

내게 쓸 수 있는 용기를 주는 것은 첫 번째가 감사함이다. 요즘 나는 말하기 위해 글을 쓴다. 아니 쓰기 위해 말한다. 말하려면 써야 하기 때문이다. 남들은 나를 글쓰기 강의하는 사람으로 안다. 이는 겉모습일 뿐이다. 강의는 수단이다. 먹고사는 방편이고, 글을 쓰기 위한 수단이다. 그래서 나는 세 가지에 감사하다. 개방형 화장실, 고속철도, 휴대전화가 없었다면 강외히는 생활은 꿈도 못 꿨다. 개방형 화장실과 고속철도 덕분에 나 같은 과민성대장증후군 환자도 전국을 누비며 강의할 수 있다. 휴대전화가 없었다면 언제 어디서나 강의 요청을 받고 생각나는 것을 메모하지 못했을 것이다. 또한, 노트북과 인터넷이 있어 책 쓰기도 가능했다. 머릿속 지식과 생각만으로는 아는 것이 많지 않아 글을 쓰기 힘들었을 것이다. 그것도 원고지에 쓰던 시절이었다면 책을 쓴다는 것은 엄두도 내지 못했다. 아무튼 글을 쓸 수 있다는 것에 감사한다. 우리말로 쓸 수 있어 감사하다. 아무 일 없이 글 쓰고 있는 것이 감사하다. 감사함 이상으로 내게 쓰는 용기를 주는 것은 없다.

두 번째는 내게 글 쓸 시간이 남아 있다는 점이다. 얼마나 많은 작가가 일찍 세상을 떠났는가. '삶이 그대를 속일지라도 슬퍼하지 말라.'던 푸시킨(A. S. Pushkin)은 37년간의 불꽃 같은 삶을 살다 갔다.

《변신》을 쓴 세계적인 문호 카프카(F. Kafka)도 마흔에 요절했다. 천재 시인 이상은 스물일곱에 삶을 접었다. 내가 좋아하는 시인 기형도는 스물아홉 해 짧은 생을 마감했다. 나는 아직 살아있다. 내게는 아직 시간이 있다. 시간이 있는 한 못 쓸 글은 없다. 언젠가 좋은 글을 쓸 수 있다.

셋째, 지금 글을 쓰는 데 있어 내가 할 수 있는 역할이 별로 없다는 게 오히려 내게 용기를 준다. 긴장하면 글을 잘 쓸 수 없다. 그런데 찬찬히 생각해보자. 긴장할 이유가 없다. 글쓰기 전에 이미 글의 수준은 결정돼 있다. 자기 수준만큼 나오는 게 글이다. 아무리 용을 써도 쓰기 직전까지 쌓인 실력 이상으로 잘 쓸 수는 없다. 이미 정해진대로 갈 수밖에 없는 것이다. 또한, 글쓰기는 시시때때로 다르다. 어떤 때는 잘 써지고, 어느 때는 안 써진다. 늘 같지 않다. 글 쓰는 날의 운과 컨디션에 달렸다. 그러니 안달복달할 이유가 없다.

넷째, 생각이 아니라 경험을 써도 된다는 사실이 내게 한없는 용기를 준다. 글에는 두 영역이 있다. 하나는 생각의 영역, 개념, 관념에 관한 것이다. 이성과 당위의 세계다. 머리를 굴려야 한다. 지식, 논리, 추상, 상상력이 필요하다. 이는 사람마다 역량 차이가 있다. 다른 하나는 경험의 영역이다. 사실에 관한 것이다. 감성과 느낌의 세계다. 눈, 귀, 코, 입, 손, 발을 부지런히 굴리면 된다. 느낌은 누구에게나 공평하게 주어진다. 오히려 책상물림보다는 경험으로 체득한 느낌이 더 풍부하고 생생하다.

나는 글쓰기에 자신 없어 하는 사람에게 이렇게 주문한다. ◆그냥 쓰지 말고 말해보고 쓰세요. 말은 얼마든지 할 수 있잖아요. ◆한 번에 다 쓰려고 하지 말고 나눠서 여러 번에 걸쳐 쓰세요. ◆정답을 쓰려고 하지 말고 오답을 쓰지 마세요. 잘 쓰려고 하지 말고 잘 못 쓴 걸 줄이세요. ◆모르는 것 말고 잘 아는 걸 쓰세요. ◆써야 하는 것 말고 쓰고 싶은 걸 쓰세요. 평소에 쓰고 싶은 걸 써 놨다가 써먹으면 되잖아요. ◆정리해서 쓰지 말고 쓰면서 정리하세요. ◆특별한 것 말고 평범한 걸 쓰세요. 특출난 것 말고 나만의 특별한 것으로요. ◆길게 쓰기 어려우면 짧게 여러 개를 써서 연결하세요. ◆창조하지 말고 모방하세요. 다른 사람의 글 속에 내가 쓸 수 있는 길이 반드시 있어요. ◆장문 말고 단문으로 쓰세요. ◆화려하게 말고 담백하게 쓰세요. ◆첫 문장부터 쓰려고 하지 말고 생각나는 것으로 아무 데서나 시작하세요. ◆분량을 딱 맞춰 쓰려고 하지 말고 많이 써서 줄이세요. ◆잘 쓰려고 하지 말고 대충 쓴 후 잘 고치세요. ◆혼자 쓰지 말고 함께 쓰세요. 쓰기 전에 주변 사람에게 물어 아이디어도 얻고 의견도 받아 수정하세요.

서른다섯 계단 오르기

책 쓰기 프로세스

1. 페이스북, 블로그 활동 시작

다행히 나는 일찌감치 블로그와 SNS 활동을 시작했다. 책을 쓰기 위한 것이 아니었지만 결과적으로 큰 도움이 됐다. 그 하나는 여기에 모아 놓은 글들이 이후 책을 쓰는 재료가 됐다. 다른 하나는 블로그 이웃이나 페이스북 친구들이 내 책의 독자가 됐다는 점이다.

블로그나 SNS 활동을 하는 데 있어 가장 중요한 것은 일관성이다. 꾸준하게 글을 올려야 한다. 소재의 일관성도 필요하다. 자기만의 주제로 지속적으로 써야 한다. 이렇게 특정 주제나 분야를 파면 팔수록 그 분야를 좋아하게 되고 더 잘하게 된다. 그것이 결국 자산이 된다. 그 분야 전문가로 자리매김할 수 있다. '내가 뭔가를 하고 있다.'라는 성취감도 크다. 무엇보다 사람을 얻게 된다. 온라인에서 친구와 이웃이 생긴다. 이 관계는 오프라인까지 확장되기도 한다. 그들은 언젠가 나의 우군 또는 조력자가 될 수 있다.

2. 책 쓰기 관련 책 한 권 정독

책 쓰기나 글쓰기에 관한 책을 한 권 읽기를 권한다. 다른 건 없다. 책 쓰기 책을 읽으면서 의지를 다지기 바란다. 책 쓰기 관련 책을 읽는 것은 내가 책을 쓰겠다는 다짐이자 출정식 같은 것이다. 나도 처음 안정효 선생의 《글쓰기 만보》라는 책을 읽었다.

3. 책 쓰기 멘토나 동무 만들기

내게는 이미 노무현 대통령이란 책 쓰기 멘토가 있었고, 아내라는 동무가 있다. 책 쓰기 멘토는 두 방향에서 찾을 수 있다. 내가 쓰고 싶은 책을 쓴 사람 가운데 고를 수 있고, 책 쓰는 요령을 알려주는 사람 중에 찾을 수도 있다. 책 쓰는 동무는 가족 가운데 있는 게 좋지만, 여의치 않으면 책 쓰는 모임에 참여하거나 친한 사람을 규합하면 된다.

4. 집필 장르 선정

우선, 시나 소설, 수필 등 문학 장르를 쓸 것인지, 인문, 경제·경영, 에세이, 자기 계발서 등 비문학을 택할 것인지 결정해야 한다. 나는 칼럼 형식의 글을 쓰겠다고 마음먹고 그 방향으로 글을 준비했다.

5. 테마 설정

내가 쓰고자 하는 테마를 찾는 기준은 세 가지였다. 내가 잘 알고 있는가. 내가 관심을 갖고 더 알고자 하는가. 사회가 필요로 하고 독자들이 궁금해하는가. 나는 테마를 '글쓰기'로 정했다. 당시에는 글쓰기에 관한 책이 그리 많지 않았다. 만약 지금 정해야 한다면 좀 더 구체적으로 정하겠다. 글쓰기도 분야가 많으므로 서평 쓰기, 보고서 쓰기, 기획안 쓰기, 기행문 쓰기, 자서전 쓰기 등으로 범위를 좁혀 설정할 것이다.

6. 관련 분야 책 읽기

기본적으로 관련 분야 책은 모두 읽는다는 각오로 접근하는 게 좋다. 나는 도서관에 가서 글쓰기에 관한 책을 모두 대출해서 읽었다. 이후 말하기에 관한 책을 쓸 때도 헌책방을 전전하며 관련 책을 구입해 읽었다. 책 각각에서 한 꼭지 글만 뽑아내 그만큼의 글을 쓰겠다는 마음으로 읽었다.

7. 시장 상황 분석

내가 쓰려는 분야의 책은 몇 권이 나와 있는지, 어떤 책이 인기가 있는지 등을 샅샅이 알아봤다. 1차로 오프라인 대형서점을 둘러봤고, 2차로는 온라인 서점에서 각 책의 판매지수 등을 살펴보면서 분석했다.

8. 대상 독자 정하기

글쓰기 책을 쓰면서 30대 여성 직장인을 대상 독자로 잡았다. 이들이 책을 많이 구입하는 층이어서다. 대상 독자의 폭은 너무 넓게 잡아도, 너무 좁아도 문제가 있다. 내 책이 필요한, 꼭 읽었으면 좋겠다고 생각하는 대상으로 한정해야 한다.

9. 독자 니즈 파악

대상 독자가 정해지면 그들의 니즈가 무엇인지는 어렵지 않게 파악힐 수 있다. 서너 명 정도를 직접 만나 물어보면 된다. 무슨 내용이 궁금한지, 어떤 말을 듣고 싶은지.

10. 내 책만의 차별점 찾기

차별점은 경쟁 서적을 읽는 것으로 찾을 수 있다. 다른 책과 구별되는 내 책만의 고유한 그 무엇이 있어야 한다. 다른 책에서는 볼 수 없는 내용이건, 내 책만이 가진 메시지건, 다른 책과 다르게 보는 내 책만의 관점이건 말이다. 내가 첫 책을 쓸 당시 글쓰기 책은 있었지만 대통령과 관련한 책은 없었다. 그래서 '대통령의 글쓰기'라는 차별점이 독자의 관심을 끌었다고 생각한다.

11. 벤치마킹 책 연구

미국의 작가 스티븐 킹(Stephen E. King)의 《유혹하는 글쓰기》가 나의 샘플 북이었다. 이 책이 글쓰기 책으로는 당시 가장 많이 팔리기도 했지만, 읽었을 때 재미도 있었다. 그래서 이런 책을 쓰고 싶어 서너 번 읽었다. 이 책의 흉내를 가장 많이 낸 건 내 경험을 책 내용에 많이 썼다는 점이다.

12. 콘셉트 도출

콘셉트는 책의 전부다. 아이디어에 전략이 들어가면 콘셉트가 만들어진다. 콘셉트는 주제의식, 중심생각, 새로운 개념, 차별화된 의도, 목적의식 등에 가깝다. 단지 주제가 아니다. 같은 주제로는 이미 많은 사람이 책을 썼다. 결국 콘셉트는 저자가 하고 싶은 말인데, 이게 분명할수록 콘셉트가 선명하다고 할 수 있다. 아울러 좋은 콘셉트는 이런 질문에 곧장 답한다. 소재가 독특한가. 주변 사람에게 콘셉트를 말했을 때, '와!', '그거 기발한데?', '색다른 거 같아.', '재미있겠다.'와 같은 반응을 보이는가. 콘셉트를 잡을 때 고려해야 할 점들이 있다. ◆이 책을 읽어서 얻는 이익은 무엇인가. ◆특징이 있는가. 무엇이 특별한가. ◆참신한가. 독자는 흔하지 않은 것에 끌린다. ◆차별점이 있는가. 이미 나와 있는 책들과 다른 점은 무엇인가.

13. 가제 정하기

쓰고자 하는 분야의 경쟁도서와 베스트셀러의 제목을 분석해 본다. 다음으로, 온라인 서점에 가서 책의 제목을 섭렵한다. 그리고 브레인

스토밍해 본다. 나는 일본어를 할 줄 아는 동생에게 부탁해서 내가 내고자 하는 분야의 일본 책 제목을 30개만 뽑아 달라고 부탁했다. 내가 생각한 제목과 다른 책에서 찾은 것 중 대여섯 개를 선별한다. 이렇게 선택한 것들을 주변 사람들에게 보여줘 의견을 듣는다. 책을 쓰려는 사람은 이 시간이 가장 행복하다.

14. 한 편 써보기

출판사에 제안할 때 글 한두 편은 반드시 필요하다. 이때 써보는 한 편의 방향과 형식을 어떻게 잡느냐에 따라 나른 글도 이에 따르게 된다. 일종의 샘플 원고라고 할 수 있다.

15. 제재(글감) 찾기

글감은 다다익선이다. 가장 좋은 글감은 내 기억 속에 있는 것이다. 기억을 떠올리고 되살리는 게 가장 중요하다.

16. 자료 모으기

자료는 책, 칼럼, 유튜브, 블로그, 논문 등 다양하다. 아무래도 가장 좋은 자료는 책이다. 우리는 책을 써야 하니까.

17. 집필 장소 선정

본거지를 한 곳 마련해야 한다. 대개 집, 도서관, 카페, 사무실 중 하나다. 이곳저곳에서 써보고 가장 잘 써지는 공간으로 정하면 된다.

18. 저자 프로필 작성

프로필은 이력서처럼 쓰지 않는다. 언제 어디서 태어나 어디를 나와 어디를 다녔다는 등 과거지향보다는 지금 내가 무엇을 하고 있고, 무엇을 좋아하며, 앞으로 무엇을 해보고 싶나는 현재와 미래 중심으로 쓰되, 책과 관련한 자신의 경험, 관심, 지적 수준을 밝힌다. 적어도 이 책을 쓸 자격을 갖추고 있다는 느낌을 줘야 한다.

19. 서문 작성

'프롤로그'라고도 말하는 서문에는 ◆이 책을 쓰는 이유는 무엇인가. ◆어떤 배경에서 쓰게 됐는가. ◆누가 읽으면 좋은가. ◆대략 어떤 내용인가. ◆이 책을 읽으면 무엇을 얻을 수 있는가. 독자의 입장에서 읽어야 하는 이유와 효용을 제공해줘야 한다.

20. 스토리라인 만들기

세 단계로 대략의 얼개를 짜본다. 1단계로 글감을 나열한다. 쓸 수 있는 것들을 열거해 본다. 2단계로 비슷한 내용끼리 덩어리 지운다. 3단계로 덩어리 안에 있는 내용과 덩어리의 순서를 정한다.

21. 목차 짜기

목차는 먼저 짜고 글을 쓸 수도 있고, 다 쓴 후에 쓴 글을 놓고 짤 수도 있다. 우선 목차를 짜고 집필해도 다 쓴 후 조정이 필요하다.

22. 집필계획서 작성

집필 완성 시점을 정해 놓고 역순으로 짜면 된다. 크게 집필 기간과 퇴고 기간, 편집 기간과 제작 기간 등으로 나눠 작성한다.

23. 집필

마감 일자를 정해 놓고 자기만의 방식으로 이를 지키는 게 관건이다. 써야 할 분량은 책에 따라 다르지만 통상 200자 원고지 1,000~1,200매 정도를 쓴다. A4 용지 기준으로는 글자 크기 10포인트로 100매 정도다. 하지만 갈수록 두꺼운 책에 대한 독자의 선호가 떨어지고 있어, 요즘에는 200자 원고지 800매, A4 용지 80매 정도로 줄어드는 경향이다.

24. 퇴고

퇴고는 저자 자신도 하지만, 주로 출판사에서 담당한다. 보통 3교를 보는데 어찌 보면 교정 과정이 집필 과정보다 더 중요할 수 있다.

25. 발문 작성

'에필로그', '맺음말'이라고도 하는 발문은 책을 다 쓴 후 작성하는 게 맞지만, 내 경우는 책을 쓰기 시작하면서 쓴다. 나의 집필 목표를 발문에 밝힌 후 쓰기 시작한다. 무엇보다 발문을 쓰고 나면 책을 다 쓴 것 같아, 쓰기 시작하는 데 도움이 된다. 내게 발문 쓰기는 책 쓰기 출정식이다.

26. 참고문헌 목록 작성

책 안에서 인용한 문헌을 일일이 주석을 다는 일은 번거로울뿐더러 독자 입장에서도 읽기 불편하다. 나는 인용한 책의 목록을 뒤에 참고문헌으로 단다.

27. 추천사 받기

추천사를 반드시 받을 필요는 없다. 나는 한 달에 한두 건 추천사를 쓰지만, 추천사가 책 판매에 얼마나 도움이 되는지는 잘 모르겠다.

28. 저자 사진 등 비주얼 자료 챙기기

출판사에서 촬영해주기도 하고, 저자가 준비하기도 한다.

29. 출간기획서 작성

핵심은 이 책이 팔릴 것이라는 확신을 심어주는 것이다. 어느 정도의 독자층이 있고, 저자 자신이 SNS나 소속된 직장, 친구, 가족이나 친지 등을 통해 책을 팔 수 있는 양이 얼마나 되는지, 그런 가능성을 보여줘야 한다.

기획서는 세 가지가 중요하다고 생각한다. 첫째, 내가 아는 것을 쓰는 것이 아니라, 읽는 사람이 알고 싶은 것을 쓴다. 둘째, 읽는 사람의 의심과 반론을 의식하며, 그것을 잠재울 수 있게 쓴다. 셋째, 읽는 사람이 행동할 수 있게 쓴다. 결국 기획 · 제안서를 쓰는 이유는 세 번째 반응을 얻기 위해서다. 목적은 설득이고, 목표는 채택이다.

출간기획서에는 기본적으로 ◆자신감이 묻어나야 한다. 이 책을 읽히게 하고 싶다는 간절함, 잘 팔릴 것이라는 자신감이 읽혀야 한다. 그렇다고 너무 단정적인 표현은 위험하다. '무조건', '절대로', '틀림없이', '얼마만큼 팔릴 것이다.' 등. 출판사 입장에서 열정과 확신이 배어 있다고 느끼면 일단 성공이다. ◆의문사항이 없어야 한다. 두 번 읽어야 이해되는 기획 · 제안서는 짜증 난다. 죽 넘겨만 보고도 전체 내용이 파악되어야 한다. 목차와 중간제목만으로 내용을 파악할 수 있으면 좋다. 파워포인트 문서처럼 설명이 필요하면 안 된다. 전문용어나 고급스러운 표현이 자신의 전문성을 돋보이게 하지 않는다. ◆흥미를 끌어야 한다. 튀거나 참신한 것은 흥미를 유발한다. 하지만 그보다 더 중요한 것은 출판사 입장에서 기대하는 것을 정확히 찌르는 것이다. 핵심 제안은 하나여야 한다. 볼록렌즈처럼 초점이 작아져야 화력이 세다. ◆진실해야 한다. 과장은 안 된다. 과장일 것이라는 선입견을 갖고 보기에 과장은 과장되기 쉽다. 특히 판매 가능성을 부풀리면 안 된다. 단점, 우려사항, 부작용 등을 언급하면 신뢰가 높아진다. 자신의 제안과 다른 관점, 불리한 정보까지 제공하는 것도 전략적으로 괜찮은 방법이다. ◆항목 선택이 성패를 좌우한다. 책의 제목, 목차, 콘셉트, 주요 내용, 분량, 집필 계기, 저자 소개, 목표 독자, 기대 판매 부수, 경쟁도서 현황, 저자 마케팅 계획, 집필 계획 등을 상세하게 담는다. ◆강력할수록 좋다. 편집자의 뇌리에 박히는 한 문장이 있어야 한다. 채택해야 하는 이유를 한마디로 보여줘야 한다. 한 번 보고도 잊히지 않을 만큼 단순해야 한다. 단순함이 최상의 전략이다. 광고카피를 벤치마킹할 필요가 있다.

30. 출판사 피칭

미국 할리우드에서 시나리오 작가가 자신의 작품을 제작자나 감독에게 짧은 시간 안에 프레젠테이션하는 것을 '피칭'이라고 한다. 마찬가지로 저자는 출판사 편집자를 상대로 피칭해야 한다. 피칭은 메일로 할 수도 있고, 전화를 걸 수도 있으며, 직접 찾아가 만나서 할 수도 있다.

31. 출판사 결정 및 출판계약

출판사는 분야별로 큰 출판사와 작은 출판사, 유명 출판사와 무명 출판사가 있지만, 가장 중요한 선택 기준은 저자와의 궁합이다. 규모가 작고 이름이 없어도 자기와 잘 맞는 출판사가 있을 수 있다. 출판사를 고르는 과정은 이렇다. 우선, 대형서점에 가서 베스트셀러나 잘 팔리는 책을 만든 출판사가 어디인지 살펴보라. 다음으로, 내가 출간하고자 하는 분야의 책을 많이 내는 출판사가 어디인지 온라인 서점 등을 통해 알아보라. 그리고 해당 출판사에 아는 사람이 있는지, 선을 댈 수 있는 사람이 있는지 찾아보라. 없으면 전화하거나 메일을 보내보라. 전화번호나 메일주소는 출간총람에 잘 나와 있다.

32. 편집

편집은 철저히 출판사에 맡기면 된다. 일단 원고를 넘겼으면 간섭하지 말고 편집자 말을 충실히 수용하는 게 중요하다. 편집자는 교정과 윤문만 하는 게 아니다. 제목과 표지, 목차를 정하는 데 주도적인 역할을 하는 것은 물론, 집필 독려, 책의 홍보와 마케팅 등 책의 생사여탈권을 쥐고 있다.

33. 표지 디자인 결정

표지 디자인 역시 출판사에 일임하면 된다. 저자의 의견보다는 출판사 마케팅팀의 의견을 존중하는 게 책 판매에 유리하다.

34. 출간

시점이 중요하다. 대형 베스트셀러가 기승을 부리고 있는 상황은 피하는 게 맞다. 하계휴가를 앞둔 시점이나 새해 다짐을 앞둔 연말 등이 마케팅에 유리하다. 독서의 계절이라는 가을은 오히려 책이 팔리지 않는다. 특히 올림픽이나 월드컵 기간, 대통령선거 시즌 등 대형행사를 앞둔 시기는 피하는 게 좋다.

35. 출간 후 홍보활동

가장 중요한 활동은 강연과 방송 출연을 통해 독자와 만나는 일이다. 강연은 부료로 할 의향만 있으면 전국 도처에 있는 도서관에서 할 수 있다. 방송도 공중파만 생각할 게 아니라 유튜브 등을 활용하면 된다.

장기적으로는 이미지 메이킹 해야 한다. 그 저자 하면 떠오르는 이미지를 만들어야 하는 것이다. 그러기 위해 일관된 노력이 필요하다. 한 사람의 이미지는 일관성에서 나온다. SNS나 블로그 등 온라인에서 다섯 가지 일관성을 추구해야 한다. 첫째, 꾸준히 올리는 일관성이다. 지속적으로 글과 사진, 동영상을 올리는 게 가장 중요하다. 둘째, 소재의 일관성이다. 한 가지 소재를 갖고 써야 한다. 한 가지를 깊게 파면 재미있다. 파면 팔수록 그 분야를 더 좋아하게 되고 잘하게 된다. 이는 결국 자산이 된다. 그 분야 전문가로 자리매김하거나 자기 책을 쓸 수 있게 된다. '내가 뭔가를 하고 있다.'라는 성취감이 크고, 사람도 얻게 된다. 셋째, 독자에게 주는 효용의 일관성도 중요하다. 독자에게 '재미를 준다.', '정보를 준다.', '새로운 시각을 보여준다.' 등 무언가를 일관되게 줘야 한다. 넷째, 표현의 일관성도 지켜야 한다. 나는 입말로 썼다. 세 줄을 넘지 않았다. 마지막 문장에서 반전을 꾀했다. 다섯째, 메시지의 일관성도 유지해야 한다. 나는 '말하기와 글쓰기는 한쌍이다.', '말과 글이 순환하는 삶을 살자.'라는 메시지를 되풀이해서 내보냈다.

하지만 베스트셀러가 되는 건 저자가 통제할 수 있는 범위 밖에 있다.《대통령의 글쓰기》가 잘 팔린 건 세 가지 조건이 맞았기 때문이다. 우선, 박근혜 대통령 탄핵이라는 '시류'이다. 대통령 연설문을 외부인이 마음껏 손댔다는 뉴스가 국정농단 사태의 시발점이 되면서 대통령 연설문은 누가 쓰는지에 관한 사회적 관심이 증대했다. 다음은 '제목'이다. '대통령의 글쓰기'라는 제목이 사람들의 이목을 끌었다. 끝으로, '목표 독자'다. 촛불시위가 들불처럼 번지던 시점에서 시위에 참여하는 사람 중 상당수가 이 책의 독자가 됐다. 책을 읽은 사람들 사이에서 입소문이 나며 집회가 중점적으로 이루어지던 광화문 한복판에 있는 대형서점에서 하루가 멀다 하고 품절 사태가 일어났다. 책은 사람이 만들지만, 베스트셀러는 하늘이 낸다.

나이 들수록 글쓰기가 간절하다
투명인간에서 작가가 되기까지

쉰한 살에 직장을 나왔다. 건강 문제도 있었기에 쉴 요량이었다. 아내가 월 200만 원은 벌어 와야 한다고 했다. '그깟 200만 원쯤이야.' 했지만, 막상 할 일이 마땅치 않았다. 내겐 세 가지가 없었다. 우선 운전면허 말고는 어떤 자격증도 없었다. 뭘 고치거나 만들 수 있는 기술도 손재주도 없었다. 여기에다 이렇다 할 학위가 있는 것도 아니었다. 그렇다고 농사를 짓거나 장사할 수 있는 깜냥도 안 됐다. 그야말로 할 수 있는 일이 없었다.

지금 내 나이 예순네 살. 그새 13년이 훌쩍 지났다. 나는 글 쓰고 말하는 일로 먹고산다. 나의 일상은 단순하다. 1단계로 지식이나 정보, 경험, 관계를 '수집'한다. 그러기 위해 책을 읽고 온라인 강의를 듣고, 사람들을 만난다. 강의하고 글 쓰는 것도 내겐 일인 동시에 무언가를 수집하는 행위이다. 강의를 준비하면서 또 글을 쓰면서 새로운 걸 입력한다. 그래서인지 나는 강의하러 집을 나설 때 직장 다닐 때처럼 발걸음이 무겁지 않다. 외려 약간의 설렘마저 느낀다. 오늘은 누구를 만나고 무엇을 얻게 될지, 또 어떤 자극을 받고 무슨 경험을 할지 기대된다.

2단계는 모은 것들을 재료로 '숙고'하는 것이다. 하루 세 번, 그러니까 아침에 반신욕 할 때, 저녁 먹고 산책하면서 그리고 잠들기 전에 생각한다. 읽은 것을 복기해보고 들은 내용을 곱씹어 본다. 내일 할 일을 떠올려보며 강의는 어떤 내용으로 할지, 써야 할 글은 무슨 내용으로 채울지, 사람을 만나서는 무슨 얘기를 할지 궁리해본다. 나는 조용하고 편안한 이 시간이 좋다. 이 시간은 수집한 것들을 내 것으로 만드는 시간이다. 책에서 읽거나 강의에서 들은 내용은 온전한 내 것이 아니다. 아직 요리하지 않는 날것의 재료일 뿐이다. 혼자 생각하는 시간을 거쳐야만 비로소 내 것이 된다.

3단계는 '메모'하는 것이다. 메모는 '수집' 과정에서 이뤄지기도 하고 '숙고'를 통해서도 나온다. 나는 잠들기 전, 버스나 지하철을 타고 이동할 때, 누군가와 대화할 때, 책을 읽거나 강의를 들을 때 메모거리가 생각난다.

4단계는 '스몰토킹'이다. 메모한 것을 누군가에게 써먹는다. 책에서 읽거나 강의에서 들은 내용, 혼자 생각하다가 떠오른 기억, 특정 주제나 사안에 대한 내 생각과 느낌 등을 말해본다. 이렇게 말해보는 것은 중요하다. 말해봐야 내가 무엇을 갖고 있는지 알 수 있고, 또 말하면서 그것들에 살이 붙고 정리가 된다. 무엇보다 말해보면 반응을 알 수 있다.

5단계는 '짧은 글쓰기'다. 말해봐서 반응이 괜찮은 것, 내가 봐도 말이 될 성싶은 것은 내 홈페이지, 네이버 블로그 등에 짧게 쓴다. 나는 그런 글을 지난 11년 동안 2만 8,000개나 썼다.

6단계는 '말하기'다. 나는 이렇게 만들어진 짧은 글들을 연결하고 조합해 강의하고 방송을 한다. 돈 받는 말하기를 하는 것이다. 짧게 써 놓은 글들 하나하나는 긴 말을 하는 독립적인 하나의 구성요소, 즉 모듈이다. 강의하거나 방송할 때 필요에 따라 모듈을 조립한다. 수천 개 조각이 있기에 자유자재로 조립해 말할 수 있다. 2만여 개가 훌쩍 넘는 말 조각이 내 안에 있기에 아무것도 보지 않고 말할 수 있다. 또 그렇게 말하는 시간이 긴장감 있고 재미도 있다.

7단계는 '긴 글쓰기'다. 앞서 말했듯 나는 아무것도 보지 않고 말할 수 있으므로 이걸 가지고 글을 쓸 수 있다. 이 글을 쓰는 지금도 나는 아무것도 찾아보지 않는다. 말할 수 있으면 쓸 수 있다.

마지막 8단계는 '책 쓰기'이다. 7단계에서 써 둔 칼럼이나 에세이를 모으면 1년에 한 권꼴로 책을 쓸 수 있다. 그렇게 지금까지 12권의 책을 썼다. 이렇게 쓸 수 있는 건 1단계부터 7단계까지의 밑작업이 있어 가능하다. 메모장에 쓰는 단어는 내 글의 씨앗이다. 메모하는 행위는 내 글의 씨를 뿌리는 파종에 해당한다. 그 씨앗이 말로 싹을 틔우고 가지를 뻗어 글이라는 꽃을 피운다. 그리고 이런 글들이 모여 마침내 책이라는 열매를 맺는다.

콘텐츠, 스토리, 캐릭터 … 나만의 브랜드 만들기

책을 쓰는 데는 돈이 들어가지 않는다. 시간만 들이면 된다. 나는 쉰한 살 이후 시간이 많다.

누구나 언젠가는 직장을 떠난다. 직장을 나와서도 돈을 벌어야 하는 시름에 글쓰기는 유용한 생계 수단이자 적적함을 달래주는 유익한 취미 활동이다. 글쓰기는 정신건강을 지키는 데도 도움이 된다. 앞으로 대다수가 장수를 누리게 될 것이다. 문제는 나이와 함께 필연적으로 찾아올 수밖에 없는 뇌의 손상이다. 이를 예방하고 늦추는 데도 글쓰기는 가장 효과적인 수단이다.

직장에 들어갈 때는 스펙이 필요했다. 그런데 직장을 나와서는 세 가지가 절실하다. 그것은 콘텐츠와 스토리 그리고 캐릭터다. 직장 다닐 적엔 소속과 직함으로 모든 게 해결됐다. 그래서 보다 나은 '어디'에 들어가기 위해 경쟁했고, '어디'에서 더 높이 올라가기 위해 안간힘을 썼다. 소속과 직함은 경제적 문제를 해결해 줄 뿐 아니라, 인정과 대접도 부여해 줬다. 하지만 직장을 나오면 명함도, 계급장도 없다. 온전히 나란 존재 자체로 내 가치를 증명할 수 있어야 한다. 콘텐츠, 스토리, 캐릭터를 통해 자기 브랜드를 만들어야 한다. 퍼스널 브랜딩을 해야 하는 것이다.

우선 '누구' 하면 떠오르는 콘텐츠가 필요하다. 나는 그걸 '글쓰기'로 잡았다. 나의 정체성은 '글쓰기에 관해 말하고 쓰는 사람'이다. 이런 생활을 시작하고 5년 동안은 글쓰기만 생각하고 거기에 꽂혀 살았다. 또한 글쓰기에 관해 SNS 등에 무수히 많은 글을 썼다. '글쓰기'라는 테마가 지루해지고 할 말이 소진될 즈음, '말하기'란 주제를 집어 들었고, 지금은 '공부'를 주요 테마로 삼고 있다. 앞으로 '인간관계'도 다뤄볼 계획이다.

하지만 콘텐츠만으로는 돈이 되지 않는다. 인터넷 공간에 공짜 콘텐츠가 넘쳐나기 때문이다. 게다가 매우 깊이 있는 콘텐츠가 아니면 재미있기가 어렵다. 그래서 스토리가 필요하다. 스토리가 들어가야 콘텐츠가 재밌어진다. 더욱이 콘텐츠에 자기 스토리를 입혀야 자기만의 콘텐츠가 되고, 그런 콘텐츠여야 사람들이 돈을 지불한다. 그 사람의 스토리가 입혀진 콘텐츠는 그 사람에게만 들을 수 있을 테니 말이다.

글쓰기로 찾은 삶의 의미

사람들은 이제 점점 더 감성을 추구하고 있다. 카페를 고를 때 커피 맛과 가격, 위치 등을 따지던 시절을 지나, 사람들은 언젠가부터 '어느 카페에 누가 다녀갔대.', '무슨 영화를 찍은 카페래.' 하며 이야기를 좇아 카페를 찾고, 이제 이야기는 물론 '감성'을 자극하는 카페에 사람들이 몰린다. 마음에 들면 아무리 먼 데 있어도 가격 불문하고 찾는다.

사람도 마찬가지다. 특정 인물을 열성적으로 좋아하는 팬덤 문화가 점차 확산하고 있다. 과거 연예인의 전유물이던 팬클럽이 정치인을 넘어 일반인으로까지 전이되고 있다. 출판시장만 보더라도 저자를 보고 책을 구매하는 사람들의 비중이 점점 커지고 있는 느낌이다. 이전에는 내용에 끌리거나 자신이 그런 뷰를 좋아해서 책을 구매하는 사람이 대다수였다면, 이젠 특정 저자의 책은 무조건 구매한다는 사람에 의해 출판시장이 명맥을 유지하고 있다. 이런 팬덤을 거느리고 있는 저자들은 더 이상 콘텐츠나 스토리를 파는 사람이 아니다. 자기 캐릭터를 팔고 있다.

《메신저가 되라》,《백만장자 메신저》의 저자 브렌든 버처드(Brendon Burchard)는 말과 글로 살아가는 사람들을 세 부류로 나눴다. 자신이 공부한 결과를 사고파는 '학습기반형 메신저', 자기 경험과 이야기를 파는 '성과기반형 메신저', 자신의 삶 자체가 메시지인 '롤 모델형 메신저'가 그것이다. 바로 '롤 모델형 메신저'가 자기 캐릭터를 파는 사람인 것이다.

결국은 책 쓰기다. 자신에게 콘텐츠와 스토리가 있고, 자기가 어떤 캐릭터인지를 무엇으로 보여줄 수 있는가. 바로 책이다. 책을 써야 한다. 그럴 일은 없겠지만, 내가 만약 직장생활로 돌아간다면 콘텐츠와 스토리, 캐릭터를 장착하는 준비와 노력을 충실히 할 것이다. 그러면 직장생활도 더 활기차고 열성적으로 할 수 있지 않을까 싶다.

노년의 목표는 여유로운 삶이다. 정신적으로, 물질적으로 여유 있는 일상을 꾸리고 싶다. 그러기 위해선 지속적으로 글을 써야 한다. 글쓰기로 많건 적건 돈을 벌어야 한다. 글쓰기는 또한 나를 정신적으로 강건하게 한다. 사람과의 관계에서 상처받은 나를 치유해줄 뿐 아니라 매일매일 심기일전하게 한다. 글을 쓰면서 나는 감정의 찌꺼기를 걷어내고 새로운 각오와 희망의 불을 지핀다. 나아가 글쓰기는 자신의 경험이나 지식을 공유해 주는 일이다. 남을 위해 자신을 내려놓고 내어주는 여유가 있어야 가능하다. 그런 호사를 누리며 생을 마감해 가고 싶다.

인생은 한 권의 책이다
자서전 쓰기

자서전을 써보라고 하면 다들 이런저런 핑계를 댄다. 나는 그런 변명을 들으면서 자서전에 대한 편견이 많다는 사실을 알게 됐다. 가장 대표적인 편견이 자서전은 나이 많은 사람이 생을 마무리하는 시점에서 쓴다는 생각이다. 그렇지 않다. 자서전은 나이와 무관하다. 자서전은 인생을 정리하며 쓰는 유서가 아니다. 오히려 일찍 쓸수록 좋다. 한 번만 쓸 필요도 없다. 나이대별로 쓸 수 있다. 언제 생을 마감할지 모르는 것 아닌가. 살아있을 때 기록해야 한다.

자서전에 대한 오해와 진실

유명한 사람만 쓴다는 편견도 있다. 어불성설이다. 외려 의미 있는 족적을 남긴 사람은 자서전을 쓸 필요가 없다. 자신이 쓰지 않아도 남들이 써준다. 그래서 기록이 남는다. 평범한 사람은 자신이 써야 한다. 자신이 쓰지 않으면 아무도 기록해주지 않는다. 어떤 사람이 쓸 것인가. 자기 삶을 결산하고 싶은 분, 자신을 알려야 할 필요가 있는 분, 삶의 경험에서 꼭 하고 싶은 말이 있는 분, 인생의 전환점을 마련하고 싶은 분, 자신의 삶이 보잘것없다고 여기는 분, 무엇보다 내가 나를 발가벗길 수 있는 용기가 있는 분은 지금 당장 컴퓨터 앞에 앉길 바란다.

자서전은 과거에 관해 쓴다는 것도 편견이다. 과거와 현재는 물론, 미래는 어떻게 펼쳐갈지, 생의 마지막은 어떻게 맞이하고 싶은지 등도 다룰 수 있다. 자기 얘기만 써야 하는 것도 아니다. 부모, 자녀, 배우자, 친구 등 주위 사람 누구든 포함할 수 있다. 경험 위주로 써야 한다는 것도 편견이다. '자서전'을 사전에서 찾아보면 '자기 생애나 생활 체험을 소재로 그 행적을 적은 기록'이라고 나온다. 그러다 보니 살면서 일어난 사건이나 업적 등 경험에 초점을 맞춰야 할 것 같은 강박을 느낀다. 전혀 그렇지 않다. 오히려 자신의 생각과 신념, 삶을 대하는 자세는 물론 감정과 기분, 심정을 담아야 자서전답다. 자서전을 쓰라고 하면 '나는 자랑할 거리가 없다.'라는 분도 있는데, 자서전은 자기 자랑이 아니다. 오히려 반성이고 회한이다. 그래서 밝은 면만 부각해선 곤란하다. 어두운 면에도 스포트라이트를 비춰야 한다. 진실을 고백해야 한다. 그렇지 않으면 앙드레 지드(Andre Gide)의 말이 비수처럼 꽂힐 수 있다. "자서전보다 허구가 더 진실한 장르이다."

요즘엔 자신의 실제 경험을 바탕으로 하되, 이를 허구와 결합하여 서사화하는 '오토픽션(Autofiction)'이란 장르가 주목 받고 있기도 하다. 자서전은 글 좀 쓰는 사람이 쓴다는 편견도 있다. 자서전처럼 쓰기 쉬운 글도 없다. 자서전은 자신의 이야기를 쓰는 것이다. 내 삶 속에서 이야기를 길어 올리면 된다. 나만큼 내 이야기를 잘 쓸 수 있는 사람은 없지 않은가. 글솜씨가 부족해도 상관없다. 진정성으로 승부하면 된다.

모든 삶은 가치있다, 내 삶을 기록하자

그렇다면 왜 자서전을 써야 하는가. 자서전을 쓰면 무엇이 좋은가. 《자서전을 씁시다》의 저자 안정효 작가는 '누구나 자서전의 원자재가 될 경험과 느낌과 이야깃거리를 어느 정도는 갖추고 있다. 그러나 사람들은 사회생활을 해나가는 동안, 심지어는 노년에 이르러서조차 자신의 삶이 지닌 교육적 또는 오락적 그리고 문학적 가치를 인식하지 못하는 경우가 많다. 그런 소중한 자료를 씨앗으로 뿌려 농사를 짓고 키워 수확하는 특별한 재배법을 알지 못하면 소중하고 평범한 원자재는 그냥 썩어 없어진다.'라고 했다.

자서전을 써야 할 이유는 많고도 많다. 첫째, 기록을 남긴다는 의미가 크다. 나는 언젠가 연기처럼 사라질 것이지만 자서전을 쓰면 내 흔적이 남는다. 나를 영원히 존재하게 한다. 아울러 개인적인 기록은 공적으로도 충분한 가치가 있다. 소소한 개인의 기록이 모여 인류의 역사를 만드는 법이니까.

둘째, 자기 탐색이 가능하다. 자서전 쓰기는 내가 누구인지를 탐구하는 체험이고, 나를 찾아가는 여정이다. 쓰고 나면 나조차 몰랐던 나를 발견하는 놀라운 경험을 할 수도 있다.

셋째, 실토와 자백으로 마음속에 담아 뒀던 감정을 분출함으로써 자신과 화해하고 스스로를 치유한다. 자서전을 쓰는 과정에서 정신적 외상을 극복하기도 하고, 카타르시스를 느끼기도 한다.

넷째, 자서전 쓰기는 과거에만 머물지 않고 현재를 직시하고, 미래를 설계하는 계기가 된다. 지금까지 살아온 시간과 앞으로 살아갈 시간 사이에서 삶을 재정비하는 기회이다. 자서전의 목차를 보면 무엇이 비어 있는지, 앞으로 무엇으로 채워가야 하는지 알 수 있다.

다섯째, 자서전을 쓰는 동안 내 인생의 소중한 사람들과 재회하고, 내 삶의 빛나고 아름다운 순간과 마주하는 행복한 시간을 보낼 수 있다.

여섯째, 나의 과거를 복원해 낸다. 잊고 묻혀 있던 나의 자취와 흔적들을 발굴해 나의 과거를 재건한다. 단순히 복구하는 데 그치지 않고 나의 과거를 재해석, 각색, 정리하는 기회를 갖게 된다.

일곱째, 자서전은 가족과 후대에게 유산을 남기는 일이다. 뿐만 아니라 당장 지금을 살아가는 사람에게 자신을 비추는 거울을 제공한다.

한 사람의 인생은 하나의 도서관이라고 했다. 모든 삶은 기록으로 남길 가치가 있다. 그런 점에서 자서전에는 내 가족과 후손이 나보다 더 나은 삶을 살았으면 하는 간절한 염원이 담겨 있다.

자서전의 형식은 다양하다. 대표적인 세 가지 형식이 있다. 전기(傳記), 평전(評傳), 회고록이 그것이다. 전기는 말 그대로 어렸을 적 읽은 위인전 같이 쓰는 것이다. 전기는 세상에 하나뿐인 나만의 이야기다. 평전은 제삼자 입장에서 객관적으로 서술한다. 전기에 평론과 비평을 곁들여 쓴다고 보면 맞다. 전기와 평전이 3인칭 시점으로 쓴다면 회고록은 1인칭 시점이다. 스스로 지난 일을 돌이켜 보며 쓰는 것이다. 여러 사람의 전기를 묶는 열전(列傳)의 형식으로도 쓸 수 있다. 공저로 자서전을 쓰는 것이다.

이밖에도 소설 형식으로 쓸 수도 있다. 일종의 자전적 이야기, 성장소설로 쓰는 것이다. 체험 수기(手記) 형태의 수필 형식도 무방하다. 쓰기 쉬운 일기 형식도 괜찮다. 성웅 이순신의 난중일기, 김구 선생의 백범일지도 일종의 자서전이라 할 수 있다. 서간문 형식도 나쁘지 않다. 인터뷰나 기사 형식으로 쓸 수도 있다. 스스로 화제의 인물로 설정해 놓고 자신이 스스로를 인터뷰하고, 자신에 대한 뉴스를 전하는 것이다.

어느 형식으로 쓰건 쓰기 전에 해야 할 일이 있다. 그것은 세 가지를 찾는 일이다. 가장 먼저 이른바 잘 썼다는 자서전을 찾는다. 나도 이런 자서전을 쓰고 싶다는 책을 찾아 서너 번 읽어라. 내게는 《김대중 자서전》이 그런 책이었다. 다음으로 찾아야 할 것은, 내 얘기를 들어줄 대상이다. 자녀도 좋고 친구도 좋다. 자서전도 결국은 누군가에게 읽혀야 의미가 있다. 그 누군가가 정해지면 쓰기가 훨씬 쉬워진다. 끝으로 찾아야 할 건 자서전의 주제이나. 내 자서전을 다 읽은 독자가 '이 사람이 자서전을 통해 무슨 얘기를 하고 싶었구나.'라고 떠올릴 수 있는 한 문장을 찾아보라. 내 인생의 키워드, 내 자서전의 제목을 찾아봐라. 독자가 자서전을 읽고 뭐라도 하나 깨닫고 얻는 게 있어야 하지 않겠는가.

자서전, 어떻게 쓸 것인가

그러면 어떻게 쓸 것인가. 가장 많이 쓰는 방법은 시간 순으로 기술하는 방식이다. 편년체 역사 서술 방법이다. 이를 위해서는 먼저, 연도별로 주요 사건을 정리하는 연보를 작성한다. 그런 후 시기별로 묶어서 장을 구성한다. 기-서-결(학창 시절-직장 시절-은퇴 이후)로 기술하거나, 기-승-전-결(유아 시절-청년 시절-중년 시절-노년 시절)로 서술한다.

인물 중심으로 서술할 수도 있다. 일종의 기전체식 서술 방식이다. 소설의 3요소는 인물, 사건, 배경이다. 이 가운데 인물 설정이 우선이다. 마찬가지로 자서전에 등장할 인물을 고르는 일을 우선한다. 먼저 생각나는 사람들을 다 써본다. 살면서 인연 맺었던 사람들을 망라해

본다. 그래봤자 생각나는 사람이 그렇게 많지 않을 것이다. 그러면 휴대전화에 있는 연락처를 들여다보라.

그런 후 자신을 중심으로 계보 그림을 그린다. 당연히 주인공은 자기 자신이다. 주인공을 중심으로 가까운 사람부터 그려 나갈 수도 있고, 내게 도움을 줬던 사람과 나를 힘들게 했던 사람으로 구분해서 정리할 수도 있다. 인물 중심의 서술에서는 관계로 인해 일어난 갈등과 위기, 그리고 해소 과정이 중요하다. 무슨 원인과 이유로 인해 갈등이 생기고 그것이 어떻게 위기로 치달았으며, 어떤 결말을 맞았는지 구체적으로 서술한다. 이 과정에서 나의 조력자와 적대자는 어떤 역할을 했는지. 나는 누구에게 영향을 받았고, 누구를 동경하고 선망했으며, 누구로 인해 피해를 봤는지 등을 얘기한다. 사람에 대한 관심은 누구나 지대해서 기전체식 자서전은 독자에게 흥미와 재미를 안겨주기 쉽다.

사건 중심으로 서술할 수도 있다. 우선 내 인생에서 일어난, 기억나는 사건을 모두 열거한다. 그리고 질문해보자. 가장 즐겁고 행복했던 순간은? 고통스럽고 기억에서 지우고 싶은 사건은? 가장 좋았던 여행은? 이런 물음을 통해 주요 사건을 발췌하고 서술한다. 이때 주의할 게 있다. 모든 얘기를 다 쓰려는 욕심을 버려야 한다. 건너뛸 부분은 과감하게 생략해야 한다. 특정 사건을 하나만 떼어서 그것만 집중적으로 다룰 수도 있다. 채택된 사건들도 강약 조절을 해야 한다. 어떤 사건은 길고 상세하게, 어떤 사건은 짧고 두루뭉술하게. 하지만 모든 사건은 구체적으로 써야 한다. 사건이 일어난 배경과 상황을 사실적으로 묘사해야 한다. 설명하기보다는 눈에 그려지게 보여주면 좋다. 각각의 사건에서 배우고 깨달은 점을 포함하면 더 좋다. 그 사건이 일어난 시대적 배경까지 넣어주면 더없이 훌륭하다.

공간을 기준으로 쓸 수도 있다. 누구나 사는 곳이 변해왔다. 다니는 데가 바뀌어왔다. 삶은 공간을 기준으로 구분할 수 있다. 나의 경우, 고향 선주 시절과 서울 생활로 크게 나눌 수 있고, 직장도 대기업, 청와대, 벤처기업, 출판사 근무 시절로 분류할 수 있다.

끝으로, 변곡점 서술도 가능하다. 내 인생의 변곡점을 기준으로 시기를 분할해서 그 이전과 이후를 대비하고, 해당 시기가 갖는 의미를 밝히는 것이다. 내 삶은 어머니 돌아가시기 이전과 이후, 직장 다니기 이전과 이후 등으로 구분할 수 있다.

거듭 말하지만, 자서전 쓰기를 어렵게 생각하지 말자. 자기소개서를 쓴다는 생각에서 출발하자. 우리가 읽는 책은 완성본이다. 하지만 그것도 처음엔 한 쪼가리 글에 불과했다. 영화 시나리오도 처음엔 '~에 관한 이야기다.'라는 '로그라인' 한 줄로 출발한다. 그다음에 태어남-사랑함-헤어짐-죽음 등 몇 줄의 '시퀀스'가 된다. 그런 후 A4 용지 한 쪽 이내의 '시놉시스'로 발전한다. 다음에 A4 용지 15~20쪽 분량으로 이야기를 구체적으로 서술한다. '트리트먼트'를 쓰는 것이다. 그리고 마침내 트리트먼트를 기반으로 '시나리오'를 쓴다. 우리는 그 시나리오를 볼 뿐이다. 그저 한 줄에서 시작하면 된다.

모든 인생은 세상에 단 한 권뿐인 책이다. 이미 모든 사람은 한 권의 책을 쓰고 있다. 이 세상에 살았으면 누구나 자서전을 쓸 자격이 있다. 자서전은 글로 그리는 자화상이다. 유명하지 않아도 된다. 분량과 시간제한도 없다. 그림 그리듯, 독백하듯, 인생 연표 만들 듯, 시나리오 쓰듯, 뉴스 전하듯, 인터뷰하듯, 소설 쓰듯, 일기 쓰듯, 편지 쓰듯, 내가 주인공인 연극의 대본을 쓰듯, 고해성사하듯, 내 인생의 사진첩을 스크랩하듯 나만의 방식으로 쓰면 된다.

삶은 어떻게 책이 되는가?

책과 삶이 순환하는 삶

나는 무엇을 하며 사는가. 읽고 듣고 생각하고 말하고 쓰면서 산다. 사람들과 사이에서 감정을 느끼고 그들과 관계하며 산다. 그게 전부다. 그리고 이 모든 과정에 글쓰기가 있고, 글이 모여 책이 된다. 책 쓰기가 내 삶을 이끌어 간다.

올해 아버지가 아흔다섯 번째 생신을 맞는다. 이를 기념하기 위해 무엇을 하면 좋을까. 온 가족이 머리를 맞대니 다양한 아이디어가 나왔다. 아들·손자·며느리 모두 할아버지에게 편지를 쓰고 이것을 책으로 묶자. 손주들이 할아버지의 일생을 시기별로 분담해 인터뷰한 후 그 결과를 책으로 내자. 가정마다 가지고 있는 사진을 모아 얽힌 사연까지 담아 사진집이나 동영상을 제작하자. 가족 한 사람 한 사람이 기억하고 있는 일화를 모아 가족사를 써보자는 의견도 나왔다.

이런 작업이 의미 있는 이유는 우선, 나를 돌아보는 기회를 가질 수 있기 때문이다. 가족은 나의 확장이다. 가족에 대해 생각해보는 것은 나를 돌아보는 일이다. 솔직히 나에 대해, 가족에 관해 생각해본 적이 별로 없다. 나를 규정하고, 가족의 삶을 정리해 볼 필요가 있다. 내가 나와 가족에게 이름표를 붙여주는 작업이다. 버트런드 러셀(Bertrand A. W. Russell)은 자서전《인생은 뜨겁게》에서 '사랑을 향한 갈망, 지식에 관한 탐구, 인류 고통에 대한 연민이 자신의 삶을 지배해 왔다'라고 정리한다. 얼마나 멋진가. 누가 이렇게 근사한 한 줄 정리를 해줄 수 있겠는가. 남이 해주길 기대하지 말자. 가족 스스로 하면 된다. 내가 그렇다는데 누가 왈가왈부하겠는가.

글쓰기가 이끄는 삶: 회고 그리고 미래의 다짐

이런 작업은 기억도 되살려준다. 쓰다 보면 장면이 떠오를 것이다. 몸서리처지는 장면도 있고, 만면에 웃음이 머금어지는 장면도 있다. 사람은 누구나 이런 장면, 즉 기억으로 존재한다. 내가 기억하는 만큼이 나의 인생이다. 기억이 풍부하면 삶이 풍성해진다. 기억이 빈약하면 인생도 빈곤하다. 가족에 관한 글쓰기는 나를 과거로 인도한다. 잊고 있던 과거를 찾아준다. '맞아 그때 그런 일도 있었지.'라며 내 인생을 더 크게 확장한다. 조심해야 할 것은 기억의 자의적 편집과 왜곡이다. 그런 점에서 가장 큰 적은 바로 자신이다. '이런 얘기까지 써야 하나? 나만의 비밀로 간직하는 게 낫지 않을까?' 이런 자기 검열이 문제다.

　더 큰 의미는 살아온 날들의 회고에 있지 않다. 살아갈 날들에 대한 다짐에 있다. 앞으로 해야 할 일이 무엇인지, 어떻게 살아야 하는지 생각하는 기회가 된다. 이런 작업은 쓰기 전보다 쓴 이후의 삶에 영향을 준다. 써야 할 글의 분량에 관해 걱정하는 분이 많다. 팁을 드리자면 과거 추억만이 아니라 미래 계획을 써도 된다. 사실뿐 아니라 느낌도 좋다. 추상적으로 말고 구체적으로 자세하게 쓴다. 이전에 써 둔 시나 수필, 일기, 편지 등을 옮겨와도 된다.

　이런 글쓰기는 나쁜 감정도 치유한다. 사람이라면 누구나 감정이 있게 마련이고, 감정이 앞서는 게 사람이다. 감정을 얼마나 잘 다스리느냐에 따라 일상이 달라지고 삶의 행복과 품격이 느껴진다. 하지만 우리는 늘 감정을 숨기고 억압하며 산다. 진짜 감정과는 다른 감정을 꾸며내고, 싫은 사람 앞에서도 미소 짓는다.

　문제는 감정이 쌓이면 병이 된다는 사실이다. 뿐만 아니라 풀지 못한 감정은 남에게 옮아간다. 부정적 감정은 그때그때 정리하고 풀어야 한다. 방법은 의외로 가까운 데 있다. 글로 쓰면 된다. 감정을 글로 토해내는 나만의 방법이 있다. 먼저, 감정이 일어난 상황을 구체적으로 묘사해 본다. 느낀 감정을 허심탄회하게 서술한다. 감정의 동요 원인을 파악해 본다. 감정의 원인 제공자 입장에서 생각해본다. 이를 객관적인 제삼자 관점으로 평가한다. 최악의 상황을 상정해 본다. 그러면 그나마 다행이란 생각이 들고 감사하게 된다.

　글을 쓰면 감정이 풀리는 이유는 '배설효과' 때문이다. 뇌도 부정적 감정에 시달리는 걸 싫어한다. 빌미만 주면 언제든 벗어날 준비가 돼 있다. 글쓰기가 그 빌미가 된다. 내가 느끼는 감정은 뇌가 나에게 하는 하소연이라고 생각한다. 이걸 글로 쓰면 뇌의 탄원을 들어주는 결과가 되고, 뇌 역시 '이제 내 감정을 알았으니 됐다.'라며 응어리를 푼다. 친구랑 수다 떨고 나면 한결 후련해지는 것도 그런 연유일 것이다. 뿐만 아니라 감정을 쓰고 나면 그 감정이 남의 일 같이 느껴진다. 당사자 입장에서 벗어나 남의 일 구경하듯 객관적으로 보게 되는 것이다.

　쓰다 보면 칭찬하고 감사하고 사랑하게 된다. 미워하고 원망했던 사람을 용서하고, 다퉜던 이들과 화해한다. 굳어 있던 마음이 녹는다. 그러면서 자신을 고독과 외로움에서 구해낸다. 뿐만 아니라 가족이란 울타리 안에서 내가 보잘것없지 않고, 내 인생이 그렇게 의미 없지도 않았다는 사실을 깨닫게 된다. 내가 겪은 모든 일은 그것이 실패한 경험이든 성공경험이든 나름의 시사점과 교훈을 줬기 때문이다. 쓰다 보면 알 것이다. 양적이든 질적이든 책을 쓰기에 부족한 인생은 없다는 것을. 그리고 내 안에 쓸거리가 있다는 사실을 확인하면서 자존감이 높아질 것이다. 믿어도 좋다. 내가 매일 글을 쓰며 느끼는 것이니까.

글과 가까워지고 글쓰기 실력이 향상되는 것은 덤이다. 책 만드는 일을 하려면 많이 써야 한다. 많이 쓰다 보면 글쓰기에 자신감이 붙는다. 사람은 죽어서 이름을 남기지 않는다. 이야기를 남긴다. 남겨 놓고 간 이야기로 세상은 나와 우리 가족을 기억하고 추억한다.

읽고 늘던 삶에서 말하고 쓰는 삶으로

큰 틀이 바뀌는 대변혁의 시대다. 앞으로 세상은 세 가지 방향으로 나아갈 것이다. 초고령화, 온라인화, 인공 지능화이다. 오래 사는데 직장은 줄어들고 있다. 어디 다니지 않으면서 살아가야 하는 시간이 늘어나고 있다.

첫 번째, 초고령화다. 100세는 물론 120세까지 사는 시대가 오고 있다. 젊은 층으로 내려갈수록 평균 기대수명은 더 늘어날 것이다. 평균수명이 늘었다는 건 직장을 나와 살아가는 기간이 길어졌다는 걸 의미한다. 어디 다니는 기간은 길어봐야 30년이다. 나이 예순에 직장을 그만두고 백세까지 살게 되면 직장 다닌 기간보다 훨씬 더 긴 시간을 직장을 나와 살아가야 한다. 그렇게 긴 기간을 살아가기 위해서는 경제활동이 불가피하다. 자기만의 콘텐츠가 필요한 것도 이런 이유에서다.

두 번째 변화는 온라인화다. 내가 직장을 그만두고 나온 10여 년 전 당시는 세상이 급속도로 오프라인에서 온라인으로 이동하고 있었다. 코로나 사태를 겪으면서부터는 학교에 가거나 직장에 나가지 않고도 일하고 공부할 수 있다는 걸 경험했다. 이제는 자기 콘텐츠만 갖고 있으면 어디에 나가지 않아도 경제활동을 하며 먹고살 수 있는 시대가 된 것이다.

<mark>세 번째 변화는 인공 지능화이다.</mark> 인공 지능(AI) 시대가 이미 문턱을 넘어 우리 안으로 들어왔다. 인공 지능 시대의 도래는 읽기, 듣기 시대의 종언을 의미한다. 그동안 세계는 읽기, 듣기를 많이 한 사람이 주도했다. 읽기, 듣기를 통해 보다 많은 지식과 정보를 습득한 사람이 이끌어가는 세계였다. 하지만 이제 읽기, 듣기에서 인공 지능을 능가할 사람은 없다. 그렇다면 우리가 할 수 있는 일은 바로 말하기, 쓰기이다.

이미 우리는 초고령, 온라인, 인공 지능 시대를 살고 있다. 오래 살면 어디에 다니는 기간보다, 다니던 데를 나와서 사는 기간이 훨씬 더 길어진다. 하지만 다행스럽게도 어디 다니지 않아도 살 수 있는 시대가 됐다. 온라인이 있으니까. 문제는 인공 지능과의 경쟁이다. 인공 지능이 대신할 수 없는 것을 갖고 있어야 한다. 인공 지능은 읽고 들은 걸 조합할 뿐 창조적으로 쓰진 못한다. 그런 면에서 글쓰기는 사람이 해볼 만한 영역이다. 인공 지능이 글을 쓴다고 하지만 그것은 글쓰기 자료에 불과하다. 글은 사람이 써야 한다.

책을 쓴 이후 읽기와 듣기 위주의 삶에서 말하고 쓰는 삶으로 바뀌었다. 읽고 듣는 삶은 소유의 삶이다. 남의 것을 내 것으로 만드는 삶이다. 이에 반해 말하고 쓰는 삶은 공유의 삶이다. 내가 힘들게 얻은 것이지만 남도 알았으면 좋겠다는 마음으로 베푸는 일이다.

읽기, 듣기는 콘텐츠를 생산하는 일이 아니다. 그저 소비하는 행위이다. 남이 써 놓은 글을 읽고, 남의 말을 듣는 일이다. 또한 읽기, 듣기는 내가 남을 돕는 일이 아니다. 남의 도움을 받는 일이다. 이제는 내 말과 글을 생산해서 남에게 베풀고 공유해야 한다.

말하고 쓰기 위해서는 자기 콘텐츠가 있어야 한다. 나는 직장을 나와 비로소 알았다. 나만의 콘텐츠가 없다는 사실을. 나는 공부를 시작했다. 학창 시절 공부가 읽기, 듣기였다면 말하기, 쓰기 위한 공부를 시작했다. 학창 시절 공부가 직장생활을 잘하기 위한 공부였다면 직장생활 이후를 살아가기 위한 공부를 했다. 그렇게 공부한 결과로 비로소 나의 콘텐츠가 만들어졌고, 그걸 가지고 책을 쓰고 강의하기 시작했다. 그런데 세 가지 문제에 봉착했고, 이런 문제를 경험으로 해결할 수밖에 없었다.

첫째, 글 쓰고 말하는 방식은 말이나 글로 알려주기는 어렵다. 나의 경험을 얘기함으로써 글 쓰는 방법을 말할 수밖에 없었다. 두 번째는 말하기와 글쓰기에 관한 기존 콘텐츠가 넘쳐난다는 점이다. 인터넷을 검색하고 유튜브에서 찾아보면 무상으로 얼마든지 접할 수 있는데, 굳이 내 콘텐츠를 돈 주고 사려는 사람이 있겠는가. 그래서 콘텐츠에 내 경험을 덧입혔다. 내 경험과 버무려진 콘텐츠는 나의 것이고 내게 살 수밖에 없기 때문이다. 셋째, 콘텐츠 자체로는 재미가 없다.

거기에 경험이란 이야기를 입혀야 더 흥미롭고 팔리는 콘텐츠가 된다. 결국 콘텐츠에 경험이란 스토리를 입혔을 때 상품으로써 가치 있는 콘텐츠가 탄생한다.

내 경험으로 보면, 공부는 쉰 살 넘어 해야 진짜 공부다. 쉰 살 정도는 돼야 세상 돌아가는 이치도 알게 되고, 무엇보다 내가 누구인지, 무엇을 좋아하고 뭐를 잘하는 사람인지 알게 되기 때문이다.

동의보감에 '불통(不通) 즉 통(痛)이요, 통(通) 즉 불통(不痛)이다.'란 말이 나온다. 서로 통하면 아프지 아니하고 통하지 않으면 아프다는 뜻이다. 들숨이 있으면 날숨이 있어야 하고, 날숨이 있기 위해선 들숨이 있어야 하는 게 세상 이치이고, 이런 이치에 순응할 때 우리는 건강하다.

나는 10여 년 전까지 읽기와 듣기만 있고 말하기와 쓰기가 없는 삶을 살았다. 들어오기만 하고 나가지 않는 불통이 내 안에 있었다. 그래서 불편했을 뿐만 아니라 말하기와 쓰기가 없는 읽기, 듣기는 허망했다. 말하기와 쓰기를 잘할 수도 없었다. 지금은 읽기와 듣기가 말하기와 쓰기로 확장한 삶을 산다.

말하기와 쓰기도 연결이 됐다. 많은 사람이 말하기와 쓰기 가운데 어느 한쪽에 과도한 무게중심을 두고 산다. 주로 말만 하거나 쓰기만 하면서 사는 경우가 많다. 이것도 말하기와 쓰기의 불통을 낳는다. 나는 말한 건 쓰고, 쓴 건 말한다. 말하기 위해 쓰고 쓰기 위해 말한다.

말하기와 쓰기가 상부상조하고 상승작용을 일으키는 일상을 산다. 결과는 대만족이다. 하루하루가 활기차고 의욕에 넘친다. 읽고 듣기만 하며 살 때보다 벌이도 낫다. 나는 오늘도 콘텐츠를 만들기 위해 책을 읽고, 유튜브를 보며 사람들을 만난다. 이런 경험을 수집해서 파는 하루하루가 즐겁다. 직장 다닐 때보다 열 배는 행복한, 이런 삶 괜찮지 아니한가. 독자 여러분도 읽기, 듣기, 말하기, 쓰기가 순환하는 삶, 말과 글로 행복한 삶을 살 수 있기를 바란다.

나가는 글

먼 길을 걸어왔다. 2023년 봄, 출판사로부터 책을 내자는 제안을 받았다. 이때로부터 만 2년이 걸린 셈이다. 첫 책을 쓰고 책 쓰는 방법에 관해 강의하기 시작한 2014년으로 거슬러 올라가면 10년 넘는 시간이 들었다. 2025년 현재 내가 알고 있는 모든 걸 쏟아부었다. 앞으로 얼마나 더 책을 쓸 수 있을지, 얼마나 더 새로운 방법을 찾게 될지 모르지만 적어도 지금, 이 순간, 이것이 나의 최선이다. 시간을 더 들였으면 하는 아쉬움도 있고 내용에 부족함이 없는 건 아니지만, 후회는 없다.

강원국의 책쓰기 수업

초판 1쇄 발행 2025년 7월 14일
초판 2쇄 발행 2025년 8월 20일

지 은 이 강원국
발 행 인 이창호
책임편집 오성훈
교정교열 백연선
홍보·마케팅 이지완, 이동언, 김미미, 한정연
디 자 인 이든디자인
출판등록 1991년 10월 15일 제1991-000016호
주   소 서울 영등포구 여의공원로 101, 8층
문의전화 02-3786-0133 **팩스** 02-3786-0107
홈페이지 http://kmacbook.kmac.co.kr

ISBN 978-89-90701-62-6 03300

값 20,000원
잘못된 책은 구입처에서 바꾸어 드립니다.

이 책은 저작권법에 따라 보호받는 저작물이므로 무단 전재와 무단 복제를 금하며,
책 내용의 전부 또는 일부를 이용하려면 반드시 KMAMedia의 동의를 받아야 합니다.